5

最新 社会福祉士養成講座
精神保健福祉士養成講座

一般社団法人 日本ソーシャルワーク教育学校連盟　編集

社会福祉調査の基礎

中央法規

刊行にあたって

　このたび、新カリキュラムに対応した社会福祉士と精神保健福祉士養成の教科書シリーズ（以下、本養成講座）を一般社団法人日本ソーシャルワーク教育学校連盟の編集により刊行することになりました。本養成講座は、社会福祉士・精神保健福祉士共通科目13巻、社会福祉士専門科目8巻、精神保健福祉士専門科目8巻の合計29巻で構成されています。

　社会福祉士の資格制度は、1987（昭和62）年に制定された社会福祉士及び介護福祉士法により創設されました。後に、精神保健福祉士法が制定され、精神保健福祉士の資格制度が1997（平成9）年に創設されました。それから今日までの間に両資格のカリキュラムは2度の改正が行われました。本養成講座は、2019（令和元）年度の両資格のカリキュラム改正に伴い、刊行するものです。

　新カリキュラム改正のねらいは、地域共生社会の実現に向けて、複合化・複雑化した課題を受けとめる包括的な相談支援を実施し、地域住民等が主体的に地域課題を解決していくよう支援できるソーシャルワーカーを養成することにあります。地域共生社会とは支援する者と支援される者が一体となり、誰もが役割をもって生活していくことができる社会です。こうした社会を創り上げる担い手として、社会福祉士や精神保健福祉士が期待されています。

　そのため、本養成講座の制作にあたって、❶ソーシャルワーカーとしてアセスメントから支援計画、モニタリングに至るPDCAサイクルに基づく支援ができる人材の養成、❷個別支援と地域支援を一体的に対応でき、児童、障害者、高齢者等のさまざまな分野を横断して包括的に支援のできる人材の養成、❸「講義―演習―実習」の学習循環をつくることで、実践現場に密着した人材養成をする、を目的にしています。

　社会福祉士および精神保健福祉士になるためには、ソーシャルワークに必要な五つの科目群について学ぶことが必要です。具体的には、①社会福祉の原理・基盤・政策を理解する科目、②複合化・複雑化した福祉課題と包括的な支援を理解する科目、③人・環境・社会とその関係を理解する科目、④ソーシャルワークの基盤・理論・方法を理解する科目、⑤ソーシャルワークの方法と実践を理解する科目です。それぞれの科目群の関係性と全体像は、次頁の図のとおりです。

　これらの科目を本養成講座で学ぶことにより、すべての学生がソーシャルワークの基盤を修得し、社会福祉士ならびに精神保健福祉士の国家資格を取得し、さまざまな領域でソーシャルワーカーとして活躍され、ソーシャルワーカーに対する社会的評価を高めてくれることを願っています。

社会福祉士養成教科書の全体像

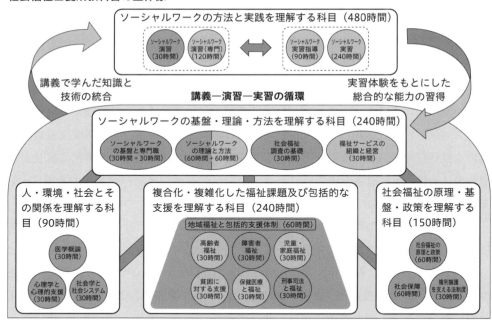

出典：厚生労働省「（別添）見直し後の社会福祉士養成課程の全体像」（https://www.mhlw.go.jp/content/000604998.pdf）より本連盟が改編

精神保健福祉士養成教科書の全体像

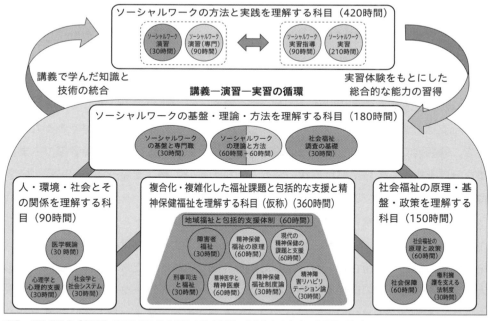

出典：厚生労働省「（別添）見直し後の社会福祉士養成課程の全体像」を参考に本連盟が作成

2020（令和2）年12月1日

一般社団法人日本ソーシャルワーク教育学校連盟
会長　白澤政和

はじめに

　ソーシャルワーカーは、多様化、複雑化する地域社会の福祉的課題に対応しつつ、子どもから高齢者、国籍や障害の有無にかかわらず、共に生きていく地域社会を創る役割を担う。その役割を遂行するためには、当該地域に関する幅広い知識、すなわち対象となる地域の人口統計的な情報から、地域の地理的条件や公共交通機関、地域の産業構造やそれらの変化等について、地域特性に合わせたソーシャルワークを展開するために理解しておく必要がある。さらに、その地域で生活する人たちにどのような福祉的ニーズがあるのか潜在化しているニーズを掘り起こし、予防的な実践を展開し、共に生きる社会のつながりを構築するためにも、地域住民に関する深い理解が必要となる。このような重層的かつ多角的な知識の獲得を可能にするのが、ソーシャルワーク・リサーチの知識と技術である。

　本科目は今回のカリキュラム改正によって、「社会調査の基礎」から「社会福祉調査の基礎」に変わった。社会福祉調査はジェネラリスト・ソーシャルワークにおいて、ソーシャルワーク・リサーチとして位置づけられる。ソーシャルワーカーは、ソーシャルワーク実践を支えるためのリサーチ、またソーシャルワーク実践を振り返るリサーチの双方向の知識と技術が求められている。さらに、このようなソーシャルワーク・リサーチは、マクロ、メゾレベルの実践の基礎となる量的な調査、複数の利害関係者がからむ複雑な事例に対応する質的な調査など幅広い内容となっており、人と環境とその相互接触面にかかわるソーシャルワークの多様性に応えるものとなっている。

　ソーシャルワーク専門職のグローバル定義によれば、ソーシャルワークは社会変革と社会開発、社会的結束、および人々のエンパワメントと解放を促進する、実践に基づいた専門職であり学問である。そして、ソーシャルワーク実践は、ソーシャルワークの理論、社会科学、人文学、および地域・民族固有の知を基盤として展開される。理論から実践への適用、ほかの学問領域の知識からの応用、地域・民族固有の知の可視化など、ソーシャルワーク・リサーチを実践と一体化させることで促進されるはずである。

　このような背景をもつ「社会福祉調査の基礎」を段階的かつ包括的に理解できるよう、本書は次のように構成されている。

　第1章では、社会調査と社会福祉調査の関係を踏まえ、社会福祉調査の意義と目的について概説している。また、社会調査の歴史について概観し、社会保障や社会福祉の発展過程で調査が果たしてきた役割について学ぶ。

第2章では、社会福祉調査は調査対象となった個々人からデータを収集するため、調査対象者のプライバシーへ関与することから、社会福祉調査における倫理と個人情報の保護、調査対象者への倫理的配慮について学ぶ。

　第3章では、社会福祉調査のデザインについて理解するために、ソーシャルワーク実践理論と調査の関係について、またソーシャルワークの過程における調査の知識と技術の適用について学ぶ。さらに、調査計画書の作成について学ぶことで、リサーチの全体像を概観する。

　第4章は、ソーシャルワーク・リサーチにおける量的調査の方法を詳説している。ソーシャルワーク実践における量的調査の意義や貢献、限界を理解したうえで、量的調査がソーシャルワークの技術の一つであることを常に意識しながら、具体的な調査方法やデータの分析手法、分析結果の解釈方法について学ぶ。

　第5章は、ソーシャルワーク・リサーチにおける質的調査の方法を詳説している。ソーシャルワーカーがかかわる問題は数値で表し、理解することが困難な領域も少なくない。質的調査の全体像をつかみ、質的調査の代表的な方法について学びを深める。

　第6章は、ソーシャルワーク実践の評価の意義を理解し、社会福祉調査の知識と技術をソーシャルワークの評価に適用させて実施する方法について学ぶ。実施したソーシャルワーク実践を振り返り、専門職としてのアカウンタビリティを果たす評価について学ぶ。

　地域共生社会の実現に向けてソーシャルワーク実践を展開するために、社会福祉調査を根拠とした実践が求められており、またその実践を客観的に評価し、次のアクションを模索するサイクルを継続させなければならない。場当たり的な実践や経験則に頼った実践は、クライエント、地域住民からの承認を得ることもできず、アカウンタビリティを果たすこともできなくなる。ソーシャルワーク・リサーチの知識と技術を習得し社会の期待に応えるソーシャルワーク実践が展開されることを願っている。

編集委員一同

目次

第6章　ソーシャルワークにおける評価

本書では学習の便宜を図ることを目的として、以下の項目を設けました。

・学習のポイント……各節で学習するポイントを示しています。
・重要語句……………学習上、特に重要と思われる語句を色文字で示しています。
・用語解説……………専門用語や難解な用語・語句等に★を付けて側注で解説しています。
・補足説明……………本文の記述に補足が必要な箇所にローマ数字（ⅰ、ⅱ、…）を付けて脚注で説明しています。
・Active Learning……学生の主体的な学び、対話的な学び、深い学びを促進することを目的に設けています。学習内容の次のステップとして活用できます。

第1章

社会福祉調査の意義と目的

　本章では、社会調査と社会福祉調査の関係を踏まえて、社会福祉調査の意義と目的について概観したあと、ソーシャルワーカーの役割も視野に入れて社会福祉調査の意義や有用性について理解する。

　次に、社会調査の歴史について概観することで、社会保障や社会福祉の発展過程において社会調査が果たしてきた役割について理解するともに、現代社会における社会保障制度や社会福祉制度との歴史的関係および今日的意義について再確認しながら、ソーシャルワーク実践に必要不可欠となる社会福祉調査とは何かということについて考えていくとともに、日本における統計調査の基幹法となる統計法についての理解を深める。

第1節 社会福祉調査の意義と目的

学習のポイント

● ソーシャルワークにおける社会福祉調査の位置づけについて理解する
● 社会調査と社会福祉調査の関係を踏まえて、社会福祉調査の意義と目的について理解する

　2009（平成21）年4月1日から施行された社会福祉士養成のための教育カリキュラムのなかで「社会調査の基礎」という科目が新たに独立した科目として位置づけられた。その後、2018（平成30）年3月に出された社会保障審議会福祉部会福祉人材確保専門委員会の報告書を踏まえて科目名と内容が見直され、2021（令和3）年度から施行される「社会福祉調査の基礎」は、国際的にみても、たとえばアメリカにおけるソーシャルワーク教育評議会（Council on Social Work Education：CSWE）のかつての「教育方針および認定基準」（2008Educational Policy and Accreditation Standards[1]）においてソーシャルワーク実践との関係から調査（research）ということが明確に位置づけられていたことや、現在の基準（2015Educational Policy and Accreditation Standards[2]）においてもソーシャルワークのコンピテンシーとして「実践から情報提供されたリサーチ（research）とリサーチから情報提供された実践に従事すること」が明示されていることからもきわめて重要な意義を有しているといえよう。

　また、社会福祉士資格取得後の高度な知識と卓越した技術を用いて、個別支援や他職種との連携、地域福祉の増進を行う能力を有する社会福祉士のキャリアアップを支援する仕組みとして、認定社会福祉士認証・認定機構によって2012（平成24）年4月1日より始められた認定社会福祉士制度がある。当該制度では、認定社会福祉士の共通専門科目として「自分自身の実践について、実践の経過、判断・行動の根拠、成果と課題等について客観的に記述・言語化させ、検証するための方法を学習させる」ことや「実践の効果測定、実践研究、サービス評価の考え方と方法を学ばせる」こと、「学んだ方法論を活用し、自らの実践の効果

---

i　認定社会福祉士制度の詳細については、認定社会福祉士認証・認定機構のホームページ（https://www.jacsw.or.jp/ninteikikou/）を参照されたい。

測定・検証等を行わせ、自らの実践を評価させる」ことを目的とする「実践評価・実践研究系科目」が位置づけられている。さらに、認定上級社会福祉士の定義にも「実践の科学化を行うことができる能力を有することを認められた者」という文言が含まれていることからも明らかなように、資格取得後も社会福祉調査に対する基礎的理解を踏まえた知識と技術が求められるようになってきている状況にあるといえる。

1 社会調査の意義

まず初めに社会福祉調査の基礎となる社会調査とは何かについて論じることにしたい。

たとえば、盛山は社会調査について次のような示唆に富んだ指摘を行っている。「今日、社会調査は単に社会学という学問にとってのデータ収集という意味を持つだけでなく、政策決定や国民生活の様々な局面において広く活用されている重要な社会現象の一つとさえなってきている。(社会調査は：筆者加筆)自由で民主的な社会の維持と発展にとって、不可欠な要素であると言ってもよい[3]」。このことからも、現代社会における社会調査は社会科学の方法としての性質をもちながらも、それが広く自由で民主的な社会の維持と発展において必要不可欠なものとなってきており、人権と社会正義の原理をよりどころとする社会福祉関係者、特にソーシャルワーカーである社会福祉士や精神保健福祉士にとっては、社会調査の現代的意義を理解するうえでも重要な指摘として受け取ることができるといえよう。さらに、盛山は「何か知りたいとおもうことがあり、それが社会調査を行ってみる以外には知りようがなく、しかも社会調査によってある程度知りうることができそうだという合理的な予測がつく時、われわれは社会調査を行うことになる。場合によっては、知りたいと思うことについて、すでに社会調査が行われていて、ある程度の結果が公表されていることもある。その時には、公表されている結果からどういうことが読みとれるのかを知っていなければならない。それも、自ら社会調査を行うことに近似した知的な作業となる[4]」と述べている。このことは、社会調査の意義は、社会調査を行わなければ知ることができないということに求めることができるとともに、既存のデータを活用するにあたっても、それを読み取るには、社会調査を実施することとほぼ等しい知識が要求されていると理解できる。

たしかに今日では、社会福祉調査も含めて多くの社会調査が実施され、その結果についてはマスメディアを通して知ることができる。しかし、社会福祉に従事する者は、それらのデータをどの程度正確に理解し、活用することができているのであろうか。社会福祉分野において中核的な役割を担うことが期待されているソーシャルワーカーがこのような既存のデータを正確に理解し、活用できるようになるためには、社会調査を基礎とする社会福祉調査に関する理解が不可欠であり、そのことが多くの情報のなかから自らのソーシャルワーク実践に必要なものを峻別し、それを日々の実践において活かすことに寄与するのである。

2　社会福祉調査の定義

　次に、社会調査に係るいくつかの定義についてみてみる。たとえば、原・海野は社会調査について、「社会調査（social research, social survey）とは、一定の社会または社会集団における社会事象に関するデータを、主として現地調査によって直接蒐集し、処理し、記述（および分析）する過程であると定義することができる。そして、これにその全過程が客観的方法によって貫かれているという条件が、ぜひともつけ加えられなければならない[5]」と述べている。また、岩永は「社会調査とはさしあたり一定の社会集団に生じる諸事象を定量的または定性的に認識するプロセスであると定義することができる[6]」と述べている。これらの定義からも明らかなように、社会調査とは、社会事象に関するデータを現地調査によって客観的な方法で収集、処理、記述および分析する過程を通して社会事象を定量的または定性的に認識するために行われるものであり、そのプロセス自体も含めて社会調査であると理解する必要がある。

　そこで、これらを援用しつつ社会福祉調査の定義を試みるならば、「社会福祉調査とは、社会的ニードの充足を図るために、客観的な方法を用いて社会福祉に関するデータを収集、処理、記述および分析する過程を通して社会福祉に関するさまざまな社会事象を定量的または定性的に認識（既存の知識の検証と新しい知識の創出を含む）する一連の過程であ

---

ii　社会福祉の対象認識については論者によってさまざまな捉え方があるが、ここでは、次の文献を参考に三浦文夫の社会的ニードという用語を用いた。三浦文夫『増補改訂 社会福祉政策研究』全国社会福祉協議会，1995.

る」といえよう。そして、このように社会福祉調査を捉えたうえで社会福祉調査を実施することによって、ソーシャルワーカーが行うソーシャルワーク実践のデータによる可視化や、データに基づく認識から実践の理論化につなげていくことが可能になるのではないかと考えることもできる。

3 社会福祉調査の実施

　ところで、先にみたように社会調査では主として現地調査（field work）によって直接的に調査対象者に対して質問を行い、その回答をデータとして収集し、社会事象を認識するということにその特徴を見出すことができ、現地調査の重要性が強調されることが少なくない。しかし、社会調査が社会調査たるために現地に出向いて調査を行うことが必須の条件かというとそうではない。たとえば現地に直接出向くことなく、調査票を調査対象者に郵送し回答を返送してもらうといった郵送調査が広く行われていることからもわかるように、必ずしも現地に行って調査を実施してデータを収集しなくても、現地の調査対象者からデータを収集することは技術的には可能である。このことを踏まえて、社会調査を実施する者は、社会調査の実施にあたって採用した方法によってデータの性質が異なるということ（たとえば現地に出向いて直接調査対象者に面接をして得られたデータと郵送調査によって得られたデータとでは非標本誤差に差異があるということ）をあらかじめ理解したうえで調査を計画し実施したか否かということが、データに基づいて社会事象を認識するうえできわめて重要であると理解しておくべきである。

　このように、社会調査では用いる方法によってデータの性質が異なってくるということは広く知られている。このほかにも、社会調査を実施するにあたって知っておくべきことは少なくない。たとえば、「社会調査が日常の『見る』『聞く』『書く』といった行為と異なって独自の意義を持ち得るための要件である『手続きの合理的な可視化』と『情報の非対称性の低減[7]』」に関する理解、社会調査における問題設定に係る「何がどのようになっているか」という問いに対して発見したり、確認したりする行為として定式化される記述的問題／記述的調査と「なぜそうなっているのか」という問いに対して説明する行為として定式化される説明的問題／説明的調査との関係、母集団と標本との関係、調査対象集

団と調査時点によって分けられる横断的調査、パネル調査、繰り返し調査、比較調査の利点と限界、自計式調査と他計式調査の利点と限界、質問紙作成の際の留意点等々を挙げることができる。

そして、これらのことを理解したうえで客観的な方法を用いて社会福祉調査を実施することが、社会福祉に関する社会事象を認識するという意味において肝要であり、自らが行った社会福祉調査の結果を過大に評価することを抑制し、得られたデータに依拠した理性的な認識へとつながるのである。

◇引用文献
1）Council on Social Work Education, *Educational Policy and Accreditation Standards*
https://www.cswe.org/getattachment/Accreditation/Standards-and-Policies/2008-EPAS
/2008EDUCATIONALPOLICYANDACCREDITATIONSTANDARDS（EPAS）-08-24-2012.
pdf.aspx
2）https://www.cswe.org/getattachment/Accreditation/Standards-and-Policies/2015-
EPAS/2015EPASandGlossary.pdf.aspx
3）盛山和夫・近藤博之・岩永雅也『社会調査法』放送大学教育振興会，p.3, 1992.
4）同上，p.14
5）原純輔・海野道郎『社会調査演習』東京大学出版，p.3, 1984.
6）岩永雅也・大塚雄作・高橋一男『社会調査の基礎』放送大学教育振興会，p.12, 1996.
7）後藤隆「社会調査の意義と目的」社会福祉士養成講座編集委員会編『新・社会福祉士養成講座
⑤ 社会調査の基礎 第3版』中央法規出版，pp.32-37, 2013.

第2節 福祉サービスと社会福祉調査

学習のポイント

● 福祉サービスと社会福祉調査の関係について理解する
● ソーシャルワーク実践と社会福祉調査の関係について理解する

　社会福祉法第3条は、福祉サービスの基本的理念として次のように規定している。「福祉サービスは、個人の尊厳の保持を旨とし、その内容は、福祉サービスの利用者が心身ともに健やかに育成され、又はその有する能力に応じ自立した日常生活を営むことができるように支援するものとして、良質かつ適切なものでなければならない」。この基本的理念を具現化するために、福祉や介護の現場では、具体的な支援にかかわる知識と技術を活用しながら従事者個々人による支援をはじめ、施設や事業者といった組織的な支援が創意工夫されながら実践されている。しかしながら、人、物、金といった限られた資源を最大限に有効活用し、効果的かつ効率的で公平なサービスを提供することが制度的に要請されていることもあり、その業務は決して楽なものではなく、多忙で日々の業務に追われるといったことも少なくない。このため、利用者に対する支援として行われている日々の実践の内容やその成果に関する情報は、その業務の多忙さゆえに、ともすれば利用者と従事者との関係のなかや施設や事業者という組織のなかに埋没してしまい、専門職が共有すべき情報としての機能を妨げてしまっているのではなかろうか。

　たしかに、多くの施設や事業者では、利用者に関する情報や支援の内容等についてそれをケース記録等のなかに言語によって情報化し、活用していることは想像に難くない。いうまでもなくこれらの情報は、たとえば医師がほかの医師の書いたカルテを見て、患者に関する情報を共有化しその情報を判断することを踏まえて患者を診察し治療を行うように、ソーシャルワーカーがほかのソーシャルワーカーの書いたケース記録を見て、利用者の情報を共有化し、その情報を判断し、それを踏まえて利用者との面接（生活場面面接も含む）を行い、ソーシャルワークを実践できる情報となっている必要がある。そのためには、専門職が共有化できる情報として必要な事項が十分に簡潔に記録されていることが不可欠となる。このような条件を満たして記録された情報は、実はその一

つひとつが具体的な支援の内容や成果であり、それそのものが社会的事実としての性質を有していると考えられる。

　しかしながら、このような社会的事実は、厳密にいうならば、その多くが個々人を対象に行った支援の内容や成果であるがゆえに、同一の支援の内容や成果として存在することはない。このため、福祉従事者はしばしば、それぞれの支援の個別的性質から、社会的事実（支援の内容や成果）をその支援のみにおいて成立する固有のものとして認識し、その一般化を避けることがあるのではなかろうか。また、「現場に身を置かなければ支援の何たるかはわからない」や「現場で実践を経験することがすべてである」というような経験主義に陥ることもしばしば散見される。たしかに、ある程度の実践経験を積み重ねてくると、その場に応じた適切な支援の方法を身につけることができるかもしれない。しかし、実践経験が従事者個人のなかにとどまっている限り、それが支援の方法として一般化し、ほかの従事者と共有することは難しいのではないだろうか。

　福祉や介護の実践現場における「経験」を否定するつもりは毛頭ないが、我々は、この「経験」をどのくらい意識して日々の実践に活かすことができているのであろうか。「経験」は、たとえば、支援の過程において福祉従事者が自身の感覚と知覚を通して得られたものが何らかの手段を用いて言語化され、他者との共感作用によって概念化され、他者との間に共有できる「認識」を通して新たな「知識」を得ていくうえで非常に重要な機能を有しているものである。

　多くの社会科学者が実証主義（positivism）の立場をとり、社会事象を科学的に認識するために社会調査を行い、観察され認識された社会的事実を経験的事実として「知識」の構築を図ってきたように、社会福祉が実践の学として「知識」の構築を志向するとき、実際の支援の現場に無数に存在する社会的事実を客観的方法によって認識することが求められているといえよう。

　たとえば、医学が過去の膨大な医学的臨床データの検証と蓄積によって多くの「知識」を得、それらをもとに治療に必要な機器や薬、治療法や手術に必要な技術を開発してきたように、社会福祉の実践に関する知識と技術の知的発展に資するためには、ソーシャルワークをはじめとする支援の実践において感覚と知覚を通して認識されたものを社会的事実に関するデータとして収集し、検証することにより得られたものを「知識」として蓄積していく作業が必要となる。このことが実践の学として

の社会福祉において構築される知識と技術、また理論化につながるのである。

　確かに、一人の人間が経験できることは限られている。しかし、それぞれの従事者が感覚と知覚を通して個別に経験した事柄を言語化し、他者との共感作用によって概念化していくことができれば、ある社会的事実に関する「認識」が「知識」となり、他者ともその「知識」を共有できるようになるのではなかろうか。このためには、支援の内容や成果を無秩序に記録するのではなく、できる限り客観的な方法に基づいて記述、整理、分析していくことが必要である。そのことを客観的かつ体系的に展開するにあたり、社会福祉調査に関する理解が有効になる。

　なお、ここで取り上げた実践はどちらかというとミクロレベルをイメージさせるものだが、メゾレベルやマクロレベルにおいても、直接的ではなくても社会的ニードを充足するための行為は行われており、それは紛れもなく実践として捉えることができる。そして、たとえば坂田が社会福祉計画の「計画過程における（様々な：筆者加筆）課題を解決するための判断材料を提供するには、必要な情報が社会調査の方法を用いて確保された客観的・科学的なものでなければ説得力がない[1]」と指摘していることや、一般財団法人厚生労働統計協会の『厚生統計テキストブック 第 7 版』において、「社会の様々な行動の中で、その方向性を見いだすには、対象となる集団の実態や動向等を把握した、正確で時宜に適した統計情報が必要である。例えば、国や地方公共団体の行政においては、近年の政策決定過程の透明化、国民等に対する説明責任といった要請の中で『証拠に基づく政策立案（EBPM：Evidence-based Policymaking)』（政策の企画をその場限りのエピソードに頼るのではなく、政策目的を明確化したうえで合理的根拠（エビデンス）に基づくものとすること）の考え方が重要になっており、（中略）、より効率的で有効な施策の展開には、統計情報が不可欠である。（中略）、行政においては、各種施策についての説明責任と評価を行う義務があり、本質的には、統計なしには行政はありえないといえる[2]」と述べられていることからも明らかなように、メゾレベルやマクロレベルでのソーシャルワーク実践においても社会調査を基礎とする社会福祉調査に関する知識と技術が求められているのである。

◇引用文献
　1 ）坂田周一「社会福祉計画の基礎概念」定藤丈弘・坂田周一・小林良二『社会福祉計画』有斐閣, p. 21, 1996.
　2 ）厚生労働統計協会『厚生統計テキストブック 第 7 版』pp.6-7, 2020.

Active Learning

ミクロレベル、メゾレベル、マクロレベルのそれぞれのレベルのソーシャルワーク実践をよりよくするためには、どのような社会福祉調査が必要となるのか、レベル別に考えてみましょう。

社会福祉調査と社会福祉の歴史的関係

● 社会調査と社会福祉調査の歴史的関係について理解する
● 社会福祉調査と社会福祉との歴史的関係について理解する

　ここでは、社会福祉調査と社会福祉の歴史的な関係について社会調査の歴史も視野に入れて述べることにしたい。

1 社会調査の系譜

　一般的に社会調査というと、「アンケート用紙」などと通称されている質問文と回答のための選択肢とによって構成された調査票を用いて、大量の調査対象者に対してマスコミ等が行う世論調査や、国や地方公共団体によって実施される行政調査など、社会事象を数量的に捉えた統計調査をイメージすることが多いかもしれない。

　たしかに、大量の情報を収集し、統計学に基づき社会事象を統計量として表し分析することによって、社会についての一定の認識を得るために行われる統計調査は、古くから行われてきた社会調査の一つである。

　たとえば、小林は、社会調査の歴史を説明するにあたって、紀元前3050年頃エジプトにおいて行われたピラミッド建設のための数量調査や、紀元前2300年頃にはすでに行われていた中国の人口調査、紀元前1500年頃に行われたイスラエル人の人口調査等々の存在を指摘している。そして、「人口調査」を中心とする「数量調査」と統計学の源流の一つである国状学の流れを社会調査の歴史的系譜の一つとして捉え、そ

---

i 「アンケート」という用語に関して、木下は下記の文献において「アンケート（*enquête*）フランス語に起源をもつアンケートという言葉は、日本では様々な意味で用いられている。（中略）また、調査票そのものを指してアンケートと呼ぶ人もいるが、調査票は英語もフランス語も"questionnaire"であるため、それは間違いである。調査票を指してアンケートという言葉を使う場合は、せめてアンケート用紙、アンケート票と呼ぶべきである」と述べており、慣例的に用いられているアンケートという用語の使用に留意する必要があることを示唆している。木下栄二「社会調査へようこそ」大谷信介・木下栄二・後藤範章・小松洋・永野武編著『社会調査へのアプローチ——理論と方法 第2版』ミネルヴァ書房, p.3, 2005.

れらを「政治・行政上の目的をもった調査」として位置づけている。今日では、このような「政治・行政上の目的をもった調査」を一般的にはセンサス（census）と呼び、その最も典型的なものとして国勢調査を挙げることができる。センサスは、社会調査の歴史的系譜のなかでは最も古い歴史を有するものである。

そこで、小林[2]、安田・原[3]、福武[4]を参考に、社会調査の歴史的系譜について、その調査目的との関係から概観してみると、その系譜は先に述べたセンサスを第一の系譜とし、そのほかに「社会的な問題を解決する目的をもって行われるもの」である社会踏査（social survey）、「営利やサービスや広報などを目的として行われるもの」である世論調査（public-opinion pull）や市場調査（marketing research）、「科学的な理論構成を目的として行われるもの」である科学的／学術調査（scientific research）の四つの系譜があることがわかる。また、安田・原は、社会調査の四つの系譜について検討した結果をもとに「社会調査の四つの系譜は、いちおう目的が異なるため、相異なった流れを構成しているが、上述のように方法のうえでの相互的影響はかなり大きく、今日それぞれが方法上で独自のものをもっているとはいえない。それゆえにこそ、われわれはこれらをすべて総括し、『社会調査』の名を冠することが、可能であり、かつ必要なのである[5]」と述べている。同様に福武も、これら社会調査の四つの系譜とその内容に触れ、それぞれの調査における調査目的が異なっている点を指摘するとともに、実践的目的をもった調査と科学的目的をもった調査を比較検討し、実践的目的をもった調査も科学的な方法を用いるようになってきていることを踏まえ、「social research は、明確に社会調査全体をおおう上位概念と考えられ、科学的調査と実践的調査との両者をふくむものとされてもよいものになっている[6]」と指摘している。なお、上述した社会調査の四つの系譜に加えて、現代では多くの社会調査が実施されており、特にソーシャルワーク実践においては、当事者とともに課題解決を図るために実施されるアクション・リサーチ（action research）といった手法も重視されるようになっている。

2 社会福祉と社会調査の歴史

次に、社会福祉との関係で社会調査の歴史について概観するならば、

社会福祉における社会調査の系譜は、歴史的な意味において、その目的との関係から、社会踏査の流れとして認識することが可能であるとともに、方法論的にはさまざまな社会調査に用いられる方法を踏襲しつつ発展してきたものとして捉えることができるといえよう。

特に、歴史的には上記の社会踏査として位置づけられているチャールズ・ブース（Booth, C.）が1886年に実施したロンドン調査やラウントリー（Rowntree, S.）が1899年に実施したヨーク調査は、当時のイギリスにおける貧困とその原因の発見のみにとどまらず、後の社会学における社会調査の方法論への寄与や、社会政策における政策課題としての貧困に関する認識に多大な影響を与えたことは周知のとおりである。そのほかにも、社会福祉と社会調査の歴史的関係として、たとえば、ブースの調査に参加したベアトリス・ウエッブ（Webb, B.）が夫であるシドニー・ウエッブ（Webb, S. J.）との共著『産業民主制論（Industrial Democracy）』（1897）のなかでナショナル・ミニマム（national minimum）論を提示したこと[7]や、タウンゼント（Townsend, P.）とエーベルスミス（Abelsmith, B.）による「貧困の再発見」[8]、タウンゼントが提唱した貧困の認識概念としての「相対的剥奪（relative deprivation）」[9]といったことを挙げることができる。なお、ブースとラウントリーによる社会踏査の結果の一部について示しておくので（**表1-1～表1-3、図1-1**）、たとえば「社会福祉の原理と政策」や「社会保障」「貧困に対する支援」等の他科目との関連性も視野に入れて、その歴史的意義について理解しておきたい。

また、我が国においても1899（明治32）年に刊行され社会調査の先駆とされている横山源之助が著した『日本の下層社会』や1903（明

Active Learning

社会福祉調査の歴史的意義について、ほかの科目である「社会福祉の原理と政策」や「社会保障」「貧困に対する支援」との関連性も視野に入れて考えてみましょう。

表1-1　ブースの社会踏査の結果の一部

A. 時たま仕事に就く者、浮浪者、準犯罪者からなる最低の階級		0.9%		
B. 臨時的勤労収入のある者	「極貧」	7.5%	「貧困」	30.7%
C. 断続的勤労収入のある者	「貧民」	22.3%		
D. 収入額は少ないが定まった勤労収入のある者				
E. 規則的標準勤労所得者	「快適な労働者階級」	51.5%	「快適」	69.3%
F. 高賃金労働者				
G. 下層中産階級	「中産階級」	17.8%		
H. 上層中産階級				
合計		100%		

出典：Easthope, G., *A history of social research methods*, Longman, 1974.（川合隆男・霜野寿亮監訳『社会調査方法史』慶應通信, p.62, 1982.）

治36）年に刊行された『職工事情』、1918（大正7）年から1920（大正9）年にかけて実施された『月島調査』、1920（大正9）年に実施された国勢調査をはじめとして、第二次世界大戦前から多くの先駆的な社会調査があるが、社会調査が社会的にも重視され、飛躍的に発展する

表1-2 「極貧」原因の分析（階級A、B）

1. 浮浪者	—	—	60	4%	
2. 臨時労働者	697	43			
3. 不規則的就労、低賃金	141	9	878	55%	雇用上の問題
4. 少額所得	40	3			
5. 飲酒（夫ないしは夫と妻の両方）	152	9	231	14%	習慣上の問題
6. 飲酒の常習ないしは妻の浪費	79	5			
7. 病気ないし身体疾患	170	10			
8. 大家族構成	124	8	441	27%	境遇上の問題
9. 病気ないし大家族構成で不規則的就労を伴う	147	9			
合計	—	—	1,610	100%	

出典：Easthope, G., *A history of social research methods*, Longman, 1974.（川合隆男・霜野寿亮監訳『社会調査方法史』慶應通信，p.63，1982.）

表1-3 「貧困」原因の分析（階級C、D）

1. 浮浪者	—	—			
2. 臨時労働者	503	20			
3. 不規則的就労、低賃金	1,052	43	1,668	68%	雇用上の問題
4. 少額所得	113	5			
5. 飲酒（夫ないしは夫と妻の両方）	167	7	322	13%	習慣上の問題
6. 飲酒の常習ないしは妻の浪費	155	6			
7. 病気ないし身体疾患	123	5			
8. 大家族構成	223	9	476	19%	境遇上の問題
9. 病気ないし大家族構成で不規則的就労を伴う	130	5			
合計	—	—	2,466	100%	

出典：Easthope, G., *A history of social research methods*, Longman, 1974.（川合隆男・霜野寿亮監訳『社会調査方法史』慶應通信，p.63，1982.）

図1-1 ラウントリーの社会踏査の結果の一部（ライフサイクルからみた貧困）

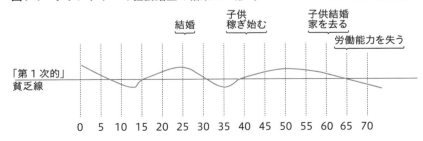

出典：Rowntree, B.S., *Poverty：A Study of Town Life*, The Macmillan Co., 1908.（長沼弘毅訳『貧乏研究』ダイヤモンド社，p.152, 1959.）

のは戦後になってからであるという見解が一般的である。

　戦後の社会調査については、非常に多く、詳述することはできないが、たとえば日本の平等度(もしくは不平等度)を社会階層と社会移動によって捉えることを目的として1955(昭和30)年に開始され、それ以降10年ごとに実施されている「社会階層と社会移動全国調査(The National Survey of Social Stratification and Social Mobility：SSM調査)」による科学的な方法を用いた学術的な社会調査や、社会福祉の分野ときわめて関連が深い社会調査として1950年代の初頭から社会階層によって貧困を捉えた江口英一の社会調査[10]や、同じく1950年代から生計費やエンゲル係数に着目して貧困を捉えた籠山京による社会調査[11]をはじめ、社会を客体として社会生活との関連においてなされたその他多くの社会調査の歴史的意義は大きいものであったといえる[ii]。

◇引用文献
　1）小林茂『社会調査論』文眞堂，pp.66-86, 1981.
　2）同上
　3）安田三郎・原純輔『社会調査ハンドブック 第3版』有斐閣，pp.3-4, 1982.
　4）福武直『社会調査 補訂版』岩波書店，pp.20-29, 1984.
　5）前出3），p.4
　6）前出4），p.18
　7）小山路男「ウエッブ夫婦──社会改良とナショナル・ミニマム」社会保障研究所編『社会保障の新潮流』有斐閣，pp.11-25, 1995.
　8）小沼正『貧困──その測定と生活保護 第2版』東京大学出版会，pp.353-354, 1980.
　9）杉野昭博「ピーター・タウンゼント──人類学と福祉学からの点検」社会保障研究所編『社会保障の新潮流』有斐閣，pp.179-195, 1995.
　10）江口英一『現代の貧困 上・中・下』未来社，1980.
　11）籠山京『戦後日本における貧困層の創出過程』東京大学出版会，1976.

ii　社会調査の歴史については、以下の文献等が詳しいので参照されたい。
　江口英一編『日本社会調査の水脈：そのパイオニアたちを求めて』法律文化社，1990.
　石川淳志・橋本和孝・浜谷正晴編『社会調査：歴史と視点』ミネルヴァ書房，1994.
　川合隆男編『近代日本社会調査史（Ⅰ）』慶應通信，1989.
　川合隆男編『近代日本社会調査史（Ⅱ）』慶應通信，1991.
　川合隆男編『近代日本社会調査史（Ⅲ）』慶應通信，1994.
　Easthope, G., *A history of social research methods*, Longman, 1974. (川合隆男・霜野寿亮 監訳『社会調査方法史』慶應通信，1982.)

第4節 統計法

学習のポイント

● 統計法の概要について理解する
● 統計法改正のポイントについて理解する

　すでに社会調査の歴史のところで述べたように、社会調査の最も古い系譜は、「政治・行政上の目的をもった調査」として位置づけられているセンサス（census）である。その最も典型的なものとして今日では国勢調査を挙げることができるが、国勢調査をはじめとして公的統計を作成することを目的に公的機関が行う社会調査は「統計調査」の一つであり、「統計法」という法律に基づいている。

　統計法は、指定統計、国民の申告義務、公表などを規定した法律として1947（昭和22）年に法律第18号として公布、施行され、我が国の統計調査の基本法として位置づけられてきた。しかし、統計法は、その制定から60年余りが経過した2007（平成19）年5月に、「①公的統計の体系的かつ効率的な整備及びその有用性の確保を図るため、専門的かつ中立公正な審議を行なう統計委員会を設置し、②公的統計の整備に関する基本的な計画を作成すること、③統計調査の対象者の秘密を保護しつつ、統計データの利用促進に関する措置を講じること等を内容とする統計法の全部改正等が行なわれ（平成19年法律第53号）、2008（平成20）年10月には統計法施行令の全部改正が行なわれた[1]」。さらに、統計法の改正法案として、①行政機関等の責務等の規定設置、②事業所母集団データベースに記録されている情報の提供対象の拡大、③調査票情報の提供対象の拡大と二次的利用の成果等の公表、④統計委員会の機能強化、⑤独立行政法人統計センターの業務の追加等を改正内容とする「統計法及び独立行政法人統計センター法の一部を改正する法律案」が2018（平成30）年3月6日に国会へ提出され、2018（平成30）年5月25日の可決・成立を経て施行されている[2]。

　なお、改正された統計法（平成19年法律第53号）の基本構造とそのポイントについては**表1-4**と**表1-5**を、2019（令和元）年5月24日現在の基幹統計の一覧については**表1-6**を参照されたい。

表1-4　統計法の基本構造

第1章　総則（第1条－第4条）
第2章　公的統計の作成
　第1節　基幹統計（第5条－第8条）
　第2節　統計調査
　　第1款　基幹統計調査（第9条－第18条）
　　第2款　一般統計調査（第19条－第23条）
　　第3款　地方公共団体又は独立行政法人等が行う統計調査（第24条・第25条）
　第3節　雑則（第26条－第31条）
第3章　調査票情報等の利用及び提供（第32条－第38条）
第4章　調査票情報等の保護（第39条－第43条）
第5章　統計委員会（第44条－第51条）
第6章　雑則（第52条－第56条の2）
第7章　罰則（第57条－第62条）
附則

表1-5　統計法のポイント

○**社会の情報基盤としての統計**
　統計法の目的は、公的統計（※）の作成及び提供に関し基本となる事項を定めることにより、公的統計の体系的かつ効率的な整備及びその有用性の確保を図り、国民経済の健全な発展及び国民生活の向上に寄与することとなっています（第1条）。
　公的統計は行政利用だけではなく、社会全体で利用される情報基盤として位置付けられています。
　公的統計には、体系的に整備すること、適切かつ合理的な方法により作成すること、中立性・信頼性を確保すること、容易に入手できるように提供すること、被調査者の秘密を保護することなどの基本理念があり、行政機関等はこの基本理念にのっとって公的統計を作成する責務があります（第3条、第3条の2）。

※国の行政機関・地方公共団体などが作成する統計を言います。統計調査により作成される統計（調査統計）のほか、業務データを集計することにより作成される統計（いわゆる「業務統計」）や他の統計を加工することにより作成される統計（加工統計）についても公的統計に該当します。

○**基本計画**
　国は、予算・人員に限りがある中で公的統計を体系的・効率的に整備するため、統計法で「公的統計の整備に関する基本的な計画」（おおむね5年にわたる具体的な取組の工程表）を作成することが定められています（第4条）。この「公的統計の整備に関する基本的な計画」は、統計委員会の調査審議やパブリックコメントなどを経て、閣議により決定することとなっています。

○**基幹統計**
　国勢統計、国民経済計算その他国の行政機関が作成する統計のうち総務大臣が指定する特に重要な統計を「基幹統計」として位置付け、この基幹統計を中心として公的統計の体系的整備を図ることとしています。

○**国が行う統計調査**
　国の行政機関が行う統計調査については、調査間の重複を排除して被調査者の負担を軽減し、公的統計を体系的に整備する観点から、総務大臣が統計調査の審査・調整を行います（第9条～第11条、第19条～第21条）。
　統計調査は、統計の作成を目的として、個人又は法人その他の団体に対し事実の報告を求めるものです。国の行政機関が行う統計調査は、「基幹統計」を作成するために行われる「基幹統計調査」と、それ以外の「一般統計調査」とに分けられます。なお、

統計調査には、意見・意識など、事実に該当しない項目を調査する世論調査などは含まれません。

○基幹統計調査

国勢調査などの基幹統計調査は、公的統計の中核となる基幹統計を作成するための特に重要な統計調査であり、正確な統計を作成する必要性が特に高いことなどを踏まえ、例えば以下のような、一般統計調査にはない特別な規定が定められています。

・報告義務

基幹統計調査に対する正確な報告を法的に確保するため、基幹統計調査の報告(回答)を求められた者が、報告を拒んだり虚偽の報告をしたりすることを禁止しており(第13条)、これらに違反した者に対して、50万円以下の罰金が定められています(第61条)。

・かたり調査の禁止

被調査者の情報を保護するとともに、公的統計制度に対する信用を確保するため、基幹統計調査について、その調査と紛らわしい表示や説明をして情報を得る行為(いわゆる「かたり調査」)を禁止しており(第17条)、これに違反した者に対して、未遂も含めて2年以下の懲役又は100万円以下の罰金が定められています(第57条)。

・地方公共団体による事務の実施

基幹統計調査は、全数調査や大規模な標本調査として行われることが少なくなく、国の職員だけで、限られた期間内に調査を円滑に終えることは困難です。そこで、調査を円滑かつ効率的に実施するため、調査事務の一部を法定受託事務として、地方公共団体が行うこととすることができるとされています(第16条)。地方公共団体が行う事務の具体的な内容は、個々の基幹統計調査ごとに、政令(国勢調査令、人口動態調査令及び統計法施行令)で定められています。

なお、調査に要する経費は、国が全額支出します(地方財政法第10条の4)。

○統計基準の設定

公的統計の統一性又は総合性を確保するための技術的な基準として、総務大臣が日本標準産業分類などの「統計基準」を設定しています(第28条)。

○統計データの利用促進

統計調査によって集められた情報(調査票情報と言います。)は、本来その目的である統計作成以外の目的のために利用・提供してはならないものですが(第40条)、統計の研究や教育など公益に資するために使用される場合に限り、二次的に利用することが可能です。二次的な利用方法として、その利用目的等に応じて、調査票情報の提供(第33条、第33条の2)、オーダーメイド集計(第34条)、匿名データの提供(第36条)があります。

詳細については、「公的統計調査の調査票情報等の学術研究等への活用」についてのページを御覧ください。

○統計調査の被調査者の秘密の保護

調査票情報等の取扱いに従事する職員等や当該事務の受託者等には、その情報に関する適正管理義務や業務に関して知り得た被調査者の秘密を漏らしてはならないという守秘義務があり(第39条、第41条～第43条)、これに違反した者に対して、罰則が定められています(第57条、第59条、第61条)。

○統計委員会の設置

統計法に基づいて、13名以内の学識経験者によって構成する統計委員会が設置されています。

統計委員会は、統計に関する基本的事項、基本計画の案、基幹統計調査の変更など統計法に定める事項に関する調査審議を行うこと、基本計画の実施状況に関し総務大臣等に勧告すること、関係大臣に必要な意見を述べることなど、公的統計において重要な役割を果たしています。また、統計委員会委員等を補佐するため、国の行政機関の職員を幹事に任命しています。

詳細については、統計委員会のホームページを御覧ください。

○法の施行状況の公表

　統計法の適正な運用を確保するため、総務大臣は、毎年度、統計法の施行の状況を取りまとめ、その概要を公表するとともに統計委員会に報告することとされています（第55条）。

出典：総務省ホームページ　https://www.soumu.go.jp/toukei_toukatsu/index/seido/1-1n.htm

表1-6　基幹統計一覧（2019（令和元）年5月24日現在）

○内閣府　≪1≫
・国民経済計算（注1）
　（注1）国民経済計算、産業連関表、生命表、社会保障費用統計、鉱工業指数及び人口推計は、他の統計を加工することによって作成される「加工統計」であり、その他の統計は統計調査によって作成される。

○総務省　≪14≫
・国勢統計
・住宅・土地統計
・労働力統計
・小売物価統計
・家計統計
・個人企業経済統計
・科学技術研究統計
・地方公務員給与実態統計
・就業構造基本統計
・全国家計構造統計
・社会生活基本統計
・経済構造統計（注2）
・産業連関表（注1）（注3）
・人口推計（注1）（注4）
　（注1）国民経済計算、産業連関表、生命表、社会保障費用統計、鉱工業指数及び人口推計は、他の統計を加工することによって作成される「加工統計」であり、その他の統計は統計調査によって作成される。
　（注2）経済構造統計は、総務省の外、経済産業省も作成者となっている。
　（注3）産業連関表は、総務省の外、内閣府、金融庁、財務省、文部科学省、厚生労働省、農林水産省、経済産業省、国土交通省及び環境省も作成者となっている。
　（注4）人口推計は、平成28年10月18日に基幹統計として指定された。なお、この指定は平成29年度に公表するものから効力を生じることとしている。

○財務省　≪1≫
・法人企業統計

○国税庁　≪1≫
・民間給与実態統計

○文部科学省　≪4≫
・学校基本統計
・学校保健統計
・学校教員統計
・社会教育統計

○厚生労働省　≪9≫

・人口動態統計
・毎月勤労統計
・薬事工業生産動態統計
・医療施設統計
・患者統計
・賃金構造基本統計
・国民生活基礎統計
・生命表（注1）
・社会保障費用統計（注1）
　（注1）国民経済計算、産業連関表、生命表、社会保障費用統計、鉱工業指数及び
　　　　　人口推計は、他の統計を加工することによって作成される「加工統計」で
　　　　　あり、その他の統計は統計調査によって作成される。

○**農林水産省**　≪ 7 ≫
・農林業構造統計
・牛乳乳製品統計
・作物統計
・海面漁業生産統計
・漁業構造統計
・木材統計
・農業経営統計

○**経済産業省**　≪ 7 ≫
・経済産業省生産動態統計
・ガス事業生産動態統計
・石油製品需給動態統計
・商業動態統計
・経済産業省特定業種石油等消費統計
・経済産業省企業活動基本統計
・鉱工業指数（注1）
　（注1）国民経済計算、産業連関表、生命表、社会保障費用統計、鉱工業指数及び
　　　　　人口推計は、他の統計を加工することによって作成される「加工統計」で
　　　　　あり、その他の統計は統計調査によって作成される。

○**国土交通省**　≪ 9 ≫
・港湾統計
・造船造機統計
・建築着工統計
・鉄道車両等生産動態統計
・建設工事統計
・船員労働統計
・自動車輸送統計
・内航船舶輸送統計
・法人土地・建物基本統計

≪合計　53≫

出典：総務省ホームページ　https://www.soumu.go.jp/toukei_toukatsu/index/seido/1-3k.htm

◇**引用文献**
　1）厚生労働統計協会『厚生統計テキストブック 第7版』p.22, 2020.
　2）大澤敦「統計改革と統計法等の改正——統計の精度向上・データ利活用等の推進」『立法と調査』
　　　第403号，pp.3-17, 2018. https://www.sangiin.go.jp/japanese/annai/chousa/rippou_
　　　chousa/backnumber/2018pdf/20180801003.pdf

第2章

社会福祉調査における倫理と個人情報保護

　本章では、社会福祉調査が調査対象として規定された個々人からのデータを収集することに伴って、何らかの形で調査対象者のプライバシーへの関与を生起させるという性質を踏まえ、調査対象者の人権を保護するという観点から、社会福祉調査における倫理や個人情報の保護について理解する。

<table>
</table>

第 1 節	社会福祉調査における 倫理と個人情報保護

学習のポイント

● 社会福祉調査における倫理や個人情報保護の基本的な考え方について理解する

社会福祉調査の倫理や個人情報保護の観点から、社会福祉調査を実施する際に、どのようなことに留意しなければならないか、また、どのような手続きを行ったらよいか考えてみましょう。

　多くの場合、社会福祉調査では、社会福祉に係る社会事象を「認識」するために必要となるデータは、調査対象となる人を通して収集することになる。つまり、社会福祉調査では、調査対象として規定された個々人からのデータの収集を必然化するのである。そして、この個々人からデータを収集するという行為は、何らかの形でその個々人のプライバシーへの関与を生起させる。このため、個々人のプライバシーへの関与なしには社会福祉調査という行為は成立し得ないという性質を有しているのである。したがって、社会福祉調査を実施する者は、社会福祉調査という行為に必然化する調査対象者のプライバシーへの関与を常に意識化するとともに、調査対象者の人権を保護するという観点からも必要以上のプライバシーへの関与は厳に慎むべきであり、そのための措置を講じる必要がある。そこで、社会調査に関する木下の指摘および社会調査を実施する者に求められる倫理的な行動規範として参考になる一般社団法人社会調査協会の「倫理規定」を紹介する（**表 2-1**）。

　木下は、調査とプライバシーという問題において意識的に注意すべき点として以下のとおり述べており、調査実施者と調査対象者の対等な人間関係とコミュニケーションを基本とし、調査目的の明示と質問内容に関する説明、調査実施者ならびに調査対象者自身によるプライバシーの最大限の尊重、調査対象者による社会調査への理解が必要であり、これらのことを意識化して社会調査を実施することが肝要となる。

　「第一に、時として「調査する側」に、「調査される側」を対等な人間として見ないで、目的を隠して調査したり、強引に回答を引き出そうとするなどの態度が見られるが、これは絶対に許されない。調査の目的を明示し、なぜその質問が必要なのかを説明する。そして社会調査のあらゆる局面で他者のプライバシーを最大限に尊重する態度が、調査するすべての人間に要請される。第二に、調査される側にとっても、自らのプライバシーを尊重するとともに、当該の社会調査の必要性を理解しようとする態度が必要である。いたずらに調査を拒否するだけでは、現代社

22

表2-1 一般社団法人社会調査協会の倫理規程

〔策定の趣旨と目的〕

　一般社団法人社会調査協会は発足にあたって、会員が依拠すべき倫理規程を定め、これを「社会調査協会倫理規程」として社会的に宣言する。

　会員は、質の高い社会調査の普及と発展のために、調査対象者および社会の信頼に応えるために、本規程を十分に認識し、遵守しなければならない。社会調査の実施にあたっては、調査対象者の協力があってはじめて社会調査が成立することを自覚し、調査対象者の立場を尊重しなければならない。また社会調査について教育・指導する際には、本規程にもとづいて、社会調査における倫理的な問題について十分配慮し、調査員や学習者に注意を促さなければならない。

　プライバシーや権利の意識の変化などにともなって、近年、社会調査に対する社会の側の受け止め方には、大きな変化がある。調査者の社会的責任と倫理、対象者の人権の尊重やプライバシーの保護、被りうる不利益への十二分な配慮などの基本的原則を忘れては、対象者の信頼および社会的理解を得ることはできない。会員は、研究の目的や手法、その必要性、起こりうる社会的影響について何よりも自覚的でなければならない。

　社会調査の発展と質的向上、創造的な調査・研究の一層の進展のためにも、本規程は社会的に要請され、必要とされている。本規程は、社会調査協会会員に対し、社会調査の企画から実施、成果の発表に至る全プロセスにおいて、社会調査の教育において、倫理的な問題への自覚を強く促すものである。

第1条　社会調査は、常に科学的な手続きにのっとり、客観的に実施されなければならない。会員は、絶えず調査技術や作業の水準の向上に努めなければならない。

第2条　社会調査は、実施する国々の国内法規及び国際的諸法規を遵守して実施されなければならない。会員は、故意、不注意にかかわらず社会調査に対する社会の信頼を損なうようないかなる行為もしてはならない。

第3条　調査対象者の協力は、自由意志によるものでなければならない。会員は、調査対象者に協力を求める際、この点について誤解を招くようなことがあってはならない。

第4条　会員は、調査対象者から求められた場合、調査データの提供先と使用目的を知らせなければならない。会員は、当初の調査目的の趣旨に合致した 2 次分析や社会調査のアーカイブ・データとして利用される場合および教育研究機関で教育的な目的で利用される場合を除いて、調査データが当該社会調査以外の目的には使用されないことを保証しなければならない。

第5条　会員は、調査対象者のプライバシーの保護を最大限尊重し、調査対象者との信頼関係の構築・維持に努めなければならない。社会調査に協力したことによって調査対象者が不利益を被ることがないよう、適切な予防策を講じなければならない。

第6条　会員は、調査対象者をその性別・年齢・出自・人種・エスニシティ・障害の有無などによって差別的に取り扱ってはならない。調査票や報告書などに差別的な表現が含まれないよう注意しなければならない。会員は、調査の過程において、調査対象者および調査員を不快にするような性的な言動や行動がなされないよう十分配慮しなければならない。

第7条　調査対象者が年少者である場合には、会員は特にその人権について配慮しなければならない。調査対象者が満15歳以下である場合には、まず保護者もしくは学校長などの責任ある成人の承諾を得なければならない。

第8条　会員は、記録機材を用いる場合には、原則として調査対象者に調査の前または後に、調査の目的および記録機材を使用することを知らせなければならない。調査対象者から要請があった場合には、当該部分の記録を破棄または削除しなければならない。

第9条　会員は、調査記録を安全に管理しなければならない。とくに調査票原票・標本リスト・記録媒体は厳重に管理しなければならない。

付則

(1)　社会調査協会は、社会調査における倫理的な問題に関する質問・相談、普及・啓発などに応じるため、「社会調査協会倫理委員会」をおく。

(2)　本規程は2009年 5 月16日より施行する。

(3)　本規程の変更は、社会調査協会社員総会の議を経ることを要する。

出典：社会調査協会「倫理規程」　http://jasr.or.jp/jasr/documents/rinrikitei.pdf

★社会福祉士の倫理綱
　領の原理
「Ⅰ（人間の尊厳）」「Ⅱ
（人権）」「Ⅲ（社会正
義）」「Ⅳ（集団的責任）」
「Ⅴ（多様性の尊重）」
「Ⅵ（全人的存在）」

★社会福祉士の倫理綱
　領の倫理基準
「Ⅰ　クライエントに
対する倫理責任（12
項目による構成）」「Ⅱ
組織・職場に対する倫
理責任（6項目によ
る構成）」「Ⅲ　社会に
対する倫理責任（3
項目による構成）」「Ⅳ
専門職としての倫理責
任（8項目による構
成）」

★精神保健福祉士の倫
　理綱領の倫理原則
「1．クライエントに
対する責務（5項目
によって構成）」「2．
専門職としての責務
（5項目によって構
成）」「3．機関に対す
る責務（1項目）」
「4．社会に対する責
務（1項目）」

★精神保健福祉士の倫
　理綱領の倫理基準
「1．クライエントに
対する責務（5項目
によって構成）」「2．
専門職としての責務
（5項目によって構
成）」「3．機関に対す
る責務（1項目）」
「4．社会に対する責
務（1項目）」

会の諸問題の隠蔽に力を貸していることになりかねない。社会調査とは被調査者との対等なコミュニケーションであるという認識こそが、すべての人に必要なのである[1]」。

　また、社会調査協会の「倫理規程」をみてみると、社会調査が科学的な手続きにより客観的に実施される必要があること（第1条）、国内法規や国際的諸法規を遵守する必要があること（第2条）、調査対象者からの調査実施への協力は自由意志によるものでなければならないこと（第3条）、調査データの使用目的と範囲を明示しなければならないこと（第4条）、調査対象者のプライバシーの保護の最大限の尊重と調査対象者との信頼関係の構築・維持に努めるとともに調査対象者が不利益を被ることがないように適切な予防策を講じる必要があること（第5条）、調査対象者に対する差別的な取り扱いと表現をしてはならないこと（第6条）、調査対象者が年少者である場合の人権への配慮と保護者や学校長などの責任ある成人からの承諾を得る必要があること（第7条）、たとえばICレコーダーなどの記録機材を用いる場合の事前または事後の情報提供および調査対象者からの要請に基づく記録の破棄や削除の義務化（第8条）、調査記録を安全に管理しなければならないこと（第9条）がわかる。

　次に、ソーシャルワーカーが遵守すべき専門職倫理との関係から社会福祉調査における倫理について述べることにする。

　周知のとおり、ソーシャルワーカーには人権と社会正義の原理に基づく専門職倫理を行動規範とし、人間の行動と社会システムに関する知識を利用して、人々がその環境と相互に影響しあう接点に介入するための知識と技術を有しておく必要がある。

　たとえば、公益社団法人日本社会福祉士会が2020（令和2）年に採択した「社会福祉士の倫理綱領」は、「前文」、六つの事項からなる「原理」、四つの事項からなる「倫理基準」によって構成されており、特に、社会福祉調査という観点からは、表2-2に抜粋した倫理基準について理解したうえで調査にかかわる必要がある。

　また、公益社団法人日本精神保健福祉士協会が2013（平成21）年に採択し、2018（平成30）年に改訂した「精神保健福祉士の倫理綱領」は、「前文」「目的」、四つの事項からなる「倫理原則」、四つの事項からなる「倫理基準」によって構成されており、特に、社会福祉調査という観点からは、表2-3に抜粋した倫理基準について理解したうえで調査にかかわる必要がある。

表2-2　社会福祉士の倫理綱領（一部抜粋）

倫理基準

Ⅰ　クライエントに対する倫理責任

　8.（プライバシーの尊重と秘密の保持）　社会福祉士は、クライエントのプライバシーを尊重し秘密を保持する。

　9.（記録の開示）　社会福祉士は、クライエントから記録の開示の要求があった場合、非開示とすべき正当な事由がない限り、クライエントに記録を開示する。

　12.（情報処理技術の適切な使用）　社会福祉士は、情報処理技術の利用がクライエントの権利を侵害する危険性があることを認識し、その適切な使用に努める。

Ⅳ　専門職としての倫理責任

　7.（調査・研究）　社会福祉士は、すべての調査・研究過程で、クライエントを含む研究対象の権利を尊重し、研究対象との関係に十分に注意を払い、倫理性を確保する。

表2-3　精神保健福祉士の倫理綱領（一部抜粋）

倫理原則

1．クライエントに対する責務

　(3)　プライバシーと秘密保持

　　精神保健福祉士は、クライエントのプライバシーを尊重し、その秘密を保持する。

倫理基準

1．クライエントに対する責務

　(3)　プライバシーと秘密保持

　　精神保健福祉士は、クライエントのプライバシーの権利を擁護し、業務上知り得た個人情報について秘密を保持する。なお、業務を辞めたあとでも、秘密を保持する義務は継続する。

　a　第三者から情報の開示の要求がある場合、クライエントの同意を得た上で開示する。クライエントに不利益を及ぼす可能性がある時には、クライエントの秘密保持を優先する。

　b　秘密を保持することにより、クライエントまたは第三者の生命、財産に緊急の被害が予測される場合は、クライエントとの協議を含め慎重に対処する。

　c　複数の機関による支援やケースカンファレンス等を行う場合には、本人の了承を得て行い、個人情報の提供は必要最小限にとどめる。また、その秘密保持に関しては、細心の注意を払う。クライエントに関係する人々の個人情報に関しても同様の配慮を行う。

　d　クライエントを他機関に紹介する時には、個人情報や記録の提供についてクライエントとの協議を経て決める。

　e　研究等の目的で事例検討を行うときには、本人の了承を得るとともに、個人を特定できないように留意する。

　f　クライエントから要求がある時は、クライエントの個人情報を開示する。ただし、記録の中にある第三者の秘密を保護しなければならない。

　g　電子機器等によりクライエントの情報を伝達する場合、その情報の秘密性を保証できるよう最善の方策を用い、慎重に行う。

2．専門職としての責務

　(2)　専門職自律の責務

　a　精神保健福祉士は、適切な調査研究、論議、責任ある相互批判、専門職組織活動への参加を通じて、専門職としての自律性を高める。

さらに、先に見た社会調査協会の倫理規定をはじめ、社会福祉士の倫理綱領、精神保健福祉士の倫理綱領等を踏まえ、社会福祉調査のプロセス全体を通じて調査対象者のプライバシーが保護されていることを調査対象者が理解し了承するために必要となる手段を講じること、またそれを視野に入れて社会福祉調査全体の計画を行い実施することが必要である。

　なお、社会調査を実施する者には、その状況に応じて法的規制として個人情報の保護に関する法律の適用を受けることがあるということや、当該法規に基づく関係通知によるガイドラインについても理解しておく必要がある。加えて、最近では、社会福祉士や精神保健福祉士の養成校となっている大学等においても、人を対象とする調査研究を適切に実施するための倫理審査を行う倫理審査委員会や倫理審査会等の組織が設置されており、その適用対象と範囲は各養成校によって異なっているが（たとえば教員のみに適用される場合もあれば、学部生から院生も含めて適用される場合もあるなど）、その具体的手続きや内容をはじめ、倫理審査の実際や直近の動向についても、養成校の教員を通して理解を深めておくことも必要である。

◇引用文献
　1）木下栄二「社会調査へようこそ」大谷信介・木下栄二・後藤範章・小松洋・永野武編著『社会調査へのアプローチ——理論と方法 第2版』ミネルヴァ書房，p.13, 2005.

◇参考文献
　・社会調査協会「倫理規程」　http://jasr.or.jp/jasr/documents/rinrikitei.pdf
　・日本社会福祉会「社会福祉士の倫理綱領」　https://www.jacsw.or.jp/01_csw/05_rinrikoryo/
　・日本精神保健福祉士協会「精神保健福祉士の倫理綱領」　http://www.japsw.or.jp/syokai/rinri/japsw.htm

i　厚生労働省のホームページで「厚生労働分野における個人情報の適切な取扱いのためのガイドライン等」（https://www.mhlw.go.jp/stf/seisakunitsuite/bunya/0000027272.html）を参照されたい。

第3章

社会福祉調査の
デザイン

　社会福祉調査は、ジェネラリスト・ソーシャルワークに
おいてソーシャルワーク・リサーチとして位置づけられる。
ソーシャルワークは実践に基づく学問であり、実践と調査
は切り離せない関係にある。本章ではソーシャルワーク実
践のための理論、そして調査の関係について理解し、ソー
シャルワークの過程における調査の知識と技術の適用につ
いて学ぶ。ソーシャルワーク・リサーチは論理的な実践で
あり、論理的な道筋として演繹法と帰納法の理路による
ソーシャルワーク・リサーチについても理解しておきたい。

　さらに本章では、調査計画書の作成について学ぶ。社会
福祉調査の計画を通じて、調査目的を達成するための適切
な方法の選択、対象設定、データの収集方法や分析へ進む
リサーチのプロセスを理解しておくことが大切である。

調査における考え方・論理

1 ソーシャルワークの理論と調査

1 理論・実践・調査の関係

　ソーシャルワークを専門職として展開するためには、社会福祉調査の知識と技術が必要である。ジェネラリスト・ソーシャルワークにおいて、社会福祉調査はソーシャルワーク・リサーチとして位置づけられる。本章ではソーシャルワーク・リサーチの具体的な実施の一つとして調査という用語を使う。

　ソーシャルワーク・リサーチには長い伝統があり、ソーシャルワーク萌芽期におけるセツルメント運動で、すでに調査が実施されていた。アダムズ（Addams, J.）のハル・ハウスは設立当初よりシカゴのスラムを調査しており、またアクション・リサーチで知られるデューイ（Dewey, J.）はハル・ハウスで実践と実証を行った。アダムズらは、調査の結果を地域状態の改善に結びつけており、ソーシャルワーク・リサーチがソーシャルアクションの原動力になっていた。

　図3-1は理論と実践、リサーチの循環をイメージしている。ソーシャルワークの実践は、理論から導き出されたモデルやアプローチを、介入や実施として実践する。その結果や効果をリサーチとして調査したり評価したりする。また、それは新たな理論を生み出すベースにもなり、リサーチが社会科学としてのソーシャルワークを推進させることにもつながっている。

　図3-2は理論と実践、リサーチがそれぞれ情報を提供しあう状況をイメージしている。❶は理論が実践に情報を提供し、実践が理論にフィードバックするイメージである。❷は実践から情報提供されたリサーチと、リサーチから情報提供された実践[★]の関係である。❸は理論を

★実践から情報提供されたリサーチ
ソーシャルワーク実践を展開することによって、個人やその環境が変化し、その変化を明確化する、言語化するためにリサーチを実施すること。

★リサーチから情報提供された実践
リサーチによって実践理論が作られ、その理論を適用させた実践。

図3-1　理論・実践・リサーチの循環

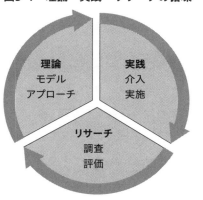

図3-2　理論・実践・リサーチの関係性

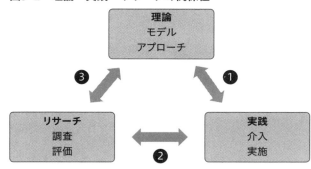

検証するためのリサーチを実施し、また理論を生成するためのリサーチの位置づけである。ソーシャルワークは、このように理論、実践、リサーチの相互作用によって成り立っている。

2 ソーシャルワークの過程における調査

　ソーシャルワークの過程を最も単純に示そうとすれば、「アセスメント」を実施して、その情報に基づいて支援を「計画」する。そして、計画に基づいて「介入・実施」し、その成果を「評価」する一連の営みとなる。**図3-3** は、このソーシャルワークの過程において、調査がどのように位置づけられるのかを示している。

　アセスメントとは、実践の対象となる人やその環境、または実践の対象となるグループや地域について、情報を収集し、一定の枠組みでその情報を集約するものである。そのために、ソーシャルワーカーには、データを集めて分析し、クライエントや地域の情報を多角的に解釈することが求められ、調査の知識と技術が必須となる。

　評価とは、展開した実践を振り返り、対象であった個人や地域が計画どおりに変化したか、また実践が効果的に運営されたか等を判断する過

Active Learning

ソーシャルワーク実践がソーシャルワーク・リサーチによって支えられている場面を考えてみましょう。

図3-3　ソーシャルワークの過程におけるリサーチの視座

程である。その判断のためには情報が必要であり、より適切な判断のためには適切な情報が必要となる。ソーシャルワーカーは実践の評価のために適切な調査方法を選択する。そして、ミクロからマクロに至る実践の効果を向上させるために、評価結果を実践にフィードバックする。

このように、調査の知識と技術は、ソーシャルワークの過程におけるアセスメントと評価を組織的に実施するための方法論を提供する。

2 ソーシャルワーク・リサーチの方向性と妥当性

1 演繹法と帰納法

リサーチは入念で組織的な探究であり、論理的な営みである。演繹法と帰納法は、論理的な方法に言及する際に用いられる代表的な方法である。ソーシャルワーク・リサーチが論理立てられていることは、その結果の妥当性を保証する。

❶演繹法と演繹法的なリサーチの方向性

演繹法★は「トップダウン」のアプローチであり、人々の合意を得るための合理的な結論を導き出す。演繹法は三段論法として説明されることがある。たとえば、「ソーシャルワーカーは聞き上手である」という一般論があるとしよう。そこにAさんがやってきて、「Aさんはソーシャルワーカーである」と確認された。この結果、一般論「ソーシャルワーカーは聞き上手である」と、観察された確認事項「Aさんはソーシャルワーカーである」を突き合わせて「Aさんは聞き上手である」と推論、また結論づけることができる。

演繹法的な方向性は、リサーチにおいて**図3-4**のような枠組みを提示する。まず、理論があり、その理論に基づいて調査対象における仮説を構築する。調査や実験により事象を観察し、仮説を検証し結論づけるという論理を展開するのが演繹法のリサーチとなる。

❷帰納法と帰納法的なリサーチの方向性

帰納法★は「ボトムアップ」のアプローチであり、経験を積み重ねることにより一般論を導き出す。たとえば、Aさんは、周りの人から聞き上手だと思われている。Bさんも聞き上手で有名だ。また、最近出会ったCさんもとても話を聞くのがうまかった。この3人全員がソーシャルワーカーだったことが判明した。そこで、「ソーシャルワーカーは聞き上手である」という予測を立てることができた。Dさんというソーシャ

図3-4　演繹法的展開

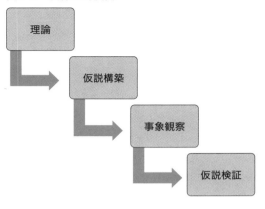

図3-5　帰納法的展開

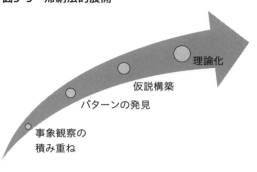

ルワーカーを紹介された。Ｄさんも聞き上手だった。この結果「ソーシャルワーカーは聞き上手である」と推論づけることができるだろう。

　帰納法的な方向性は、リサーチにおいて**図3-5**のような展開を示すことができる。まずは、事象の観察を継続する。観察した結果から事象に共通するパターンを探す。その共通パターンが見つかったら、そこから仮説を構築して、一般化・理論化を模索するという論理展開の方向性が帰納法のリサーチとなる。

２ ソーシャルワーク・リサーチにおける因果関係

　ソーシャルワーク実践がある問題の解決を目的としているならば、その問題を引き起こす原因を特定しなければならないだろう。ところが、ソーシャルワークは人と環境とその相互接触面で発生する問題を取り扱うことから、問題発生の原因を一つに限定することはきわめて難しい。それは原因と結果を直線的に結びつける医学モデルとは異なり、ライフモデルによるアプローチから事象をみるとき、問題がいくつかの要因を伴うからである。さらに、これらの要因間の関連性をも見極めなければならない。

　例として、ごみ屋敷の問題を取り上げてみたい。ある地域の住民から町内のＡさんの家からごみがあふれ、異臭が発生し、家族が頭痛や吐き気に悩まされているという問題がソーシャルワーカーに寄せられたとしよう。医学モデルでこの問題を考えれば**図3-6**の**Ａ**として表される。ここでは、ごみ屋敷の異臭がなくなれば健康被害が解消されるはずである。すなわち、原因としての「ごみ屋敷の異臭」が、結果として「住民の健康被害」を引き起こしているという仮説が成り立つ。そこで、「ごみ屋敷の異臭」をなくすことで、「住民の健康被害」を解消することに

Active Learning

ソーシャルワークの実践における因果関係について例を挙げて考えてみましょう。

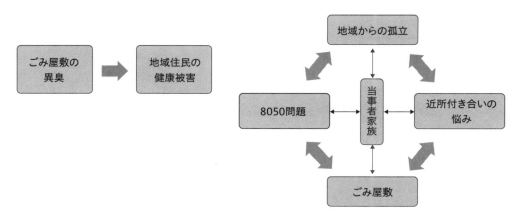

図3-6　医学モデルとライフモデルの違い
A　医学モデル　　　　　　　　　　　　　　B　ライフモデル

なり、その評価にリサーチの知識と技術が有用となる。しかし実際には、どのようにしてごみ屋敷の異臭を解決するのか、より実態を明確化しなければ実践も調査も進めることができない。

　ライフモデルでこの問題を考えたのが**図3-6**の**B**である。一つの解釈として、ごみ屋敷となってしまったのは、その家族が抱えている8050問題（80代の高齢の親とひきこもっている50代の子や、障害のある50代の子の家族に関する問題の総称）が原因であり、その結果、地域から孤立し、近所との関係が悪化したと考えられる。あるいは、そもそも近所付き合いに悩んでいたことと8050問題が重なってごみ屋敷になり、孤立したという解釈も成り立つ。いずれにしろ、このような悪循環に陥っており、原因を特定することは困難だが、ソーシャルワーカーには、個人と環境の双方をアセスメントしてかかわっていくことが求められる。

　社会科学における調査では、**因果関係**を何らかの形で用いる。多くの場合、因果関係は仮説という形で調査に用いられ、仮説の用い方が異なる演繹法的な調査と帰納法的な調査では、因果関係の用い方も異なる。

❶演繹法的な調査における因果関係の用い方

　ライフモデルによるこのごみ屋敷ケースの見方としては、この悪循環のシステムが変化し得るシステムであると捉え、変化を起こすための仮説を設定してアセスメントし、実践を展開する。そして、先に述べた**図3-4**の演繹法的なリサーチの枠組みを用いるなら、次のような調査プロセスが想定される。

❶　先行研究を検討した結果、ごみ屋敷の問題は地域からの孤立が原因

であるといわれている。

❷　そこで、民生委員等、地域住民の協力を得て、日頃の挨拶や、回覧板などを通じて、家族への声掛けによりコミュニケーションを増加させる。そこから、ごみ出しなどの協力的関係に結びつくことにより、家が片づくという仮説を構築する。

❸　仮説に基づいて、コミュニケーションの機会の増加と質の向上を観察する。

→単一事例実験計画法や質問紙法などを用いて確認する。

❹　統計的手法等により仮説を検証し、実践の効果（ごみ屋敷の問題解決）を確認する。

　このように、演繹法的なリサーチの方向性は、仮説の検証を通じて因果関係を実証する。

❷帰納法的なリサーチにおける因果関係の用い方

　図 3-6 の B のようなライフモデルでは、ごみ屋敷の原因を特定することができない。そこで、同様のごみ屋敷問題を解決したソーシャルワーカーや、関係した人たちからじっくりと話を聞くことから調査を始めることも可能である。図 3-5 の帰納法的なリサーチの展開を用いるなら、以下のような調査プロセスが想定される。

❶　ごみ屋敷の問題を解決したことのあるソーシャルワーカーや、かかわった人たちから話を聞く。また、実際に現在同様の問題に取り組んでいる現場に入り込み、参与観察をする。

→ヒアリングや参与観察等の調査におけるデータ収集の技術を用いる。

❷　ごみ屋敷に関連する取り組みにかかわった人たちから聞いた話や、見たことから、共通するパターンを探し出す。

→グラウンデッドセオリー等の方法論に従ってコーディングを実施し、データからコンセプトを作る。

❸　ごみ屋敷の問題が解決された事例における共通パターンとして、地域におけるコミュニケーションの活性化が有効であるという仮説が立てられた。コミュニケーションの活性化という要因が、ごみ屋敷を片づけたという帰結をもたらすという仮説となる。

❹　その他の要因や、条件設定、プロセスなどを明らかにし、先行研究とすり合わせ、地域でのコミュニケーションの活性化によるごみ屋敷問題解決の理論化を目指す。

　このように、帰納法的なリサーチの方向性は、仮説を生成しながら、プロセスや構造または因果関係の発見に発展させる。

■3 内的妥当性と外的妥当性

社会科学における調査を演繹法や帰納法の論理で組み立てるのは、その調査結果の妥当性を保証することにつながる。調査の妥当性とは、対象がどれだけ適切に調査、また測定されているかの程度であり、内的妥当性と外的妥当性がある。

先に述べたように、因果関係を最も単純に表すと、原因と結果の結びつきになる。調査では、原因を独立変数、結果を従属変数と呼び、独立変数が従属変数に影響を及ぼす関係性に着目する。

内的妥当性は、ほかの変数に影響されることなく、独立変数の導入（配置や変動）が従属変数の変化につながったのかという調査者の自信の程度を示す。社会科学における調査では、調査者は常にその調査の内的妥当性を高めるために、調査を実施する際の厳格性を高め、無作為抽出を実施したり、ほかの変数の影響を排除するために調査対象を統制したりする。

外的妥当性は、調査結果をより広い範囲に一般化する可能性を示唆する。外的妥当性を高めるためには調査で選ばれた標本（サンプル）の代表性が問われる。

◇**参考文献**
・小寺聡編『もう一度読む山川倫理』山川出版社，2011.
・Marlow, C., *Research Method for Generalist Social Work. 3rd ed.*, Wadsworth/Thomson Learning, 2001.
・武田丈『ソーシャルワーカーのためのリサーチ・ワークブック』ミネルヴァ書房，2004.

第2節 社会福祉調査のプロセス

学習のポイント

● ソーシャルワークにおける調査のプロセスが説明できるようになる
● 調査計画書の内容を理解する
● 調査計画における仮説の取り扱いについて理解する

　ソーシャルワークにおける調査は、**図3-7**で示したように、まず調査テーマと目的を設定し、調査計画書を作成する。その調査計画書に沿って標本が抽出され、そこからデータを収集し、そのデータを分析して、結果をまとめ、公表するというプロセスをたどる。本節では調査テーマと目的の設定、ならびに調査計画書の作成とその内容について紹介し、調査の実施に関する内容は第3節、第4節で説明する。

1 調査テーマと目的の設定

　調査を開始するにあたって、最初に調査テーマとその目的を設定する。調査テーマはこれから取りかかろうとする調査対象を大まかにつかんでいなければならない。調査の主題と言い換えてもよいだろう。調査テーマが設定されることで調査の範囲を想定することができ、そこで調査者が何をしようとしているのか、目的を設定するための糸口となる。目的にはレベルや具体性があり、調査目的は、テーマの設定時から調査計画書の作成時において、徐々に明確化される。

　個人、家族、グループや地域に対するソーシャルワークの実践が、目的なしでは成り立たないのと同様に、ソーシャルワークにおける調査でも目的は必須である。なぜ、何を知りたいのか、何のために調査を実施する必要があるのか、キーワードの羅列のようなものでも構わないので、思いつくままに文字化してみるとよい。次に、これらのキーワード

図3-7　調査のプロセス

調査テーマと目的の設定 ➡ 調査計画書作成 ➡ 標本抽出（サンプリング）➡ データ収集 ➡ データ分析 ➡ 結果のまとめと公表

をつなげて文章化し、疑問文にしてみる。このような作業を繰り返すことで調査における問いが設定でき、徐々に目的も明確化されてくる。

　ソーシャルワーク・リサーチは問題解決の方法でもあり、調査は問題の問いに答える方法でもある。前節のごみ屋敷の事例について、いくつかの問いを設定するなら、まずこの家族について問いが設定できる。この家族はどのように生活しているのであろうか、家族の生活問題は何だろうか、家族内・親戚とのコミュニケーションが図られているだろうか、などである。同様に、地域についても問いが設定できる。この地域はどのような地域だろうか、地域ではどのような問題が起こっているのだろうか、地域内の住民の関係性はいかがなものであるか、などである。また、この家族と家族が属する地域との関係性について問いを設定することもできる。この作業は調査の問題設定であり、リサーチによって問題に答えようとするためのリサーチ・クエスチョンの設定とも呼ばれる。

Active Learning
あなたが調査してみたい調査テーマをいくつか挙げて、そのリサーチ・クエスチョンを考えてみましょう。

2 調査計画書の作成

1 調査計画書とは

　先に述べたように調査テーマが確定し、問いを設定することで調査の目的が明確化されてくる。調査計画書*の作成は、ここまでのプロセスを振り返りつつ記録し、これからの調査の方向性を明示しておく作業となる。社会福祉調査を含む社会調査では、調査の企画から計画立案までを調査設計と呼ぶことがある。この調査設計の段階において、本章のタイトルでもある「社会福祉調査のデザイン」が具体化される。

　調査計画書は立案後も調査の進捗に合わせて追記、修正されつつ、最終的には報告書に盛り込まれる。調査計画書は通常、**表 3-1** に記された項目が含まれる。

　(1)調査テーマから(3)調査の目的の概略までは、これまでの作業を振り返ることで記述できるだろう。(2)で調査者の氏名を明記するのは、当該調査の責任主体を明らかにするためである。(3)の調査の目的をより明確化、具体化するためには、同じようなテーマや対象で、どのような研究や調査が実施されてきたか、どのような文献が存在するかを確認する必要がある。先行研究・文献の検討と呼ばれる作業であり、この作業によって次の(4)の調査の背景と当該調査の意義も浮かび上がってくる。

　調査の背景と当該調査の意義では、関係する制度の変遷や、統計的な

★調査計画書
ソーシャルワーカーが支援計画を立案するのと同様に、調査がどのように進むのかを文字化した地図であり、共同調査者や関係者と情報を共有するためのツール。調査の方向性を決定するためにも必要となる。

表3-1 調査計画書の項目

```
(1) 調査テーマ
(2) 調査者氏名（所属組織や共働するソーシャルワーカー等を含む）
(3) 調査の目的
(4) 調査の背景と当該調査の意義
(5) 調査方法
    ① 調査対象と標本抽出（サンプリング）
    ② 期間
    ③ データの収集方法
    ④ データの分析方法
    ⑤ 結果の公表方法
(6) 倫理的配慮等
```

資料等を含めて、調査と対象の背景を紹介し、これまでの研究や調査を紹介する。調査テーマについて、どのようなことがわかっており、何がわかっていないのか、またどのような方法で調査テーマにアプローチされてきたのかなどについて確認する。設定した問いに先行研究や文献で答えることができれば、調査を実施する必要性が失われるが、新たな課題を見出すこともあるだろう。学問としてのソーシャルワークを進めるためにも必要なプロセスである。

2 調査目的と仮説の関係

調査目的は、先行研究や文献を検討するプロセスを通じて精査され、修正や加筆によって明確化されていくが、大別すると「**仮説検証**」と「**仮説生成**」の二つの目的にいきつく。**図 3-8** における「仮説の有無」はこの二つの選択を表している。

調査者は、調査計画書を作成するなかで、先行研究や文献を検討し、調査における仮説の取り扱いを検討する。ここでの仮説とは、比較的おおざっぱな仮説であり、調査に先立って考えられる予測や予想、または見込みである。調査を実施するための仮説が設定できれば、調査はその仮説を検証する演繹的な調査となる。あるいは、先行研究や文献検討の結果、適用できるような枠組みや仮説が存在しない場合もあり得る。このような場合は、帰納的に仮説を生成する調査を実施することになる。多くの場合、演繹的仮説検証型調査では数量的なデータを扱う調査（量的調査）となり、帰納的仮説生成型調査では、質的なデータを扱う調査（質的調査）となる。

さらに、仮説検証を目的とした調査では、仮説を検証可能なレベルのものとして構成しなければならない。検証作業を可能とするために、調

図3-8 調査方法選択の理路

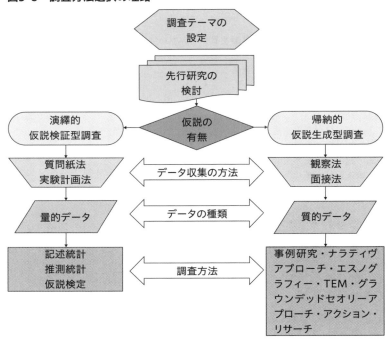

査者は事象を概念化し、また概念を操作化して調査を実施する。

　概念化とは、「対象現象を構成する諸事象および関連諸事象に適切な概念をあてはめ、概念によって問題の記述を試みることである[1]」とされる。ある一軒家を頭の中に思い浮かべてみよう。隣近所と同じような大きさの、普通の住宅街の一軒家だ。ところが、ほとんどの雨戸は閉められたままになっており、庭には古新聞や段ボール箱が無造作に雨ざらしとなっている。そのほかにカップ麺のごみやスナック菓子の空き袋が詰められたスーパーのレジ袋が積み上がっている。ペットボトルや空き缶なども庭じゅうに散乱している。一部閉められていない雨戸から部屋の中が見えるが、どうも部屋の中もごみで埋め尽くされているようだ。このような事象にわかりやすい概念を当てはめると「ごみ屋敷」となる。これが概念化である。また、仮説生成を目的とした調査においては、仮説を生成するために事象を概念化する。

　操作化とは、概念を調査ができるように定義することである。上記のような「ごみ屋敷」について、「あなたの地域にはごみ屋敷がありますか」という質問を考えてみたい。ある人は、家や庭じゅうにごみが散らかっている家を想像する。また、ある人は崩れかかってごみのような状態になった家屋を想像するかもしれない。また、ある人は廃材を利用した家

を想像するかもしれない。どういう状態がこの調査における「ごみ屋敷」なのか、回答者によって差が出ないように定義することが操作化である。

3 調査方法の検討

目的が具体化されると、**表3-1**の(5)の調査方法はその目的や仮説の取り扱いに従って**図3-8**の調査の理路を参考にしながら検討することができる。調査方法は、目的を達成するための方法であり、方法ありきで選択されるものではない。目的に合わせた論理的な調査方法を選択するためにも、調査計画書の作成における仮説の取り扱いに関する検討が重要である。

それと同時に、調査対象の選択について検討する必要がある。調査目的を達成するため、調査の問いに答えるためのデータをいつ、どこで、誰から、どのくらいの人を対象に、どのように集めるのかなどを検討する。

さらに、集められたデータの整理・分析方法を事前に考えておく必要がある。**表3-1**の(6)の倫理的配慮等と関連して、集められたデータは調査の問いに答える大切な情報であり、個人情報を含むことがある。そのため、集められたデータの保存方法についても検討しておく。

データの分析結果はわかりやすくまとめ、その結果を先行研究や文献、ソーシャルワークの実践現場の状況と照らし合わせて考察する。調査を含むソーシャルワーク・リサーチは、その結果を現場に還元することが求められ、調査結果を現場に還元する方法などを考察する。結果の公表方法をあらかじめ明らかにしておくことも調査方法に含まれている。また、データの保存と同様に、結果の公表時における調査対象者の個人情報の保護や、権利についても併せて検討し、記載しておく。

4 調査の実施

調査計画書が作成され、必要に応じて倫理審査等を受審すると、いよいよ実際の調査の実施となる。調査計画書に記載された調査方法に従って標本を抽出し、その標本からデータを収集する。そして、集められたデータを適切な方法で整理、分析し、その結果をまとめ、考察して公表することになる。調査の目的に合致した調査方法の対象や、調査の実施については第3節、第4節で紹介する。

Active Learning

p.36であなたが考えた調査テーマとその調査を実施する際に適切な調査方法について考えてみましょう。

第3章 社会福祉調査のデザイン

◇引用文献
　1）宝月誠・中道實・田中滋・中野正大『社会調査』有斐閣，p.22, 1989.

◇参考文献
　・平山尚・武田丈・呉栽喜・藤井美和・李政元『ソーシャルワーカーのための社会福祉調査法』ミ
　　ネルヴァ書房，2003.
　・大谷信介・木下栄二・後藤範章・小松洋編著『新・社会調査へのアプローチ──理論と方法』ミ
　　ネルヴァ書房，2013.
　・志村健一『ソーシャルワーク・リサーチの方法』相川書房，2004.

第3節 社会福祉調査の目的と対象

学習のポイント

- 探索的調査、記述的調査、説明的調査について説明できるようになる
- 調査対象としての分析単位について理解する
- 標本抽出（サンプリング）について理解する

1 社会福祉調査の目的

　ソーシャルワーク・リサーチを含む社会科学のリサーチにおいては、調査テーマや調査領域に関する理論やモデルなど既存の知識との関連から、**図3-9** に示すように、探索、記述、説明というタイプのリサーチをデザインすることができる。関連する既存の知識が少ない場合、調査領域について検討するための探索が必要となる。また、既存の知識は存在するが、より詳細な状況描写が必要であれば記述しなければならない。さらに、理論やモデルが確立している領域で調査を計画するなら、領域に関する新しい説明が必要となる。ここでは、既存の知識との関連から社会福祉調査の目的について概説する。

1 探索

　探索的調査（exploratory research）は、調査者が関心のあるテーマについて、調査に関する問題を最初に検討する段階や、先駆的なソーシャルワークの実践領域で調査を実施する場合などに選択される。あく

Active Learning

あなたが関心のあるテーマで探索的調査を実施するとしたら、どのような情報を集めるとよいか考えてみましょう。

図3-9　既存の知識とリサーチ・デザイン

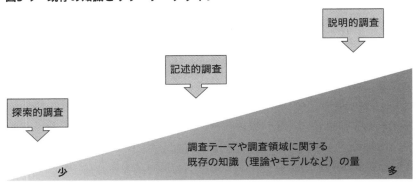

までもテーマに関する探索的な調査であり、テーマに関する詳細な検討もせず、妥当性のある結果を生み出すような調査でもない。当該テーマで詳細な調査が実施可能なのか、実施するとしたらどのような計画で進めることができるのかなどを調査することが探索的調査の目的である。

　調査計画の作成時において、重要な情報源となる先行研究や文献が、先駆的なソーシャルワーク実践領域については存在しないかもしれない。そのような場合、まず探索的調査を実施して、全体像をつかむことが必要となる。探索的調査の結果が、調査の対象やデータ収集、その分析方法を検討するための情報となり、調査計画作成が可能となる。

　探索的調査では、当該領域に入り込んで観察する場合、関係する人たちにインタビューする場合、既存の資料にあたる場合など、使用されるデータは限定的でありながら多様である。探索的調査は組織的に系統だって行うことが困難な場合に実施されるものであり、その後の調査を計画するための情報を収集し、整理する。

■2 記述

　記述的調査（descriptive research）は、少数の調査対象や、集団について、特徴や状況等をできるだけ正確に緻密に記述する調査や、対象者が広範囲、また多人数にわたる場合など、その特徴や状況を数値によって記述する調査である。調査対象により集められるデータは多様であり、質的な場合と数量的な場合、また両方のデータを用いることもある。

　ソーシャルワークは制度の谷間の問題や、制度が作られていない新しい問題に対応する場合がある。このような場合には、ソーシャルワーク実践の記録と同様に、「いつ（when）、どこで（where）、誰が（who）、何を（what）、どのように（how）」という問いを用いて、対象領域をできるだけ正確に緻密に記述することが調査の目的となる。このような調査では質的なデータを用いて質的に記述する調査となる。

　さらに、上記のような質的調査で当該領域の状況が明確化されたことにより、関係する人たちの数、男女比、年齢構成、問題に関する意識などについて、数値によって記述するような記述統計調査が実施できる。また、気温、降水量などの自然環境、経済的な指数、面積や中心都市からの距離など数値化できる地理的状況などを用いて、地域特性を既存の統計資料などを用いて量的に記述することも可能である。

　ソーシャルワーク実践は、人と環境の双方に働きかける。記述的調査

により、アセスメントに必要な人と環境に関するデータを得ることができる。また、記述的調査の結果を用いて新たな制度を設計し、必要な政策の提言等のソーシャルアクションを起こすことも可能となる。

3 説明

説明的調査（explanatory research）は因果関係や因果関係を成立させる条件、プロセスや構造などを明らかにして、状況を説明することや、二つ以上の変数の関係について数値を用いて説明することを目的としている。記述的調査では「なぜ（why）」という問いを立てないが、説明的調査は「なぜ（why）」という問いを立て、「なぜ」そうなるのかを明らかにすることが目的である。説明的調査でも、集められるデータは多様であり、質的な場合と数量的な場合、また両方のデータを用いることもある。

数量的データを用いる記述統計調査では、全体を数値によってわかりやすく記述することが目的であり、性別、年齢、収入、同居の家族の人数といった変数が一つひとつ記述され、それぞれの変数の平均値、中央値、最頻値、最大値、最小値などが算出され提示される。これに対し数量的データを用いる説明的調査では、2 変数以上の変数を用いて、その関係についての仮説を構成し、その仮説を統計的に検証することによって変数間の関係性を説明する。

性別や年齢など、異なる 2 変数以上の関係性の説明や、同じ変数について、ソーシャルワークが介入する前後の数値の比較、異なるグループ間の比較なども仮説検証型の説明的調査である。このように比較することで「なぜ」という問いに答えようとするのが、数量的データを用いる説明的調査の特徴である。

これらの量的データを用いる説明的調査は、仮説検証が目的であり、仮説を構成する変数の存在が必須である。ソーシャルワーク実践が先駆的であったり、特異なケースであったりする場合、先に述べた探索的調査を実施したとしても、仮説を構成する変数さえも十分に明らかにならないケースもある。このような場合は、多様な質的データを駆使して対象に関する説明を目的とした仮説生成型の説明的調査を実施することになる。年齢や性別といった既存の変数のほか、説明に必要な変数を創発し、これらの変数を用いて因果関係等を明らかにし、またその関係が成り立つ条件、プロセス、構造などを説明することで仮説を生成する。さらに、その仮説について、データや関連する文献等を用いて、対象領域

を説明することが質的なデータを用いた説明的調査の目的である。

　ソーシャルワーク実践は、人と環境とその相互接触面にかかわるため、一つの問題解決についても多岐にわたる情報と向き合わなければならない。さらに、ソーシャルワークの問題が、国内の広範囲な地域にわたる場合や、国境を越えたグローバルな案件にかかわる場合もある。ソーシャルワークは、個人（ミクロ）からグローバル（マクロ）まで連続するシステムを実践対象としており、必要に応じてそれらを行き来しながら問題解決を目指す。

　このようなソーシャルワークの特徴からすれば、ソーシャルワーク・リサーチも同様にミクロからマクロまでがその対象となるが、一つの調査ですべてを網羅することは現実的ではない。そこで、ソーシャルワークの問題解決アプローチが問題を部分化し介入するように、ソーシャルワーク・リサーチも、調査目的により調査領域を分析単位として部分化し、調査を実施する。

❶分析単位となる個人

　ソーシャルワーカーは、実践を振り返ることが必要であり、職場内外の研修等で事例検討が実施される。また、ソーシャルワークの教育現場でも事例から学ぶことが求められる。これらの事例では、たとえば「学校に通えなくなってしまったA君の支援について」「退院に不安を抱えるBさんの支援について」など、個人を対象とした事例の検討も多い。ミクロな領域からスタートすれば、個人は調査の分析単位となる。

❷分析単位となる家族

　ソーシャルワークの歴史を振り返れば、リッチモンド（Richmond, M.E.）の時代からソーシャルワーカーは家族を対象としてきた。子育てや介護に関する事例などは、家族成員がかかわるものであり、社会の基本的なシステムとしての家族も調査の分析単位である。

❸分析単位となるグループ

　ソーシャルワークの源流の一つであるセツルメント運動の代表としてハル・ハウスのグループ活動が挙げられ、グループを対象とした実践もソーシャルワークの伝統である。子どもたちのグループ、依存症に悩む人たちのグループ、子育てのグループ、高齢者のグループ、また多世代

交流や多文化交流のグループなど、多様なグループを対象としたソーシャルワークが展開されている。さらに、グループ間での比較は、調査を含むリサーチの伝統的なデザインであり、分析単位としてのグループの重要性が確認できる。グループは、自然発生的なインフォーマルなグループから、組織というフォーマルなグループまで含まれ、またグループ内のサブグループ、グループ間のインターグループなど、幅広いグループがそれぞれ分析単位となり得る。

❹分析単位となるコミュニティ

ソーシャルワーカーは地域福祉の推進という潮流のなかで、総合的かつ包括的な支援を展開することが期待されており、ソーシャルワークの独自性を活かすためにも地域を実践基盤として認識しなければならない。市区町村などの自治体による福祉計画策定に向けた調査は、行政枠の地域が対象となり、数年に一度の割合で対象ごとに実施される。また、地図上の地域だけにとどまらない共同体としてのコミュニティも、ソーシャルワーク実践の対象であり、調査の分析単位となる。

国が実施する国勢調査もソーシャルワーク実践の基礎調査となり得るし、省庁が実施する基幹統計の調査も実践に活かせる。厚生労働省が実施する多種多様な調査は実践と直結する調査結果を生み出している。分析単位は国内の該当者であり、これらの国レベルの調査結果は、世界との比較材料ともなる。

❺分析単位となる社会関係

以上のようなミクロからマクロまでの調査対象は調査を可能とするための分析単位であり、ジェネラリスト・ソーシャルワークの視座であるシステム思考ではすべてが関連していると考える。ソーシャルワーク実践が関係性を重要視するなら、ソーシャルワーク・リサーチも同様に関係性を重要視するべきであり、ミクロレベルの社会関係からマクロレベルの社会関係までが調査の分析単位となる。

❻分析単位となる現象

ソーシャルワーク実践は「今、ここで」という視座がある。目の前で起こっていることに対処する、生活の場、地域に入り込むといった実践のキーフレーズは、ソーシャルワーク・リサーチにおけるデータ収集のキーフレーズでもある。家族の生活の場で、グループのなかで、あるいは地域の人々の関係性のなかで、何が起こっているのか、その現象を分析単位として抽出し調査することは、「今、ここで」の視座に通ずる。

あなたが関心のあるテーマの分析単位は❶から❻のどれにあたるかを考えてみましょう。

ここでは、**図 3-7** で示した調査のプロセスにおける**標本抽出**（サンプリング）について概説する。

社会福祉に関連した全数調査と標本調査にはどのようなものがあるか調べてみましょう。

設定された調査テーマ、問いについて、その対象全体を調査することを**全数調査**（悉皆調査とも呼ばれる）、対象全体から一部を抽出して調査することを**標本調査**という。調査対象全体は母集団と呼ばれ、母集団から標本を取り出す過程を標本抽出（サンプリング）といい、取り出された対象が標本（サンプル）となる。

たとえば、A市が向こう3年間の障害者計画を策定するための基礎調査を市内在住の障害のある人たちを対象に実施するとしよう。行政が障害当事者を対象に調査する場合、障害者手帳の保持者がその対象となるため、調査実施前年度末の障害者手帳保持者について確認した。それによると身体に障害のある身体障害者手帳の所持者は 5378 名、知的に障害のある療育手帳の所持者が 962 名、精神に障害のある精神障害者保健福祉手帳の保持者が 1644 名で、計 7984 名となり母集団が確定した。この 7984 名全員を対象に調査を実施するのが全数調査である。

3年間の計画策定のためA市では3年ごとに調査を実施しており、今回は全体の 50% を対象とした標本調査を実施することになった。7984 名から 50% の 3992 名を取り出す過程が標本抽出（サンプリング）であり、選ばれた 3992 名が標本（サンプル）である。標本調査の結果からA市の母集団の状況を推測し、それをもとに計画が策定される。そのため、このような標本調査では、標本の抽出方法を十分に考慮しなければならず、標本の代表性が問われる。第1節で述べたように標本の代表性は、調査結果をより広い範囲に一般化する外的妥当性に関連する。

一般に量的調査の場合は**無作為抽出**、質的調査の場合は**有意標本抽出**を用いる。前者は、標本調査の結果から母集団を推測できる標本の代表性が求められ、後者では、情報量が豊富で多くを学べる標本が抽出される。それぞれの抽出方法の詳細は第4章、第5章で概説する。

◇参考文献
・Grinnell Jr, R. M. & Unrau, Y. A., *Social work research and evaluation: Foundations of evidence-based practice* 8th *ed*, Oxford University Press, 2008.
・宝月誠・中道實・田中滋・中野正大『社会調査』有斐閣，1989.
・Patton, M. Q., *Qualitative research and evaluation methods* 3rd ed, Sage Publishing, 2002.
・篠原清夫・清水強志・榎本環・大矢根淳編『社会調査の基礎——社会調査士 A・B・C・D 科目対応』弘文堂，2010.

第4節 社会福祉調査での データ収集・分析

学習のポイント

● 量的調査のデータ収集と分析方法について、その概略を理解する
● 質的調査のデータ収集と分析方法について、その概略を理解する

1 調査におけるデータ収集

　調査の目的に沿った標本が抽出されると、いよいよその標本から調査に必要なデータを収集する段階となる。その調査は、探索を目的とするものか、記述を目的とするものか、あるいは説明を目的とする調査なのか、さらに、仮説を検証することが目的なのか、仮説を生成することが目的なのか。目的の差異によって全体の方向性や方法、標本の数が変わってくるように、データ収集の方法も変わってくる。本節では、第4章の量的調査、第5章の質的調査で詳説するデータの特性に照らし合わせ、量的なデータの収集と質的なデータの収集に分けて概説する。

　また、データは**プライマリー・データ**（primary data）と**セカンダリー・データ**（secondary data）に分けられる。前者は、当該調査の問いに答えるために独自に集められるデータであり、後者は、文献やほかの調査で集められた既存のデータである。

★プライマリー・データとセカンダリー・データ
両者は目的に合わせて選択され、過去との比較などは、両方のデータが必要になる。

1 量的なデータの収集

　量的なデータは、標本から情報を組織的に収集し、数量的に集約される。多数の標本からデータを収集することができ、図表にまとめることや、統計的な推測、分析が可能なデータである。

❶プライマリー・データの場合

　設計した調査の目的を達成するために必要となる量的データを収集する方法として、質問紙法、実験計画法がある。また、ソーシャルワーク実践の評価のために、記録を数値化し収集することもある。

　質問紙法によるデータの収集は、一般にアンケート調査と呼ばれ、質問紙に含まれた質問項目に回答してもらうことにより広範囲にわたる多数の標本からデータを収集することができる。多数の対象から質問の主

旨に適合した回答を得るためには、質問の仕方、回答の方法に留意しなければならない。質問紙法による調査は、サンプリングが適切に実施されていれば、標本調査から全体を推測することも可能なデータを収集することができる。また、同じ質問をすることで、過去との比較が可能となり、将来実施する調査で利用可能なデータを収集しておくこともできる。

　実験計画法では、事前と事後に同じ特性のデータを収集し、その比較により調査の問いに答えるものである。この実験計画法のフレームワークは、ソーシャルワーク実践の評価のための調査でも用いることができる。たとえば、ソーシャルワーカーが介入する前のクライエントに関するデータと、介入後のデータを比較することで、ソーシャルワークの介入の効果を数値の比較によって検討することができる。実験計画法、また実験計画法によるフレームワークの評価は、データの比較により調査の問いに答えるものであり、数量的な比較によりその調査の妥当性と信頼性を担保する。

❷セカンダリー・データの場合

　国や地方自治体が実施している各種調査の結果は、セカンダリー・データの代表的なものであり、社会福祉に関連する調査結果も数多く公表されている。厚生労働省のウェブサイトでは、各種の統計調査の結果が公表されており、全国的な調査の結果を利用することができる。都道府県や市区町村の福祉関係の部局でも各種調査の結果が公表され、一部のデータについては地域比較のデータが収集できる。

　行政だけではなく、社会福祉協議会や各種団体、大学付属の研究所や研究センターなども調査結果を公表しており、インターネットで検索することによって、さまざまなデータにアクセスすることが可能となっている。これらの調査結果の利用については、調査主体は誰か、その目的は何か、サンプリングの方法や分析の方法が適切かどうか等を判断する必要があり、またセカンダリー・データとして利用する場合の注意事項などを理解する必要がある。

あなたが収集してみたい量的データにはどのようなものがあるか考えてみましょう。

2 質的なデータの収集

　質的なデータの収集では、調査の問題意識から、幅広く多様な性質の資料、情報をデータとして収集する。データの特性から調査の対象者が限定されるため、個人情報の保護に特に留意しなければならない。質的データは大きさ、形状、性質の異なったデータがあり、第5章で紹介

する方法論によって収集の方法や集約の方法が異なる。

❶プライマリー・データの場合

設計した調査の目的を達成するために必要となる質的データを収集する方法として、面接法、観察法、フィールド調査などがある。実際の調査においては、これらの方法は単独に選択される場合と、複数の方法を組み合わせてデータを収集する場合がある。

面接法はインタビューと呼ばれ、対象となる人たちに面接し、話を聴かせてもらうデータ収集の方法である。質的なデータを収集するためのインタビューでは、調査テーマに沿ったいくつかの質問項目によるインタビュー・ガイドを作成し、インタビューを実施する。インタビュー・ガイドを用いることにより、インタビューの際に無理なく、無駄なく聴かなければならないことを聴くことができる。インタビュー・ガイドを用いる面接法は、半構造化面接法と呼ばれ、先に述べた質問紙法による調査を面接で実施する場合は、構造化面接法と呼ばれる。

観察法は、対象となる人たちの調査テーマにかかわる場面を観察することにより、データを収集する方法である。調査者から観察されることで、対象者の行動が変化してしまうと、そのデータの信ぴょう性が疑われてしまう。そのため、調査者は観察していることが対象者の行動に影響を及ぼさないように工夫しなければならない。ソーシャルワーク・リサーチでは、調査者が実際にその場面に同席し、場所や時間、活動を共有しつつ、一参加者となって観察を実施する参与観察法が用いられる場合が多い。

このように、ソーシャルワーク・リサーチでは、調査対象者の生活の場や地域で面接や観察によるデータを収集する場合が多い。もちろん、社会福祉施設や医療機関などの面接室で調査を目的としたインタビューが実施される場合もあるが、対象者の生活の場に出向いていき、生活の状況や環境を観察しつつ実施することもある。このように、調査者が現場に出向いてインタビューを実施したり、観察したり、複数の方法で包括的にデータを収集することをフィールド調査と呼んでいる。フィールドに出向くことによって、面接法や参与観察法でのデータ収集にとどまらず、地域に関する情報や、関係資料を入手することも可能となる。

❷セカンダリー・データの場合

調査対象となる人や地域に関する既存の文献は、セカンダリー・データとしての質的なデータとなる。たとえば、先駆的な実践を展開する社会福祉施設の実践を対象に調査を設計したとしよう。どのような実践を

第3章 社会福祉調査のデザイン

展開しているのか、フィールド調査を実施し、観察やインタビューを実施した。その際に、インタビューに応じた施設長が、施設の開設20周年記念誌を提供してくれ、調査に使ってもよいという許可を得た。記念誌には、現在の施設長が、記念誌作成のために前施設長にインタビューした記事が掲載されていた。当該調査の貴重なセカンダリー・データを収集したことになる。また、ソーシャルワークの立場ではなく、あるジャーナリストがその施設に関する新書を出版していた。このような既存の出版物は文献の検討でも取り扱うことができるし、必要であれば調査目的達成のためにセカンダリー・データとして採用できる。量的なセカンダリー・データと同様に、データ収集や分析方法を確認しつつ、質的なセカンダリー・データの場合は結果の解釈のバイアス等にも留意しなければならない。

Active Learning

あなたが収集してみたい質的データにはどのようなものがあるか考えてみましょう。

2 調査におけるデータ分析

　調査の目的に沿った方法でデータが収集されると、いよいよそのデータを分析する段階（**図 3-7** におけるデータ分析の段階）となる。調査で収集された量的なデータは整理、集計、分析され、質的なデータはコーディング等によって分析されて統合される。

1 量的データの分析

　調査者自ら質問紙法などで収集したデータを分析する場合、まずは質問紙をチェックし、一人ひとりから得た回答を表計算ソフトに入力する。一般的には表頭に質問項目、表側に個別の ID 番号を振って回答を入力し、入力ミスや欠損値などの確認をする。インターネットを介した調査では、すでにこのような作業が終わった段階で出力されるため、欠損値等のチェックから進められる。第 4 章第 5 節の**表 4-4** は入力されたデータのイメージである。

　統計的推測や仮説検証といった統計的な検討を行う前に、回答者がそれぞれの質問にどのように回答しているかという**単純集計**を実施する。そして、回答者数を度数として、度数分布表を作成して回答の分布を確認する。無回答もデータの一つであり、省略せずに記しておく。回答者数だけで示されるより、パーセントで表示されると、より具体的なイメージを作ることができるので、度数を全体で割って**相対度数**として示

**表3-2　度数分布表の例──障害者施設における職員全体としてのＩＣＴ
活用への理解**

n＝361

	度数	相対度数	累積度数	累積相対度数
大いに理解を示している	16	4.43%	16	4.49%
理解を示している	90	24.93%	106	29.78%
どちらでもない	110	30.47%	216	60.67%
あまり理解を示していない	92	25.48%	308	86.52%
まったく理解を示していない	48	13.30%	356	100.00%
無回答	5	1.39%	─	─
合計	361	100.00%	─	─

出典：東洋大学福祉社会開発研究センター『就労継続支援Ｂ型サービス提供者のICT利用実態・
意識調査結果報告書』Q7，2019．を一部改変

表3-3　グラフの種類と特性

グラフの種類	特性
棒グラフ（図3-10）	棒の長さを用いて数量の大きさを示し、比較するのに適する。
折れ線グラフ（図3-11）	線の傾きにより傾向、変化を示すのに適する。
円グラフ（図3-12）	全体に占める各回答の大きさを示すのに適する。
帯グラフ（図3-13）	複数のグループ間での各回答の大きさを比較するのに適する。
ヒストグラム（図3-14）	連続した階級の度数を示し、比較するのに適する。

しておくとよい。

　累積度数は、上から（または下から）その回答までに含まれる度数を
足したものであり、また相対度数を同様に足していくと累積相対度数と
なる。**表3-2**は、障害者施設の職員が、施設でのICT（情報通信技術）
活用に理解を示しているかを5件法で尋ねた結果の度数分布表である。
累積相対度数を提示することで、約30％の施設は職員がICT活用に理
解を示している（肯定的である）ことがわかる。

　単純集計の結果はグラフを用いてわかりやすく提示することもでき
る。それぞれのグラフには特性があり、何を示したいのかによってより
適切なグラフを選ぶことになる。**表3-3**は代表的なグラフとその特性
についてまとめたものである。なお、**図3-10**から**図3-14**までの各グ
ラフは、厚生労働省政策統括官が政府統計の「平成28年国民生活基礎
調査」の結果に基づいてまとめた『グラフでみる世帯の状況』から引用
している。この資料は、集計結果をどのようなグラフで示すべきかがよ
くわかる資料となっている。

　単純集計の結果は最も基本的なデータであり、そこから得られる情報

図3-10　棒グラフの例

世帯構造別にみた1世帯当たり平均所得金額及び世帯人員1人当たり平均所得金額

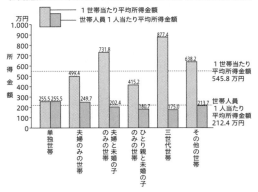

出典：厚生労働省政策統括官（統計・情報政策担当）編『平成30年 グラフでみる世帯の状況──国民生活基礎調査（平成28年）の結果から』p.19, 2018. を一部改変

図3-11　折れ線グラフの例

各種世帯別にみた生活意識が「苦しい」とした世帯の割合の年次推移

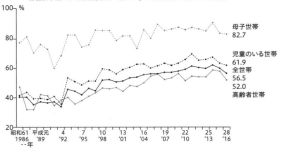

出典：厚生労働省政策統括官（統計・情報政策担当）編『平成30年 グラフでみる世帯の状況──国民生活基礎調査（平成28年）の結果から』p.26, 2018. を一部改変

図3-12　円グラフの例

健康意識の構成割合（6歳以上）

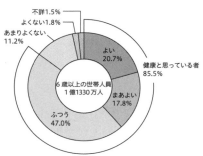

出典：厚生労働省政策統括官（統計・情報政策担当）編『平成30年 グラフでみる世帯の状況──国民生活基礎調査（平成28年）の結果から』p.28, 2018. を一部改変

図3-13　帯グラフの例

年齢階級別にみた平均睡眠時間の構成割合（12歳以上）

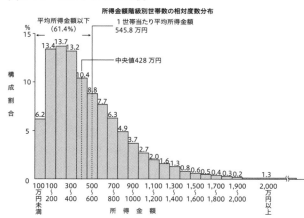

出典：厚生労働省政策統括官（統計・情報政策担当）編『平成30年 グラフでみる世帯の状況──国民生活基礎調査（平成28年）の結果から』p.38, 2018. を一部改変

図3-14　ヒストグラムの例

所得金額階級別世帯数の相対度数分布

出典：厚生労働省政策統括官（統計・情報政策担当）編『平成30年 グラフでみる世帯の状況──国民生活基礎調査（平成28年）の結果から』p.16, 2018. を一部改変

も多い。単純集計以降のクロス集計や統計的な検討については第4章で概説する。

2 質的データの分析

質的データには、フィールド調査の記録、インタビューを記録した音声、撮影した映像や画像、入手したニュースレターや手記など、多種多様なデータがある。調査者は、形も大きさも異なるこれらのデータを整理し、分析可能な情報に変質させなければならない。

ソーシャルワーク・リサーチにおける質的データの代表的なものに、対象者に面接をして、そのインタビューを文字化した逐語録が挙げられる。データを文字化することにより、分析が可能となる。また、参与観察のために対象者の生活の場や地域といったフィールドに赴き、そこで入手したフィールド調査の記録は、フィールドノーツに記される。

第1節で述べたように、一般に質的調査は帰納法的な方向性で調査が進む（**図3-5**参照）。この方向性が示すように、入手された質的データは、整理、分析可能な形にされた後、コーディングによって分析が始められる。調査の方法論によってコーディングの方法も差異があるが、コーディングとは、データから情報を与えるサインを探して、書き出す作業である。

質的データの分析は各方法論によって異なる。第5章で代表的な方法論について概説する。

◇**参考文献**
・Glaser, B.G., *Basics of grounded theory analysis*, Sociology Press, 1992.
・厚生労働省政策統括官（統計・情報政策担当）編『平成30年 グラフでみる世帯の状況——国民生活基礎調査（平成28年）の結果から』2018.
・大谷伸介・木下栄二・後藤範章・小松洋編著『新・社会調査へのアプローチ——理論と方法』ミネルヴァ書房，2013.
・志村健一「グラウンデッド・セオリー（2）——アクション・リサーチの理論と実際」『ソーシャルワーク研究』第34巻第2号，pp.143-147, 2008.
・篠原清夫・清水強志・榎本環・大矢根淳編『社会調査の基礎——社会調査士A・B・C・D科目対応』弘文堂，2010.
・東洋大学福祉社会開発研究センター『就労継続支援B型サービス提供者のICT利用実態・意識調査結果報告書』2019.

第4章

量的調査の方法

　ソーシャルワーカーには、クライエントの特徴や置かれている環境などをアセスメントするだけではなく、ソーシャルワーク実践の効果をクライエントに説明するために、科学的根拠に基づいた指標や資料等を持ち得ていることが求められている。量的調査ではこれらを数値化することにより、クライエントの特徴や環境などを可視化するとともに、実践の効果を測定する。

　本章では、ソーシャルワーク実践における量的調査の意義や貢献、限界を理解したうえで、量的調査がソーシャルワークの技術の一つであることを常に意識しながら、具体的な調査方法やデータの分析手法、分析結果の解釈方法について学ぶ。

量的調査の概要

● ソーシャルワークとしての量的調査を理解する
● 因果関係の推論の意義と方法を理解する
● ソーシャルワーク実践に対する量的調査の貢献と限界を理解する

1 量的調査とは何か

　量的調査とは、調査対象とする集団全体あるいはその一部から数値化可能なデータ（あるいは数値化を行ったデータ）を収集し、統計学的な手法を用いて調査対象集団の傾向や特徴等を可視化しようとする調査方法をいい、多くのデータを用いて分析を行う性質上「多数把握」を基本としている。多数把握とは、個（ミクロレベル）のクライエントが抱えるさまざまな問題や課題を認めながらも、全体性（マクロレベル）を把握する視点から個の抱える問題や課題を捉え直す考え方である。

　たとえば、あるクライエントが認知症高齢者の介護を行っており、介護サービスを利用しているものの、心身ともに疲弊しているという事例があったとする。このクライエントの状況が個別性の高い問題なのか、介護者の多くに起きている共通の問題、あるいは潜在化している問題なのかについて確認するためには、多くのデータを収集することが必要となる。個の抱える問題や課題を解決するための糸口は、個と全体の両方を把握することで判断・理解できるものであるため、「木を見て森を見ず」ではなく「木を観て森を観る」という視点が有用となってくるのである（図 4-1）。

　では、全体性を把握するための量的調査である実態把握は、何に貢献しようとする方法なのであろうか。統計学的な手法を用いた分析を行う量的研究について、竹本は「多くのデータの処理を通して研究対象群（母集団）に起きている現象を解明し、臨床への示唆を得ることのできる研究法[1]」であると述べている。つまり、ソーシャルワーカーが行う量的調査の最終目標は、臨床への示唆を得ることである。ソーシャルワーク・リサーチとしての量的調査は、生活問題や課題で苦悩するクライエント

図4-1　量的調査における多数把握の視点

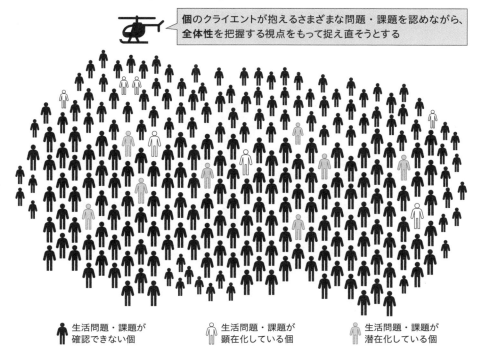

個のクライエントが抱えるさまざまな問題・課題を認めながら、**全体性**を把握する視点をもって捉え直そうとする

🯅 生活問題・課題が
確認できない個

🯄 生活問題・課題が
顕在化している個

🯅 生活問題・課題が
潜在化している個

の現状を数値に変換し、可視化することを通して、実践に役立つ資料の提示を目指した行為といえる。

　ソーシャルワークについてバイステック（Biestek, F. P.）は、個別性を重視しているが人間性に共通の特質や特徴があるとも述べている[2]。つまり、クライエントに起きている現象・事象は、そのクライエントにしか起こらない「**個別性**」と多くの人々に共通して起こり得る「**共通性**」で構成されている。量的調査は、主にデータ間の共通性に焦点化した技術であるが、共通性が明らかになることにより個別性も確認しやすくなる（**図4-2**）。そのような意味においても量的調査は、ソーシャルワーク実践に大いに貢献できる可能性が高い技術であるといえる。

　他方、量的調査による共通性の可視化は、クライエント集団のアドボカシーにもなり得るともいえる。各種の福祉政策は、さまざまな生活問題や生活課題に苦悩するクライエント集団の存在を前提とし、彼らに共通する要因へのアプローチを目指して立案がされ、法制化されてきている。量的調査はクライエント集団の存在を可視化する（実態把握する）ことから、**クラスアドボカシー**（同様のニーズをもつ特定の集団の権利擁護）にも寄与できるものと考える。

Active Learning

クライエントの共通性が明らかになることで、なぜ個別性を確認しやすくなるのか、その理由を考えてみましょう。

図4-2 量的調査が明らかにする個別性と共通性

クライエントに起きている現象＝ 個別性 ＋ 共通性

個別性	共通性
・クライエントの問題の現れ方は、クライエント個人によって異なっている	・人間性に共通の特質がある ・人間の行動に共通のパターンがある

量的調査で得られた共通性と照らすことでクライエントの個別性が確認しやすくなる

量的調査では共通性を統計学的手法を用いて明らかにする

出典：F. P. バイステック，尾崎新・福田俊子・原田和幸訳『ケースワークの原則［新訳改訂版］——援助関係を形成する技法』誠信書房，pp.36-37, 2006. をもとに筆者が図式化

2　量的調査での因果関係の推論とは何か

　前項では、量的調査を量的研究の観点より説明し、臨床への示唆を得ることを目標としていることを述べた。一方、量的研究にはもう一つの考え方が存在する。それは、事象に対して仮説を立て、実証的に検討することである[3]。人が生活をするこの現世界は、多様な要因が互いに影響しあい、あるいは関連をもつといった複雑な因果の世界である[4]。人と人の関係だけではなく、各々の人がまた異なる人から影響を受け、さらに環境からも影響を受けるといった複雑な交互作用が存在しているのである。前項で紹介した認知症高齢者は、介護者との間の関係だけではなく、住環境や自然環境、服薬などの治療、介護サービス事業者によるケア等の影響を受けており、一方、介護者は家族や知人・友人、介護支援専門員等など、さまざまな人や環境の関与を受けている。

　ソーシャルワーカーはジェネラリスト・ソーシャルワークの基本原則である "Start where the client is"（クライエントのいるところから始めよ[5]）という考え方の下、クライエントとの出会いのなかで、人（バイオ・サイコ・ソーシャル）と環境（クライエントの環境・社会環境・ソーシャルワーカーの環境）を理解するための情報を収集し、どのような状況下にクライエントが置かれているのかなどを推測するアセスメントを行う[6]。しかしながら、この複雑なクライエント世界を解読し、生活問題や課題を見極め、軽減・解決するための方策と糸口を選定するのは

並たいていのことではない。

　古谷野らは、「人間の精神や行動、社会現象は極めて複雑で、要因連関の無限の広がりと個別性を備えており、そこから直に法則的な知識を得ようとしても不可能である」と述べ、クライエントに起きている現象のなかで、より強固な因果関係（多くのクライエントに存在する可能性の高い因果関係）に焦点化してモデル（物事が起きる過程を図式化したもの）を構築し、検討することを推奨している。モデルの構築とは、演繹的・帰納的に仮説を立てること（因果関係の推論）であり、検討とは、そのモデルの存在を統計学的な手法を用いて適切さ（構築したモデルが研究対象群に当てはまるか否かを判断するための指標を用いて判断）や従属変数に対する寄与率（独立変数によりどのくらいの割合で結果が起こり得るのかといった確率）をもってモデルの妥当性を判断することである。個別性の高いクライエントの現象を 100% 説明できるモデルは存在しないが、多くのクライエントに起こり得る現象、つまり共通性としてのモデルの存在が可視化されることで、クライエントに対する介入の糸口は見つかりやすくなる。量的調査の貢献は、クライエント世界の一部を可視化し、アセスメントに役立てようと試みる点にあるといえる。

1 因果関係とは何か

　因果関係とは、原因（曝露）と結果（帰結）の関係のことである。因果関係が成立する条件について、武田は Rubin らの 3 条件（時間的優先・相関関係の存在・他の要因の排除）を満たすことを提唱している。これは、「原因と結果には時間差がある」「一方が変化すれば他方も変化する」、そして「両者が関係するのは他の要因（第三の要因）の影響ではない」ということである。

　このように因果関係について整理をすると、社会科学の世界では 100% 因果関係が成り立つという現象は皆無である。たとえば、認知症高齢者の介護者が介護行為を否定的に捉えることによりバーンアウトしてしまうという因果関係を仮定してみる。時間的優先という観点から考えるならば、「介護行為を否定的に捉えること」が時間的に先に起こり、「バーンアウト」が後に起こるということである。しかし、バーンアウトしているから介護行為を否定的に捉えているという逆の因果も考えられる。また、相関関係の存在についていえば、介護行為を否定的に捉えることによりバーンアウトする人もいればしない人もいるのである。さらに、仮に介護者が「介護行為を否定的に捉えること」と「バーンアウ

Active Learning

人々が生活する社会のなかで起きている「原因」と「結果」について探してみましょう。

第**4**章　量的調査の方法

ト」に時間的優先や相関関係の存在があったとしても、社会生活を送る
なかで、この二要因の関係の存在に他の要因が影響を与えないとは考え
にくい。このように社会科学の世界では因果関係を証明することがきわ
めて困難であるが、ソーシャルワーク・リサーチとしての量的調査では、
臨床への有用な資料を提供することを目的に、因果関係の可能性の高さ
に視点を置き、因果関係を推論していく。つまり、先述のように多くの
クライエントに起こり得る数多くの現象を取り上げながら、臨床に有用
な因果関係の可能性のある世界を選定（モデル化）し、検討するのであ
る。その検討によってモデルの妥当性が確認できれば、臨床場面でのア
セスメントを助ける「知識」となるのである。

■2 因果関係の推論

　因果関係の推論には、大きく分けて2種類が想定される。

❶演繹的に因果関係を推論する

　当該調査対象群に関する切実な現象（ソーシャルワーク介入が必要な
現象）について、その現象が起こる過程に関する理論モデルを精査し、
そのモデルを用いて検討するという方法である。理論モデルを選定する
際に確認しなければならないことは、統計学的手法により因果関係モデ
ルの妥当性が確認されているものであるか、あるいは実践の積み重ねか
ら理論として確立されているものであるかということである。先述した
認知症高齢者の介護者の場合、理論モデルの一つとして、ラザルス
（Lazarus, R. S.）らの心理学的ストレスモデル[10]が考えられる
（**図4-3**）。各要因を測定する尺度の選定方法や妥当性の確認等に関して
は、第3節で述べることとする。

❷帰納的に因果関係を推論する

　社会状況や環境の変化により従来の理論モデルが現在の調査対象群に
適さなくなるなど、演繹的に因果関係を推論できない場合において、臨
床現場で起こっている事例を収集しながら帰納的に構築する方法であ
る。基本的には演繹的に推論した因果関係モデルを修正する形で行うこ
とが望ましいが、修正不可能なほどの現象が生じている場合は質的調査
を実施し、構造（因果関係を構成する要因）を明らかにしたうえで検討
することが望ましい[11]。

図4-3　ラザルスらの心理学的ストレスモデルを援用した因果関係モデルの推論

ラザルスらの心理学的ストレスモデル

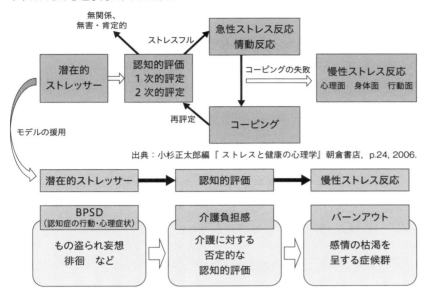

出典：小杉正太郎編『ストレスと健康の心理学』朝倉書店，p.24, 2006.

3 ソーシャルワーク実践に対する量的調査の貢献と限界

　量的調査は多くのデータを収集して主に集団の共通性を把握する方法であること、そのために因果関係を推論し、統計学的な手法を用いて検討することを述べてきた。量的調査の意義は、ソーシャルワーカーの経験のみでは見抜くことのできないクライエントの内面世界を、科学的手法を用いて明示することのできる点にある。数値として示された結果は客観的指標となり、クライエントをアセスメントするうえで大いに役立つものになるのである。

　しかしながら、量的調査にも限界がある。それは質問紙調査や実験計画法に基づく調査を主としていることから、データの収集方法や調査に関する予算などにより、調査の実施範囲が限定されやすい点である。認知症高齢者の介護者の実態を明らかにするため、A地区の介護者に協力を得て実施したとしても、100％の回収率を得るのは困難なことが多く、また得られた結果はA地区の介護者の実態にすぎない。A地区以外の認知症高齢者の介護者からもデータを収集し、どの地区でも同様の結果が得られることを確認することにより結果の一般化が可能となるが、そのためには時間と労力、それに要する費用が必要になる。また、量的調査

で実態を把握できたとしても、調査対象群に起きていると考えられる現象の一部にすぎないのである。量的調査はソーシャルワーカーの経験では得ることのできない手掛かりを導き出すことができるが、クライエントが経験している世界を詳細に理解することは難しい。つまり、すべてを明らかにできるほど万能ではないのである。しかしながら、ソーシャルワーク実践の質を向上させる示唆を提供することには違いない。

　最後に、数値で表す際には分析（解析）という行為を伴うため、量的調査は質的調査に比して苦手意識の高い手法であると思われる。しかしながら、近年は精度が高く容易に使用可能な統計ソフトが普及しており、簡便に結果が出力できるようになっている。データに合った分析方法の選定方法と出力された結果を解読できる知識が必要となるが、この点については、第5節を参考にしてほしい。

◇引用文献
1）竹本与志人「量的研究の理論と方法」『日本在宅ケア学会誌』第23巻第1号，pp.35-41, 2019.
2）F. P. バイステック，尾崎新・福田俊子・原田和幸訳『ケースワークの原則［新訳改訂版］——援助関係を形成する技法』誠信書房，pp.36-37, 2006.
3）竹本与志人「量的研究の動向と課題」『社会福祉学』第53巻第3号，pp.141-145, 2012.
4）前出1）
5）Johnson, L. C. & Yanca, S. J., *Social Work Practice : A Generalist Approach*, 7nd Ed., Allyn & Bacon, 2001.（L. C. ジョンソン・S. J. ヤンカ，山辺朗子・岩間伸之訳『ジェネラリスト・ソーシャルワーク』ミネルヴァ書房，p.4, 2004.）
6）松山真「第5章 相談援助の展開過程I 第5節 ニーズ確定から事前評価（アセスメント）まで」社会福祉士養成講座編集委員会編『新・社会福祉士養成講座⑦相談援助の理論と方法I 第3版』中央法規出版，pp.116-121, 2015.
7）古谷野亘・長田久雄『実証研究の手引き——調査と実験の進め方・まとめ方』ワールドプランニング，pp.9-22, 1992.
8）武田丈「第6章 実験計画法 1 因果関係の確立の必要条件」平山尚・武田丈・呉栽喜・藤井美和・李政元『ソーシャルワーカーのための社会福祉調査法』ミネルヴァ書房，pp.104-106, 2003.
9）Rubin, A. & Babbie, E., *Research Methods for Social Work*（3rd ed.）, Pacific Grove, Brooks/Cole, pp.275-276, 1997.
10）Lazarus, R. S. & Folkman, S., *Stress, Appraisal, and Coping*, Springer Publishing Company, 1984.（R. S. ラザルス・S. フォルクマン，本明寛・春木豊・織田正美訳『ストレスの心理学』実務教育出版，1991.）
11）前出1）

◇参考文献
・平山尚・武田丈・呉栽喜・藤井美和・李政元『ソーシャルワーカーのための社会福祉調査法』ミネルヴァ書房，2003.
・社会福祉士養成講座編集委員会編『新・社会福祉士養成講座⑤ 社会調査の基礎 第3版』中央法規出版，2013.

●おすすめ
・岩田正美・小林良二・中谷陽明・稲葉昭英編『社会福祉研究法——現実世界に迫る14レッスン』有斐閣，2006.

第2節 量的調査の種類と方法

- 全数調査と標本調査の特徴について理解する
- 標本抽出と標本の代表性について理解する
- 横断調査と縦断調査の種類について理解する

　社会福祉の分野で行われる量的調査には、質問紙調査法に基づいた調査（社会調査）、実験計画法を用いた調査（集団比較実験計画法、単一事例実験計画法）がある。本節では量的調査のなかでも質問紙調査法に主眼を置き、その種類と方法について概説する。なお、質問紙調査法に基づいた調査にかかる詳細な実施方法等は第3節、第4節、分析方法に関しては第5節で述べる。また、実験計画法を用いた調査はソーシャルワーク実践の評価に用いられることから、その詳細な方法や分析に関しては第6章で紹介する。

1 量的調査の種類

1 全数調査

　量的調査を行う場合、その調査の対象とする集団を母集団という。たとえば第1節で述べた認知症高齢者の介護者を対象にストレス状況などを調査するという計画を立てた場合、この調査の母集団は認知症高齢者の介護者となる。この認知症高齢者の介護者は、母集団を構成する要素（情報を収集する調査対象者）であり、要素すべてを対象とした調査を全数調査（悉皆調査）という。また、母集団を構成する要素を分析して得た統計量（平均値や標準偏差など）を母集団統計量といい、この統計量が得られることにより母集団の現象や事象が明らかになる。しかしながら、非標本誤差（回収率が低い、データ入力のミス、質問項目への無回答、調査への非協力など）を100％回避することは難しく、真なる母集団統計量を得ることは困難といえる。そのため、全数調査では非標本誤差が極力低くなるよう、母集団統計量に近づけるための努力を講じることとなる。

図4-4　量的調査における全数調査と標本調査

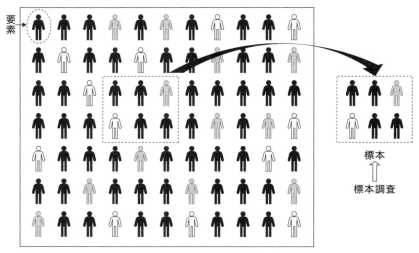

母集団 ⟸━━ 全数調査

👤 生活問題・課題が確認　　　　👤 生活問題・課題が顕在化　　　　👤 生活問題・課題が潜在化
できない個　　　　　　　　　　　している個　　　　　　　　　　　している個

出典：古谷野亘・長田久雄『実証研究の手引き──調査と実験の進め方・まとめ方』ワールドプランニング，p.46の図3-1, 1992. を参考に筆者が図式化

　全数調査では、このような非標本誤差に加え、実際に母集団を構成する人々全員を調査するには、その規模が大きいほど多くの費用や人員を要することになるなどデメリットも少なくない。また、実際に全数調査を行うことができたとしても得られる回答数の低さ等から、分析可能な人数が少なくなることがある。そのため、量的調査では国勢調査などの一部の調査を除き、一定の規則に従い母集団の一部を抽出して調査する標本調査が多く行われている（**図4-4**）。

2　標本調査

標本調査を用いてできる調査の例（対象者や目的）を考えてみましょう。

　標本調査は、母集団の一部の要素を抽出した標本を用いるが（標本抽出）、標本の特徴を明らかにするために行うのではなく、母集団の特徴を明らかにすることを主たる目的とする。母集団よりも小さい集団（標本）を調査することにより、母集団の特徴を把握（推測）しようとするのである。そのため、標本調査では母集団を反映している（あるいは代表している、相似している可能性の高い）標本を抽出することが重要となる。

　標本を構成する要素を分析して得た統計量（平均値や標準偏差など）を標本統計量という。母集団統計量は非標本誤差ゆえに正確に測定でき

ないが、標本調査では非標本誤差が全数調査に比して少ないため、標本統計量から母集団統計量を推定することが可能である。しかしながら、標本が母集団から抽出したがゆえに生じる誤差（標本誤差）もある。標本誤差は、後述する無作為抽出により選定された標本であれば確率法則に従い、標本誤差の大きさを推定してその影響を取り除き、母集団統計量についての検討を進めることができる[1]。

標本抽出法について古谷野ら[2]は、有意抽出と無作為抽出に二分し、いくつかの方法を提示している（図4-5）。有意抽出（非確率標本抽出）はさらに無計画抽出と計画抽出に分けられる。無計画抽出には、調査協力の呼びかけに応じた人を標本とする「応募法」、調査者と何らかの縁をもつ人を標本とする「機縁法」がある。一方、計画抽出には調査者の主観的判断で母集団を代表する人を選定する（標本とする）「調査者の判断による方法」といくつかの変数（性別や年代など）に着目し、その変数の割合が母集団と等しくなるよう調査者の主観的判断で選定する（標本とする）「割当法」がある。無計画抽出は母集団との関係を考慮せずに抽出する方法であり、また、計画抽出は調査者の主観的判断の下に

図4-5　標本調査における標本抽出法

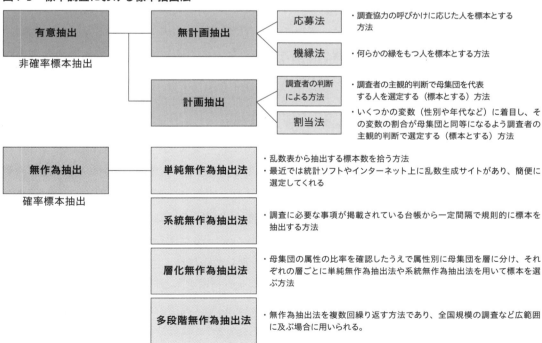

出典：古谷野亘ら『実証研究の手引き──調査と実験の進め方・まとめ方』ワールドプランニング，pp.47-51ならびに図3-2，1992.，平山尚ら『ソーシャルワーカーのための社会福祉調査法』ミネルヴァ書房，pp.95-102, 2003.，潮谷有二ら編著『社会調査の基礎』ミネルヴァ書房，pp.45-54, 2010. を参考に筆者が修正，図式化

抽出される方法であり、いずれの方法も抽出された標本が母集団を代表するかどうか（標本の代表性）には疑問が残るものである。そのため、有意抽出では母集団を推定することは困難である。

これに対し、無作為抽出（確率標本抽出）は母集団の代表性の担保するための策を講じ、有意抽出での前述の課題を排除し、偏った標本抽出の可能性を低くする方法である。無作為抽出を行うためには、まず標本すべてに通し番号を振る必要がある（標本数が 500 であれば 1 ～ 500 番まで番号を付ける）。なお、無作為抽出には**単純無作為抽出法**、**系統無作為抽出法**、**層化無作為抽出法**、**多段階無作為抽出法**がある[3]。

これらの無作為抽出で得られた標本は標本誤差が生じるものの、その誤差を最小限にとどめようと試みた方法であり、母集団の推定が可能となる。なお、母集団から標本抽出し、標本の記述統計量を得るまでを**記述統計**といい、そこから母集団の性質について推定・検定することを**推測統計**という[4]。詳しくは第 5 節で説明する。

詳しくは第 5 節で説明する。

2 ▶ 量的調査の方法

1 横断調査

横断調査は、調査を一度行い、得られたデータから確認できる傾向や変数間の関係性などを明らかにする方法である。一度のみの調査のため、変数間の因果関係を証明することは困難である。しかし、因果関係の前提として、変数間に統計学上有意な相関関係が必要なため、縦断調査に移行すべきか否かの判断を行うためにも重要な調査である。

先述のとおり、無作為抽出により標本抽出を行い調査を実施できたとしても、標本調査がゆえに生じる標本誤差や回収率の低さや未回答の質問項目などの非標本誤差により、標本の代表性が低下することが否めない。そのため、得られた標本が母集団を反映しているか（標本の代表性が担保されているか）を属性分布（男女比や年齢層などの分布に大きな違いがないかどうか）などを通じて母集団と対比することが求められる。

図 4-6 はソーシャルワークの利用者を調査対象とした調査での例を挙げたものである。たとえば、認知症高齢者の介護者を対象に介護者の実態と介護負担感の関連要因の探索を目的に標本調査を計画し、質問項目に介護者の性別や年齢、認知症高齢者の要介護度、介護者の介護負担感を測定する尺度、健康状態を測定する尺度などを設定し、調査を行っ

★**単純無作為抽出法**
抽出したい標本数を乱数表（不規則に並べられた数字の表）から拾う方法である。標本数が多いときは拾う作業に時間を要するが、最近では統計ソフトの使用やインターネット上の乱数生成サイトなどを使い必要な標本数を選べるため簡便な方法となっている。

★**系統無作為抽出法**
調査に必要な事項が掲載されている台帳から一定間隔で規則的に抽出する方法である。ある自治体に認知症高齢者の介護者が 1000 名存在している場合、そのなかから 200 名の標本をこの方法で抽出するためには、まず1000 名に 1 ～ 1000番の通し番号を付ける。次に 1000 名を200 名で割り、その値の 5 を抽出するための間隔に設定する。さらに、1 ～ 5 のなかから抽出するための間隔以下の正の整数（この場合は 1 ～ 5）を無作為に選び、たとえば選んだ数字が 3であれば、1 番目の標本は台帳の 3 番とし、その後は等間隔（間隔は 5）に 8 番、13 番、18 番、23 番といったように選んでいき、標本を抽出する方法である。

図4-6　ソーシャルワークの利用者を対象とした横断調査で可能な分析の例──
　　　　認知症高齢者の介護者を対象とした調査の例

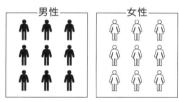

❶男女間の介護負担感の違い
（平均値または中央値の差の検定）

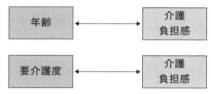

❷年齢と介護負担感、
　要介護度と介護負担感の関係
（相関分析）

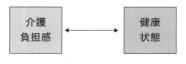

❸介護負担感と健康状態の関係
（相関分析）

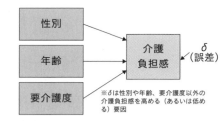

❹介護負担感を従属変数とした回帰分析
（重回帰分析）

★層化無作為抽出法
単純無作為抽出法や系統無作為抽出法では母集団のなかで構成割合の低い属性の要素が標本として選ばれない可能性があることから、あらかじめ母集団の属性の比率を確認したうえで、属性別に母集団を層に分け、それぞれの層ごとに標本を選ぶ方法である。たとえば、認知症高齢者の介護者を男女別に分け、さらに認知症高齢者の要介護度で分ける。各々の層の構成比により層ごとの標本数を算出し、層ごとに単純無作為抽出法または系統無作為抽出法を用いて標本を選定する。

★多段階無作為抽出法
無作為抽出法を複数回繰り返す方法であり、全国規模の調査など広範囲に及ぶ場合に用いられる。たとえば、全国の市区町村から無作為抽出法で5市区町村を選び、その市区町村における認知症高齢者の介護者数の構成比ごとに各市区町村の標本数を定め、市区町村ごとに無作為抽出法あるいは系統無作為抽出法で標本を選定する。

たとする。❶は男女間で介護負担感に違いがあるか否かをそれぞれの平均値あるいは中央値で確認しようとしたもの、❷は年齢が高い（または若い）ほど介護負担感が高い（あるいは低い）のか、要介護度が高い（または低い）ほど介護負担感が高い（あるいは低い）のかを確認するため相関係数を算出して確認しようとしたものである。❸は介護負担感が高い（あるいは低い）ほど健康状態が悪い（あるいはよい）のかを確認するため相関係数を算出して確認しようとしたものである。❹は性別や年齢、要介護度のいずれの要因が介護負担感を高める（あるいは低める）のかといった因果関係モデルである。横断調査では因果関係を証明することが困難であるが、因果関係を想定してその前段階としての因果関係モデルを設定し、検討することが可能である。

　図4-7は、福祉専門職を調査対象とした調査での例を挙げたものである。たとえば、社会福祉士を対象にソーシャルワーク実践の実態とその関連要因の探索等を目的に標本調査を計画し、質問項目に社会福祉士の性別や年齢、経験年数、研修歴、職能団体への加入の有無、ソーシャルワーク実践を測定する尺度（実践の種類別にその頻度を問う項目で構成された尺度）などを設定し、調査を行ったとする。ソーシャルワーク実践の頻度で類型化を行った結果、6グループに分類できると判断された場合、その6グループはソーシャルワーク実践頻度の高低で順序

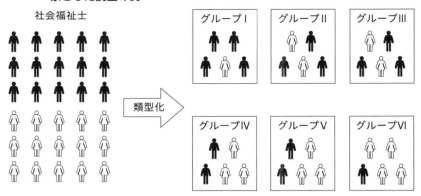

図4-7　福祉専門職を対象とした横断調査で可能な分析の例——社会福祉士を対象とした調査の例

＊ソーシャルワーク実践の頻度を用いた類型化（クラスター分析）

性があるのか、あるいは特定の種類の実践頻度が高いまたは低いなどの特徴で分かれているかなどについて確認することが可能である。また、6グループのなかですべての領域においてソーシャルワーク実践を行っていると考えられたグループがあれば、ほかのグループと属性等との比較により実践頻度を高めるための手掛かり、つまり現任研修の企画立案に有用な資料を得ることができる。

■2 縦断調査

縦断調査は、横断調査が調査を一度のみ行うのに対して、複数回調査を行い、時間経過に沿って集団がもつ情報量の変化を確認する方法である。縦断調査には、動向調査（trend studies）、集団調査（cohort studies）、パネル調査（panel studies）の3種類がある。[5][6]

❶動向調査

動向調査は傾向調査とも呼ばれ、時間経過とともに特定集団の動向（傾向）がどのように変化しているかを確認する方法である。たとえば、一定期間ごとに身体障害者手帳取得者の障害の種別割合や、介護保険施設入所者の要介護度のランク別比率の推移を確認するなどが挙げられる。これらの調査では、調査時期の対象者を集計対象とするため、同じ対象者が含まれる場合もあれば、死亡や退所で集計対象外となる場合、新たな対象者が加わる場合などがある。つまり集計対象者は調査ごとで異なるところに動向調査の特徴がある。社会福祉士が勤務する相談機関での相談統計を年度ごとに集計し、その推移を確認するのも動向調査の一つである。

❷集団調査

　集団調査は、調査者が調査対象者の範囲を特定し、時間経過のなかでどのように変化していくかを確認する方法である。動向調査に似ているが、集団調査では特定の集団を経時的に調査していくことに特徴がある。たとえば、2018（平成30）年に全国各地で発生した豪雨災害が小学生（当時6〜12歳）に与えた心理的影響を確認することを目的に、5年ごとに調査をする。初回は2023（令和5）年に被災地の住民から多段階無作為抽出法で11〜17歳を500名選び、調査を行う。2回目は2028（令和10）年に同様に被災地の住民から多段階無作為抽出法で16〜22歳を500名選び、調査を行う。このように、調査時期ごとに特定の集団から調査対象者を抽出し、変化を確認していく方法をいう。

❸パネル調査

　パネル調査は、同一の集団を経時的に複数回調査を行い、その変化を確認していく方法である。動向調査や集団調査では、調査時点ごとに集団を構成する要素が異なっているが、パネル調査の場合は初回調査の回答者に2回目の調査を依頼し、2回目の調査の回答者に3回目の調査を依頼する。第1節で因果関係の成立する3条件を述べたが、「原因と結果には時間差がある」「一方が変化すれば他方も変化する」「両者が関係するのは他の要因（第三の要因）の影響ではない」のうち、前二者を成立させることができる調査方法である。

　動向調査と集団調査、パネル調査の違いについては、**図4-8**のとおりである。社会福祉士の就業分野に関する縦断調査を行う場合、その経時的変化を確認する際、三つの調査方法のうちパネル調査が最も変化を

Active Learning

横断調査や縦断調査を用いてできる調査の例（対象者や目的）を考えてみましょう。

図4-8　社会福祉士の就業分野に関する縦断調査の例

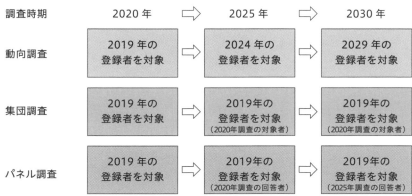

注：登録者とは社会福祉士の登録者を指す。
出典：平山尚ら『ソーシャルワーカーのための社会福祉調査法』ミネルヴァ書房, pp.151-153, 2003. を参考に筆者が図式化

確認しやすい方法といえる。しかしながら、同一集団を対象とするがゆえに転居や無回答などにより情報を収集することができなくなり、調査の回数を重ねるごとに分析可能な標本数が少なくなる。この点がパネル調査の課題でもある。

3 二次分析

　二次分析とは、既存のデータや行政機関などが収集したデータなど、他者が調査目的を定めて収集したデータを分析することをいう。佐藤ら[8]は、❶データ収集の時間や労力などを省略でき、研究に集中できること、❷全国規模の既存調査データを分析することが可能となること、❸分析結果の再現・検証が可能になり、研究の精度が向上することなど、二次分析の利点について詳述している。我が国においては、これまでほとんど公開されたデータがなく、またソーシャルワーク・リサーチとしての量的調査では、データ収集よりも調査目的が先行するという考え方に重きを置いており、あまり推奨されてこなかった。

　現在、公開あるいは所定の手続きを行うことにより使用可能なデータが増えつつある。予算等の関係で調査が困難である場合に断念せざるを得なかったものが、既存のデータの分析により可能となるものも少なくない。また、既存のデータの分析により、ソーシャルワークの対象者の現状が明らかになることもある。今後は、調査実施者が自らの調査目的に照らし、二次分析できるデータの有無の確認と使用の有用性について判断していくことが求められる。

◇引用文献
1）古谷野亘・長田久雄『実証研究の手引き──調査と実験の進め方・まとめ方』ワールドプランニング，p.51, 1992.
2）同上，pp.47-51
3）呉栽喜「第 5 章 標本 3 標本のタイプ」平山尚・武田丈・呉栽喜・藤井美和・李政元『ソーシャルワーカーのための社会福祉調査法』ミネルヴァ書房，pp.93-98, 2003.
4）竹内幸子「第 3 章 量的調査の方法」社会福祉士養成講座編集委員会編『新・社会福祉士養成講座⑤ 社会調査の基礎 第 3 版』中央法規出版，p.58, 2013.
5）武田丈「第 8 章 社会調査（サーベイ）2 社会調査の種類」前出 3），pp.149-153
6）Rubin, A. & Babbie, E., *Research Methods for Social Work* (3rd ed.), Pacific Grove, Brooks/Cole, pp.112-114, 1997.
7）D. F. ポーリット・C. T. ベック，近藤潤子監訳「第 8 章 量的研究のデザイン」『看護研究──原理と方法 第 2 版』医学書院，pp.170-171, 2010.
8）佐藤博樹・間淵領吾「特集 二次分析の新たな展開を求めて」『理論と方法』第17巻第 1 号，pp.1-2, 2002.

◇参考文献
・古谷野亘・長田久雄『実証研究の手引き──調査と実験の進め方・まとめ方』ワールドプランニング，1992.
・平山尚・武田丈・呉栽喜・藤井美和・李政元『ソーシャルワーカーのための社会福祉調査法』ミネルヴァ書房，2003.
・社会福祉士養成講座編集委員会『新・社会福祉士養成講座⑤ 社会調査の基礎 第 3 版』，中央法規出版，2013.
・潮谷有二・杉澤秀博・武田丈編著『社会調査の基礎』ミネルヴァ書房，2010.
・岩田正美・小林良二・中谷陽明・稲葉昭英編『社会福祉研究法──現実世界に迫る14レッスン』有斐閣，2006.
・D. F. ポーリット・C. T. ベック，近藤潤子監訳『看護研究──原理と方法 第 2 版』医学書院，2010.

● おすすめ
・日本ソーシャルワーク学会監『ソーシャルワーカーのための研究ガイドブック──実践と研究を結びつけるプロセスと方法』中央法規出版，2019.

第3節 質問紙の作成方法と留意点

● 質問紙の作成方法と手順を理解する
● 質問への回答形式の種類と特徴を理解する
● 測定の水準（尺度の信頼性と妥当性、尺度の種類）を理解する

1 調査協力の依頼文と質問紙

　ソーシャルワーク実践に関する量的調査の多くは、質問紙調査によって実施されている。調査対象者は、クライエントや家族、地域住民、社会福祉施設職員など多岐にわたるが、すべての調査対象者にとって質問内容がわかりやすい、かつ回答しやすい質問紙を作成することが求められる。また、質問紙のレイアウトや色調、質問文の文字数や行数、行間の広さ、文字の大きさやフォント、質問項目の数、質問紙全体のバランスなど視覚的なレベルでの配慮や工夫も必要である。

　質問紙調査を実施するためには、調査の趣旨等を説明する調査協力の依頼文を作成し、質問紙の表紙（1枚目）に印刷、もしくは質問紙に添付しなければならない。以下、本項では、調査協力の依頼文と質問紙について取り上げていく。

1 調査協力の依頼文

　調査者は、調査対象者に対して調査の目的や背景、意義、回答方法、倫理的配慮に関する事項など調査の趣旨等を説明するために、調査協力の依頼文を作成する必要がある。調査対象者は、質問紙への回答に先立って調査協力の依頼文を読み、その内容から回答の可否を判断することになる。そのため、調査の趣旨等を過不足なく記載することが求められる。藤井は、調査協力の依頼文に記載されるべき内容として、以下の7点を挙げている。[1]

❶調査機関・調査責任者（責任の所在を明確にする）
❷調査の目的と意義（アンケートへの協力がどのように調査に反映されるか）

❸サンプリングについて（どのように回答者が選ばれたか）

❹回答者と回答内容の秘密保持について

❺質問紙の回答にかかるおよその時間

❻回収方法と回収期限

❼連絡先（調査についての疑問点や質問があった場合の連絡先）

　これらの内容で構成された調査協力の依頼文のサンプルを**表4-1**に示す。調査協力の依頼文の作成に際して調査者が留意するべきことは、調査対象者が上記7点の内容を正しく理解できるように、わかりやす

表4-1　調査協力の依頼文（サンプル）

民生委員を対象とした認知症が疑われる高齢者を発見した際の援助要請意向ならびに受診促進意向に関する研究 **ご挨拶とお願い** 　我が国の認知症患者は、高齢者人口の増加に伴って急速に増大しています。近年では認知症の原因疾患、特にアルツハイマー病の進行遅延薬の開発や認可が進み、介護予防の観点より早期発見・早期受診への対策が急務とされています。 　しかし、認知症対策のなかでも"早期受診の促進"は決して容易ではありません。当事者には病識がないあるいは低い場合が多く、一方、家族は当事者との心理的距離の近さから症状に対する冷静な判断ができないケースが多く、病気の特性ゆえに両者に対する啓発活動が十分に早期受診の意向につながらないといった現状が現場から報告されてきています。そのため、早期受診に結びつけるためには、受診を促し支援する第三者の存在が重要であり、地域の見守り役である民生委員がキーパーソンとなることが期待されると考えています。 　そこで、本調査研究では、認知症の早期発見・早期診断を可能とする受診・受療連携システムの構築に必要な資料を得ることを目的に、民生委員の皆様を対象に「認知症が疑われる高齢者を発見した場合の援助要請意向（専門機関等へ援助を求めようとする気持ち）と受診促進意向（当事者あるいは家族に受診を勧めようとする気持ち）についてお尋ねしたいと考えております。本調査で得られた結果は、民生委員の方々の今後の支援活動に役立つ研修企画の参考資料に、そして学術的な研究（学会発表や研究論文による問題提起の発信）等の使用などにさせていただきます。統計的に処理いたしますので、個人が特定されるなど、ご回答いただいた方にご迷惑をおかけすることは一切ございません。また、本アンケートは皆様の自由意思（任意）のもとにご協力をお願いするものです。万が一、回答を辞退されたいときには回答を中断いただき、アンケートは破棄していただきますようお願い申し上げます。なお、本アンケートへのご協力の有無により皆様方に不利益が生じることは一切ございませんのでご安心ください。 　ご多忙の折、誠に申し訳ございませんが、本調査にご協力いただける方は、以下の「ご記入にあたってのお願い」をご覧のうえ、ご回答をお願いいたします。 　　　　　　　　　　　　**【ご記入にあたってのお願い】** 　1．回答は、必ず<u>民生委員の方ご本人</u>がご回答ください。 　2．ご記入はボールペン（黒または青）をご使用ください。 　3．記入されたアンケート用紙は同封の返信用封筒に入れて厳封し、<u>9月末日までに</u>投函ください。 　4．この調査票に関しての質問等がございましたら、下記までお問い合わせください。 お問い合わせ先 　〒○○○－○○○○　○○県○○市○○○○　　　調査代表者　○○○○ 　電話／ファックス：○○○○－○○－○○○○（E-mail：○○○@○○○○．○○ .jp） ※本調査は○○○○○の賛同・協力を得て、実施しております。 ※本調査は○○○○○による研究助成を受けて実施しております。

出典：「民生委員を対象とした認知症の疑いのある高齢者を発見した際の援助要請意向と受診促進意向に関する研究（調査研究報告書）」
　　（2015年2月、研究代表者 竹本与志人），p.33を一部改変

Active Learning

表 4-1 の依頼文を読み、段階ごとにどのような内容で構成されているか確認してみましょう。

い文章表現を用いることである。また、質問紙への回答を強制しないなどの倫理的事項、さらには秘密保持などの個人情報保護に関する事項についても明記することである（社会福祉調査における倫理と個人情報保護については第2章参照）。

２ 質問紙

質問紙は、調査目的と合致した質問項目が過不足なく設定されていなければならない。また、調査対象者が理解しやすい質問項目から記載していくことが大切である。最初から複雑で難しい質問項目を記載してしまうと、調査対象者の回答意欲が低下してしまい、回収率の低下につながる可能性もある。さらには、質問が進むにつれて回答への時間や労力が増加し、欠損値（回答の記入漏れやミスなど）が多くなる傾向がみられる。そのため、基本的には調査仮説を検証する分析モデルの従属変数、独立変数、交絡因子[*]の順に質問項目を記載することが望ましいとされている[2)]。質問項目の回答に欠損値が多くなると、統計分析に支障をきたすおそれがあるため、以上のような観点を踏まえて質問紙の作成に取り組むことが求められる。

★交絡因子
結果Bに対して原因Aが影響しているとき、変数CがAとBの両方に関連していることがある。変数Cのように、原因変数であるAと結果変数であるBの両方に影響していて分離できない第三の変数を交絡因子という。

２ 質問紙の作成方法

１ 質問文のワーディング

質問紙調査では、調査対象者が理解しやすい文章表現、すなわちワーディングで質問文を作成する必要がある。そのためには、以下の点に留意する。

❶明瞭かつ簡潔な文章表現を使用する

質問文の文章表現が難解かつ複雑である場合、回答の記入漏れやミスにつながる可能性がある。特に、自記式調査（第4節参照）の場合は、調査者が同席して調査対象者の疑問に答えたり、補足的な説明を行うことが難しい。そのため、調査対象者にとって読みやすく、かつわかりやすい質問文となるように、明瞭かつ簡潔な文章表現を使用することが必要である。

❷専門用語の使用を避ける

ソーシャルワーカーが実践現場で使用している専門用語であっても、調査対象者がそれを正しく理解できているとは限らない。たとえば、認

知症高齢者の家族介護者の「バーンアウト」や「レスパイトケア」など
は、ソーシャルワーカーにとって十分理解できる専門用語であるが、ク
ライエントや家族には理解しにくいことが想定される。そのため、質問
文では専門用語の使用を避け、一般的なレベルで使用されているわかり
やすい用語を使用することが求められる。

❸略語の使用を避ける

たとえば、特別養護老人ホームを「特養」、介護老人保健施設を「老健」、
社会福祉協議会を「社協」と略して表記することである。このような略
語はクライエントや家族にとって理解しにくいことが想定されるため、
専門用語とともに使用を避けるべきである。

❹二重否定の使用を避ける

否定語が二重に使用されていると質問内容がわかりにくくなり、誤答
につながる可能性もある。たとえば、「社会福祉士資格を有していない
人は、ソーシャルワークを実践するべきではないと思いますか」という
質問文には"有していない"と"実践するべきではない"という二重の
否定語が含まれている。この場合、否定語を使用しない「社会福祉士の
有資格者のみがソーシャルワークを実践するべきだと思いますか」とい
う質問文のほうが理解しやすいといえる。

❺ダブル・バーレル質問

ダブル・バーレル質問とは、一つの質問文に二つ以上の事柄（バーレ
ル）が含まれている質問である。たとえば、「認知症予防のために運動
や食事に気をつけていますか」という質問文には、認知症予防のための
"運動"と"食事"という二つの事柄（バーレル）が含まれている。そ
のため、"運動"には気をつけているが"食事"には気をつけていない
調査対象者は回答に戸惑ってしまい、その結果として回答の記入漏れや
ミスが生じたり、信頼性の高い回答が得られない可能性がある。

❻キャリーオーバー効果

キャリーオーバー効果とは、前の質問に対する回答が次の質問の回答
に影響を与えることをいう。たとえば、最初の質問で「認知症予防のた
めに運動に気をつけるべきだと思いますか」と尋ね、次の質問で「運動
は認知症予防につながると思いますか」と尋ねた場合、最初の質問への
回答が次の質問への回答に影響を及ぼし、最初の質問で「はい」と肯定
的に回答したならば、次の質問でも肯定的に回答する割合が高まりやす
くなる。キャリーオーバー効果を完全に防ぐことはできないが、可能な
限り避けられる質問項目の順番となるように検討する必要がある。

Active Learning

自治体が公表している報告書を入手し、質問文のワーディングを確認してみましょう。

❼パーソナルな質問とインパーソナルな質問

　パーソナルな質問とは、調査対象者の個人的な意見や態度などに関する質問である。一方、インパーソナルな質問とは、一般的・社会的な意見や態度などに関する質問である。たとえば、65歳以上の高齢者を対象とした調査で「あなたは、ボランティア活動をしてみたいですか」はパーソナルな質問であり、「あなたは、高齢者の社会的孤立を防ぐためにボランティア活動が必要だと思いますか」はインパーソナルな質問である。調査対象者の個人的（パーソナル）な意見を尋ねるのか、あるいは一般的・社会的（インパーソナル）な意見を尋ねるのかについては、社会福祉調査の目的や趣旨等に基づいて慎重に検討する必要がある。

❽誘導質問（バイアス質問）

　誘導質問（バイアス質問）とは、調査者が意図している方向へ調査対象者の回答を誘導していく（バイアスがかけられている）質問である。たとえば、「男性の育児参加が社会的に推進されていますが、男性も育児休業を取得すべきだと思いますか」という質問では、調査対象者は社会的に望ましいとされる考え方に影響されて、肯定的に回答しやすくなる。このように、誘導質問（バイアス質問）は、調査対象者の個人的な意思が反映されにくいため、可能な限り避けるようにする必要がある。

　以上のように、質問文のワーディングには多くの留意点があるが、その基底を成すものは調査対象者の視点に則ったワーディングを用いることである。そのためには、質問文の原案ができた段階で、本調査の調査対象者と同じ属性をもつ少人数の調査対象者にプレ調査（予備調査）を実施し、その調査結果をワーディングの修正等につなげていくことも有効である。

2 尺度の選定方法

　第3章第2節で述べたように、量的調査では、仮説の検証作業を可能とするために調べたい事象に関する概念の操作化を行い、その概念を測定するための道具（ものさし）となる質問項目を選定していく。このように選定された質問項目の集まりを尺度（スケール）という。尺度は、複数の質問項目によって構成されるのが一般的であり、1項目のみの尺度よりも複数項目の尺度のほうが測定の精度が高まりやすい[3]。

　量的調査では、信頼性と妥当性が担保されている既存尺度を使用する、もしくは調査者が尺度開発を行うという二つの選定方法がある。

❶既存尺度の使用

　先行研究・文献のなかから、調査者が測定しようとする操作化された概念と合致している既存尺度を選定して使用することである。その際、尺度の信頼性と妥当性が担保されていることが前提条件となるが、特に妥当性が担保されていることが重要である。[4]具体例として、認知症高齢者の家族介護者が感じている介護負担感を測定しようとする場合、荒井らが開発した「短縮版 Zarit 介護負担尺度日本語版（J-ZBI_8[5]）」などの既存尺度がある。ただし、既存尺度を用いる場合は、尺度の著作権をもつ出版社等へ事前に問い合わせる必要がある。また、調査者の判断で既存尺度を構成する質問項目のワーディングを変更したり、質問項目を取捨選択したり、順番を入れ替えてしまうと、尺度の信頼性と妥当性が損われる可能性があることにも留意しなければならない。[6]

❷尺度開発

　先行研究・文献のなかから適切な既存尺度を選定できない場合は、調査者が所定の手順に従って尺度開発を行うことになる。具体的には、おおよそ以下の手順に従って、調査者が測定しようとする操作化された概念に合致した質問項目を収集、検討していく（**図4-9**）。

① **アイテムプールづくり**

　まず、先行研究・文献や関連資料等を参考として、操作化された概念と合致していると考えられる質問項目をできるだけ多く集めていく。このような質問項目の集まりをアイテムプールという。

② **予備尺度の作成**

　アイテムプールのなかから、調査のテーマにかかわりの深い専門家や学識経験者等からの意見や評価に基づき、予備的な質問項目の集まりである予備尺度の作成を行う。このとき、質問項目の数が多くなりすぎな

図4-9　質問紙作成までの手順

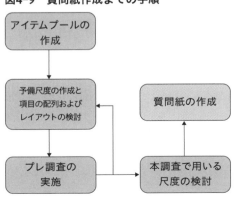

いように留意する。また、その配列順序やワーディング、質問紙のレイアウト、文字の大きさなどの視覚的なレベルについても検討を行う。

③　プレ調査（予備調査）の実施

　次に、予備尺度を用いたプレ調査を行う。プレ調査とは、本調査の調査対象者と同じ属性をもつ少人数の調査対象者に対して実施することを原則としている。また、プレ調査で得られた結果は、本調査で用いる質問項目を選択するための基礎資料となる。具体的には、質問項目への回答から得られたデータを収集し、統計学的に検証することによって質問項目の選択を行うことになる。

④　本調査で用いる尺度の検討

　古谷野らは、本調査で用いる尺度を構成する質問項目の選択において、信頼性、妥当性、一次元性を高めるような質問項目のみを残し、それ以外の不適切な質問項目を取り除いていくための判断基準として、以下の❶～❸の順に統計学的な検討を行うことを指摘している。[7]

❶回答分布に著しい偏りがある

❷他の項目との間に負の相関関係を有している

❸他の項目との間の相関関係が弱い

　上記❷❸の相関関係については、相関分析で算出された相関係数によって判断される（相関分析の方法については第5節で述べる）。以上のような手順で検討を重ねていき、最終的に残された弁別力の高い質問項目で構成された尺度を開発していくことになる。

▌3 調査対象者の属性に関する項目

　調査対象者の属性とは、性別や年齢、家族構成、居住地、学歴などを意味する。また、これらの属性を回答する欄（属性に関する回答のデータをまとめた用紙）をフェイスシートという。調査対象者の属性に関する項目の選定については、調査目的や仮説によって判断されることになる。ただし、項目数が多すぎると負担が強くなり、回答意欲が低下して記入ミスや無回答などにつながる可能性もある。そのため、統計分析のモデル（枠組み）に必要な属性に関する項目を過不足なく質問紙に盛り込むことが大切となる。なお、これらの属性に関する項目については、質問紙の最後に設定することが望ましい。[8]

▌4 回答欄

　回答欄で用いる質問への回答形式には、選択肢による選択肢法（制限

回答法）と自由に回答を記述（口述）する<u>自由回答法</u>の二つがある。

❶選択肢法（制限回答法）

選択肢法（制限回答法）とは、事前に用意された選択肢のなかから回答を選ぶ方法である。選択肢を設けることで回答への負担が少なくなり、比較的短い時間で回答することができる。しかし、回答の範囲が制限されてしまうため、選択肢のなかに回答として当てはまるものが設定されていない場合は、かえって回答しにくいこともある。そのため、選択肢のなかに「その他」を設けて、選択肢では回答しにくい内容を簡潔に記述できるスペースを確保することも可能である。選択肢法には、以下のような種類がある。

① **多肢選択法**

多肢選択法とは、事前に用意された複数の選択肢のなかから、当てはまる回答を一つだけ選ぶ方法である。社会福祉調査では最もよく用いられる方法である。以下の具体例は、調査対象者の年齢に関する設問である。

【具体例】

＜設問＞

あなたの年齢について、当てはまるもの<u>一つに〇をつけてください</u>。

＜回答選択肢＞

　１．20歳代　　２．30歳代　　３．40歳代　　４．50歳代以上

---

② **複数回答法**

複数回答法とは、事前に用意された複数の選択肢のなかから、当てはまる回答を複数選ぶ方法である。当てはまる回答の選択肢を無制限に選ぶことができる無制限複数選択法、上限を設けて（「三つ以内」など）選ぶことができる制限複数選択法に大別される。以下の具体例は、調査対象者の所持資格に関する設問である。

【具体例】（無制限複数選択法の場合）

＜設問＞

あなたの所持資格について、当てはまるもの<u>すべてに〇をつけてください</u>。

＜回答選択肢＞

　１．社会福祉士　　２．精神保健福祉士　　３．介護福祉士

　４．保育士　　　　５．介護支援専門員

---

③ リッカート法

　リッカート法とは、問題や概念に対する調査対象者の態度（認識や反応、満足の程度など）を測定する尺度であるリッカート尺度を用いる方法である。質問項目への回答は「そう思う」「どちらでもない」「そう思わない」といった表現形式で設定された複数段階の選択肢のなかから選択する。リッカート法では、得られた回答を数値化していくことが可能である。たとえば、3段階の選択肢（3件法）で回答を求めた場合、「そう思う」に2点、「どちらでもない」に1点、「そう思わない」に0点をそれぞれ配点して項目別の得点を算出したり、複数の質問項目で構成された尺度の合計点や平均点などを算出することができる。また、前述したように弁別力の高い質問項目で構成された尺度を開発するときによく用いられる。

　なお、選択肢の数が奇数となる場合は、中間点として「どちらともいえない」という選択肢が含まれることになる。この選択肢は、調査対象者からみれば、設問への回答に対する判断があいまいな場合などに回答しやすいため、「無回答（未記入）」を防ぎやすくなる。しかし、この選択肢に回答が集中してしまうと、設問自体の適切さが問われてしまうことに留意しなければならない。以下の具体例は、調査対象者（民生委員）の業務満足度に関する設問である。

【具体例】

＜設問＞

　民生委員としての業務に満足している。

＜回答選択肢＞

　　1．まったくそう思わない　　2．あまりそう思わない

　　3．どちらともいえない　　　4．まあそう思う

　　5．とてもそう思う

---

④ SD法（semantic differential method）

　SD法とは、問題や概念に対する調査対象者の感情的なイメージを測定するための方法である。選択肢には、相対する形容詞が用いられ、おおむね5～7段階で設定された選択肢のなかから回答を選択していく。リッカート法と同様、得られた回答の数値化によって統計分析を行うことができる。以下の具体例は、調査対象者の認知症高齢者のイメージに関する設問である。

【具体例】
＜設問＞
認知症高齢者のイメージについて
＜回答選択肢＞

	非常に	どちらか といえば	どちらとも いえぬ	どちらか といえば	非常に	
	1	2	3	4	5	
不活発な						活発な

❷自由回答法

自由回答法とは、選択肢を設けずに自由に回答を記述する方法である。量的調査では、調査の目的や趣旨、内容等に関する意見、選択肢に縛られない回答を得たいときになどに用いられる。しかし、記述による回答は負担が大きく、比較的長い回答時間を要することにもなりやすい。そのため、自由回答法を用いた質問数が多くならないように配慮する必要がある。なお、自記式調査では質問紙の最後のページに十分な広さの記述スペースを設け、他記式調査では最後の質問として尋ねることが多い。ただし、記述で得られた回答は、後述するようにアフターコーディングによる分類を行うことが必要となる。

3 測定の水準

測定とは「一定の規則に従って対象のある経験的特性に数値を与える手続き[11]」と定義されている。たとえば、認知症高齢者の家族介護者が感じている介護負担感という経験的特性に対し、その特性の程度に応じて数値を与える、つまり、介護負担感が大きいほど高い数値を与えるという手続きを行うことである。

量的調査では、調査者が調べたい事象に関する概念の操作化を行い、尺度を用いてその概念を測定し、得られた回答を数値化していくという作業を行うことになるが、このような作業を高い精度で行っていくためには、測定に用いる尺度の信頼性と妥当性を検証していく必要がある。

■1 尺度の信頼性

尺度の信頼性とは、尺度を用いて測定した結果に再現性（一貫）が

あるのかということである。再現性（一貫性）とは、同じ調査を複数回繰り返したとしても、得られる結果は同じであることを意味している。尺度の信頼性は、以下の方法によって検証することができる。

❶再検査法

再検査法とは、同じ調査対象者に対して、一定の間隔（日数ないし時間）を置き、同じ尺度を用いて2回測定を行う方法である。そして、1回目と2回目の測定で得られた数値を用いて算出した相関係数が高ければ尺度の信頼性が高いと判断される。

❷平行検査法

平行検査法とは、再検査法と同様、同じ調査対象者に対して、一定の間隔（日数ないし時間）を置いて測定を2回行うが、1回目と2回目で同じ尺度を用いるのではなく、1回目に用いた尺度と同じ内容や難易度で構成された尺度を用いて2回目の測定を行う方法である。そして、1回目と2回目の測定で得られた数値を用いて算出した相関係数が高ければ尺度の信頼性が高いと判断される。

❸折半法

折半法とは、1回のみの測定で尺度の信頼性を検証する方法である。具体的には、測定に用いる尺度を構成する質問項目を二つの群（たとえば項目番号の「偶数」群と「奇数」群）に区分し、それぞれの群の測定で得られた数値を用いて算出した相関係数が高ければ尺度の信頼性が高いと判断される。

❹内的整合性（クロンバックのα係数）

内的整合性とは、尺度を構成する質問項目が同じ概念を測定しているかどうかという意味である。同じ概念を測定している質問項目であれば、その回答に一貫性がみられるという考え方であり、尺度の等質性（同質性）に着目している。前述したリッカート尺度の信頼性を検証するための方法の一つであり、その評価指標としてクロンバックのα係数がよく用いられている。クロンバックのα係数は、質問項目間の相関係数が高いほど1に近い数値をとり、尺度の信頼性が高いと判断される。

■2 尺度の妥当性

尺度の妥当性とは、尺度を用いて測定しようとする概念がどの程度的確に測定できているかということである。尺度の妥当性を検証するため

---

i　折半法では、スピアマン―ブラウンの修正公式を用いて算出した相関係数の高さによって信頼性を確認している。

の方法としては、以下のものがある。

❶内容的妥当性

内容的妥当性とは、尺度を構成する質問項目がどの程度適切な内容で過不足なく作成されているかということであり、複数の学識経験者など専門家によって判断されることが多い。

❷基準関連妥当性

基準関連妥当性とは、ある調査で尺度を用いて得られた結果が、外的基準となる指標を用いて得られた結果とどの程度関連しているかということである。基準関連妥当性は、併存的妥当性と予測的妥当性に区分される。併存的妥当性とは、ある調査と同一時点で測定した指標を外的基準として妥当性を検証するものである。たとえば、高齢者のボランティア活動への取り組みを測定する尺度であれば、同一時点で測定した高齢者の健康状態に関する指標（ADL など）が外的基準となる。そして、健康状態に関する指標（ADL など）との関連性が高ければ、ボランティア活動への取り組みを測定する尺度の妥当性があると判断される。予測的妥当性とは、ある調査から一定期間を経て測定した指標を外的基準として妥当性を検証するものである。たとえば、ボランティア活動への取り組みを測定した一定期間後に人生への満足度に関する指標（主観的幸福感など）を用いた測定を行い、ボランティア活動への取り組みと一定期間後の満足感の関連性が高ければ、尺度の妥当性があると判断される。

❸構成概念妥当性

構成概念妥当性とは、調査に用いる尺度が理論的に構築された概念をどの程度的確に測定できているかということであり、構造方程式モデリング（共分散構造分析）によって検証されることが多い。たとえば、理論的に構築された概念が三つの下位概念で構成されていると仮定した場合、測定した尺度について三つの下位因子で構成されたモデル（3因子構造モデル）を構築し、構造方程式モデリング（共分散構造分析）によって、このモデルの適合度の高さが検証されれば尺度の妥当性があると判断される。

■3 尺度水準

尺度水準については、以下のとおり四つの種類に分類される。

❶名義尺度

名義尺度とは、性別（「男性」「女性」）や家族構成（「一人暮らし」「夫婦のみ」「核家族」「三世代世帯」）、所持資格（「社会福祉士」「介護福祉

★**構造方程式モデリング**
測定可能な変数の背後にある構成概念を想定し、ほかの変数との相関や従属変数への影響等を分析する手法。多くの場合、変数と構成概念との関連を視覚的にはパス図で表現している。

Active Learning
自治体が公表している報告書を入手し、質問項目の回答欄の尺度水準の種類を確認してみましょう。

第**4**章 量的調査の方法

士」「精神保健福祉士」）など、変数に属するカテゴリー（上記の括弧内）に大小関係や倍数関係がなく、単に分類することのみに意味をもつ尺度である。たとえば、性別という変数に属するカテゴリーとして「男性」に１、「女性」に２という数値を割り当てたとき、この数値には大小関係や倍数関係がなく、性別に属するカテゴリーを分類するために用いられる数値ということになる。

❷順序尺度

順序尺度とは、福祉サービスの満足度（「とても満足している」「まあ満足している」「あまり満足していない」「ほとんど満足していない」）など、変数に属するカテゴリー（上記の括弧内）に大小関係、つまりカテゴリー間に「（満足の程度が）大きい—小さい」という関係がみられる尺度である。また、満足度という変数に属するカテゴリーとして「とても満足している」に４点、「まあ満足している」に３点、「あまり満足していない」に２点、「ほとんど満足していない」に１点の数値を割り当てて得点化したとき、これらの点数が高いほど満足度が高いという順序関係がある。しかし、これらの点数が等間隔であるとはいえず、「とても満足している」（４点）が「あまり満足していない」（２点）の２倍の満足度であるという倍数関係にはない。

❸間隔尺度

間隔尺度とは、気温など具体的な数値で測定することができる変数であり、かつ測定した数値が等間隔となる尺度である。ただし、間隔尺度は絶対的な原点（０）をもたない。つまり、気温０℃とは、気温が存在しない（測定できない）という意味ではなく、冬期には実際に測定される気温である。また、マイナス（負）の数値（零下５℃など）をとることもある。

❹比例尺度

比例尺度とは、身長や体重など具体的な数値で測定することができる変数であり、かつ測定された数値が等間隔となる尺度である。また、間隔尺度とは異なり、絶対的な原点（０）をもっている。たとえば、身長０cmというのは、身長が存在しない（測定できない）という意味であり、かつマイナス（負）の数値をとることもない。

これら四つの尺度水準について、名義尺度と順序尺度は質的データの測定尺度、間隔尺度と比例尺度は量的データの測定尺度として区分される。また、質的データについては、変数に属するカテゴリーごとに測定

表4-2　尺度水準と算出可能な代表値

	最頻値	中央値	平均値
名義尺度	○	×	×
順序尺度	○	○	×
間隔尺度	○	○	○
比例尺度	○	○	○

される（たとえば、性別では「男性」○名、「女性」△名という人数で測定される）。量的データについては、具体的な数値で測定される（たとえば、身長○ cm など）。ただし、量的データについては事後的にカテゴリーを設定して分類、集計することも可能である（たとえば、身長を具体的な数値で測定した後、「150cm 未満」「150cm 以上 160cm 未満」「160cm 以上」の三つのカテゴリーを設定して分類、集計することもできる）。なお、これら四つの尺度水準については、**表 4-2** に示すように、算出可能な基礎統計量の代表値（「最頻値」「中央値」「平均値」）に違いがある。

4 コーディング

　質問紙に設定した質問項目への回答をコンピュータソフトに入力できるようにコード（数値や記号など）に置き換えていく作業をコーディングという。量的調査では、数値化されたデータ（量的データ）を用いて仮説検証のための統計分析を行うことから、回答を数値に置き換えていくことになる。コーディングには、以下のとおり「プレコーディング」と「アフターコーディング」の二つの方式がある。

1 プレコーディング

　調査の実施前に、質問項目の回答選択肢にあらかじめコードを割り振っておくことをプレコーディングという。たとえば、調査対象者の性別に関する質問項目には「男性」「女性」の二つの回答選択肢が用意されているが、回答が「男性」の場合には「１」、女性の場合には「２」の数値コードを事前に割り振っておく。そして、調査で得られた回答の集計・分析に用いる統計処理用のコンピュータソフト（Excel や SPSSなど）にも「１」または「２」の数値コードを入力していく。

2 アフターコーディング

　質問紙の回収後にコードを割り振ることをアフターコーディングという。回答選択肢を設定しない自由記述式の質問項目では、記述された回答をよく読み込みながら、記述内容に基づいた区分基準を設定し、その区分ごとにコードを割り振っていく。たとえば、認知症高齢者の家族介護者に対して、介護保険サービスへの要望や意見を自由記述式で求めた場合、回答の内容に着目して「サービスの量的拡充」「サービスの質的向上」「利用料負担の軽減」といった区分を設定し、それぞれの区分にコードを割り振っていく（データの集計と分析段階におけるコーディングについては第5節参照）。

◇引用文献
　1）藤井美和「第11章　データの根源」平山尚・武田丈・呉裁喜・藤井美和・李政元『ソーシャルワーカーのための社会福祉調査法』ミネルヴァ書房，pp.229-230, 2003．なお，当該書では「カバーレター」と表記されているが，「調査協力の依頼文」と同じ意味で用いられているものとして解釈した。
　2）竹本与志人「量的研究の理論と方法」『日本在宅ケア学会誌』第23巻第1号，pp.35-41, 2019．
　3）稲葉昭英「Lesson6　仮説の構築と検証の手続き」岩田正美・小林良二・中谷陽明・稲葉昭英編『社会福祉研究法——現実世界に迫る14レッスン』有斐閣，pp.116-140, 2006．
　4）前出2）
　5）荒井由美子・田宮菜奈子・矢野栄二「Zarit介護負担尺度日本語版の短縮版（J-ZBI_8）の作成——その信頼性と妥当性に関する検討」『日本老年医学会雑誌』第40巻第5号，pp.497-503, 2003．
　6）古谷野亘・長田久雄『実証研究の手引き——調査と実験の進め方・まとめ方』ワールドプランニング，pp.23-44, 1992．
　7）同上
　8）前出2）
　9）井上和子「第6章　測定尺度の構成」井上文夫・井上和子・小野能文・西垣悦代『よりよい社会調査をめざして』創元社，pp.98-116, 1995．
　10）古谷野亘・児玉好信・安東孝敏・浅川達人「中高年の老人イメージ——SD法による測定」『老年社会科学』第18巻第2号，pp.147-152, 1997．
　11）中道實「第3章　尺度化と質問文の作り方」宝月誠・中道實・田中滋・中野正文『社会調査』有斐閣，pp.49-79, 1989．

◇参考文献
　・斎藤嘉孝『社会福祉調査——企画・実施の基礎知識とコツ』新曜社，2010．
　・立石宏昭『社会福祉調査のすすめ——実践のための方法論　第2版』ミネルヴァ書房，2010．
　・大谷信介・木下栄二・後藤範章・小松洋『新・社会調査へのアプローチ——論理と方法』ミネルヴァ書房，2013．
　・久田則夫編『社会福祉の研究入門——計画立案から論文執筆まで』中央法規出版，2003．

質問紙の配布（配付）と回収

学習のポイント

● 自記式と他記式の違いを理解する
● 質問紙の配布（配付）と回収の方法について、それぞれの特徴（長所と短所）を踏まえて理解する

1 自記式と他記式

　質問紙は、誰が回答を記入するのかによって自記式（自計式）と他記式（他計式）に分類される。また、自記式による質問紙調査を自記式調査、他記式による質問紙調査を他記式調査という。

1 自記式調査

　自記式調査とは「調査対象者が質問文を読み、自ら回答を記入する」方式で行われる調査である。そのため、調査対象者が読みやすい、かつわかりやすい内容で質問文を作成するとともに、回答しやすい選択肢（または自由記述欄）を設けることが求められる。

　自記式調査では、調査対象者が調査員の目に触れることなく回答を直接記入するため、プライバシーにかかわる質問にも対応しやすいといえる。しかし、調査対象者が質問内容を誤解したり、回答の記入漏れやミスが生じることもある。また、質問数が多すぎると回答への負担も大きくなるため、回収率の低下につながる可能性がある。さらには、調査対象者本人の回答であることが確認しにくく、調査対象者以外の人（家族など）が本人の代わりに回答してしまう場合もある。自記式調査の主たる方法としては、次項で述べるように「郵送調査」「留置調査（配票調査）」「集合調査」「インターネット調査」がある。

2 他記式調査

　他記式調査とは「調査対象者以外の他者（調査員など）が質問文を読み上げ、調査対象者から聞き取った回答を記入する」方式で行われる調査である。そのため、調査対象者が聞き取りやすい、かつわかりやすい

内容で質問文を作成するとともに、調査対象者が回答しやすいように必要に応じて質問文や選択肢の提示用カードを用意するなどの配慮が求められる。

他記式調査では、調査員が調査対象者に質問内容を補足的に説明したり、調査対象者が十分に理解できていない、もしくは回答があいまいであると判断される場合は聞き返すこともできる。そのため、やや複雑で難しい質問にも対応しやすく、回答の記入漏れやミスなども生じにくい。また、調査員が同席しているため、調査対象者本人の回答であることが確認でき、高い回収率が期待できる。しかし、調査員に直接回答しなければならないため、プライバシーにかかわる質問には対応しにくい場合もある。また、答えにくい質問に対しては回答を拒否したり、調査員との関係が回答の信頼性に影響を及ぼしてしまう可能性もある。他記式調査の主たる方法としては、次項で述べるように「訪問面接調査」「電話調査」がある。

2 質問紙の配布（配付）と回収の方法

社会福祉調査では、さまざまな方法を用いて質問紙の配布（配付）と回収が行われている（**表4-3**）。調査者には、それぞれの方法の特徴、すなわち長所と短所をよく理解し、適切な方法を選択するための総合的な判断が求められる。武田は、その判断基準として、費用や時間、労力などの実行可能性、調査目的や調査対象者、回収率の高さや調査の実施者から受ける影響が少ないといった信頼性の高いデータ収集の可能性などをあげている[1]。

以下、質問紙の配布（配付）と回収の方法について取り上げる。

1 訪問面接調査

訪問面接調査とは、調査員が調査対象者の自宅（入居型福祉施設等を含む）や職場を訪問し、質問文を読み上げながら面接を行い、直接聞き取った回答を質問紙に記入していく方法である。調査員が質問紙に回答を記入する他記式調査に分類される。

調査員は、調査対象者との対面的なやりとりのなかで、調査対象者が質問内容を理解しやすいように補足的な説明を行うことができる。そのため、調査対象者は質問内容を理解しやすく、やや複雑で難しい質問に

表4-3 質問紙の配布（配付）と回収の方法およびその特徴（長所と短所）

	長所	短所
訪問面接調査 （他記式）	①質問内容が理解されやすく、回答漏れやミスを防ぎやすい ②本人回答であることが確認できる ③回収率が高い	①費用が高い ②プライバシーにかかわる質問には対応しにくい ③調査員との関係が回答の信頼性に影響を与え得る
郵送調査 （自記式）	①大規模な調査でも実施しやすい ②プライバシーにかかわる質問にも対応できる ③費用が安い	①質問内容への誤解、回答漏れやミスが起こる場合がある ②本人回答であることが確認できない ③回収率が低い
留置調査（配票調査） （自記式）	①費用が安い ②回収率が高い ③調査対象者の都合に合わせやすい	①本人回答であることが確認できない
集合調査 （自記式）	①質問内容が理解されやすく、回答漏れやミスを防ぎやすい ②本人回答であることが確認できる ③費用が安い ④回収率が高い	①研修会や講演会などの参加者に限定されてしまう
電話調査 （他記式）	①質問内容が理解されやすく、回答漏れやミスを防ぎやすい ②短時間で実施しやすい ③費用が安い	①本人回答であることが確認できない ②質問数が多い、難解かつ複雑な質問には対応しにくい ③回収率が低い（ナンバーディスプレイ等の影響による）
インターネット調査 （自記式）	①短時間で実施しやすい ②費用が安い ③回収率が高い	①インターネットの利用者に限定されてしまう ②本人回答であることが確認できない

注：上記の特徴（長所と短所）については、一般的な傾向ないし目安にとどまるものである。

も対応しやすくなり、回答の記入漏れやミスなども生じにくい。また、高齢者や障害者、子どもなど質問紙への回答記入が難しい調査対象者に対しても実施しやすく、高い回収率が期待できる。

　しかし、調査の実施規模にもよるが、多くの調査員を確保しなければならないため、費用（調査員への報酬や交通費など）が高くなりやすく、面接のための多くの時間や労力を伴うことにもなる。また、すべての調査員が質問紙への記入要領を理解し、面接技法を習得するための研修を事前に実施しておかなければならない。さらには、調査対象者のプライバシーに関する質問には対応しにくい場合もあり、答えにくい質問には回答を拒否されることもある。そして、調査対象者に家族や福祉専門職などが付き添っていたり、調査員と良好な関係が形成されていない場合は、調査員への警戒心などから信頼性の高い回答が得られにくい可能性もある。

訪問面接調査において、調査員が調査対象者に対して配慮しなければならないことについて考えてみましょう。

2 郵送調査

　郵送調査とは、調査対象者に調査協力への依頼文書と質問紙、返信用封筒を郵便で送付し、一定期間内に回答を記入してもらった後、返送してもらう方法である。調査対象者自身が質問紙への回答を記入する自記式調査に分類される。内閣府が公表した「全国世論調査の現況（平成30年版）」によると、政府関係機関や大学、新聞社、一般企業等が実施した世論調査では、郵送調査が最も多く用いられている[2]。また、ソーシャルワーク実践分野でも最も使用頻度の高い方法である。

　郵便で質問紙のやりとりを行うため、調査対象者が多いときや調査対象地域が広いときなどでも実施しやすく、費用や労力を抑えることもできる。また、調査対象者は質問紙に氏名などの個人情報を記入する必要がなく、訪問面接調査のように調査員との対面的なやりとりもないため、調査対象者の匿名性が確保されやすく、プライバシーにかかわる質問にも回答しやすい。

　しかし、調査対象者が質問内容を誤解したり、回答の記入漏れやミスなどが生じやすくなる。また、質問数が多すぎたり、質問内容が複雑で難しい場合は、調査対象者の回答意欲が低下してしまい、回収率の低下につながることもある。さらには、調査対象者本人の回答であることが確認しにくく、調査対象者以外の人（家族など）が回答してしまう場合もあるなど、信頼性の高い回答が得られにくい可能性もある。

3 留置調査（配票調査）

　留置調査（配票調査）とは、調査員が調査対象者の自宅や職場などを訪問し、調査の趣旨等を説明してから質問紙を配布（配付）し、一定期間（1週間～2週間程度）、調査対象者の手元に質問紙を留め置いた後、調査員が再度訪問して（もしくは郵送で）質問紙を回収する方法である。調査対象者自身が質問紙への回答を記入する自記式調査に分類される。国（総務省統計局）を実施主体とする国勢調査の方法として用いられてきたが、2015（平成27）年よりインターネット調査との併用方式が導入されている。

　調査対象者の手元に質問紙を留め置くことで回答への時間的余裕ができ、調査対象者が自身の都合等に合わせて回答しやすく、調査員が再度訪問して質問紙を回収する場合は高い回収率が期待できる。また、訪問面接調査のように多くの調査員を必要としないため、費用や時間、労力を抑えることもできる。しかし、郵送調査と同様、調査対象者本人の回

答であることが確認しにくく、調査対象者以外の人（家族など）が回答してしまう場合もあるなど、信頼性の高い回答が得られにくい可能性もある。

4 集合調査

　集合調査とは、調査員が調査対象者の集まる会合（研修会や講演会など）の場を訪問し、あるいは調査員が設定した場所へ調査対象者に集まってもらい、質問紙を一斉に配布（配付）して回答してもらった後、その場で回収する方法である。調査対象者自身が質問紙への回答を記入する自記式調査に分類される。

　調査員は、調査の趣旨等を直接かつ一斉に説明することができるため、調査員が調査対象者に与える影響を均一化しやすい。また、訪問面接調査のように多くの調査員を必要としないため、費用や時間、労力を抑えることもできる。さらには、調査対象者本人の回答であることが確認しやすく、その場で質問紙を回収するため、効率的に調査を行うことができ、高い回収率が期待できる。しかし、調査対象者が会合（研修会や講演会など）の出席者に限定されてしまうため、標本の偏りが生じる可能性があること、また、調査の実施場所の雰囲気などが回答に影響を及ぼしてしまう場合もあり、信頼性の高い回答が得られにくい可能性もある。

5 電話調査

　電話調査とは、調査員が調査対象者に電話で質問を行い、回答を聞き取って記入していく方法である。調査員が質問紙への回答を記入する他記式調査に分類される。

　調査対象者に直接電話をかけて調査を行うため、調査対象者が質問内容を理解しやすいように補足的な説明を行うことができる。そのため、回答の記入漏れやミスなどが生じにくい。また、電話を用いるため費用や時間、労力を抑えることもできる。しかし、質問数が多い場合は回答意欲が低下し、途中で回答を打ち切られてしまう可能性もある。また、ナンバーディスプレイのサービスや機能が広く普及しているなか、調査対象者が未登録の電話番号からの着信拒否を設定していたり、電話に応対しないことも想定されるため、高い回収率は期待しにくい。さらには、調査対象者本人の回答であることが確認しにくく、調査対象者以外の人（家族など）が回答してしまう場合もあるため、信頼性の高い回答が得

られにくい可能性もある。

■6 インターネット調査

インターネット調査とは、インターネット（web）上で調査対象者を集め、回答を得る方法である。調査対象者自身が質問紙への回答を記入する自記式調査に分類される。

前述したように、2015（平成27）年より、国勢調査がインターネット調査と留置調査の併用方式によって実施されている。インターネットを用いるため、費用や時間、労力を抑えることができる。また、回答への負担が少ないため、高い回収率が期待できる。さらには、web上でのやりとりとなるため、データベース化のための作業も容易である。しかし、調査対象者がインターネットの利用者に限定されてしまうため標本の偏りが生じる可能性があること、また、調査対象者本人の回答であることが確認しにくく、調査対象者以外の人（家族など）が回答する場合があるため、信頼性の高い回答が得られにくい可能性もある。

3 適切な方法の選択に向けて

社会福祉調査では、前項で紹介してきた方法のいずれか一つ、または複数の方法を組み合わせて実施されることが多い。調査者は、それぞれの方法の特徴（長所と短所）をよく理解し、調査の趣旨、調査対象者の属性や人数、費用や時間、労力、実施可能な時期などを十分に踏まえながら適切な方法を選択することが求められる。

たとえば、福祉サービスの利用者を対象として「サービスの内容に対する意見や要望」を把握しようとする場合、利用者本人の回答を得ることを重視するのであれば、聞き取り方式で行われる訪問面接調査が有効である。特に、高齢や障害などの理由で自ら回答を記入することが難しい利用者に対しては、訪問面接調査が他記式で行われるためデータを収集しやすいといえる。ただし、費用（調査員への報酬や交通費など）が高くなりやすく、多くの時間や労力を伴うことにも留意するべきである。

一般高齢者を対象として「介護保険法上のサービスの種類と内容に関する認知度」を把握しようとする場合、調査対象者の人数が多く調査の対象地域が広い場合でも実施しやすい郵送調査が有効である。ただし、調査対象者以外の者が回答したり、回答の記入漏れやミスを防ぐことが

難しいこと、回収率が低くなりやすいことに留意しなければならない。また、質問数が多くなりすぎないこと、質問内容が理解しやすいことなどへの配慮や工夫も求められる。

　民生委員を対象として「独居高齢者への訪問活動に対する意識」を把握しようとする場合、郵送調査が有効であるが、調査員が民生委員の集まる会合（研修会や講習会など）の場を訪問して質問紙を一斉に配布（配付）し、その場で回収する集合調査も有効である。ただし、調査対象者が限定されてしまうこと、調査実施場所の雰囲気などが回答に影響を及ぼしてしまう場合もあることに留意するべきである。

　最後に、調査の実施時期についてであるが、基本的には年末年始（12月～1月）や各年度末・年度初め（3月～4月）の時期を避けるほうが望ましく[3]、調査への回答に比較的余裕をもって取り組めると思われる上記以外の時期に実施するのがよいであろう。以上のような観点を総合的に踏まえながら、質問紙の配布（配付）と回収の方法を検討していくことが求められる。

◇引用文献
　1）武田丈「第8章 社会調査（サーベイ）」平山尚・武田丈・呉栽喜・藤井美和・李政元『ソーシャルワーカーのための社会福祉調査法』ミネルヴァ書房，pp.153-154, 2003.
　2）内閣府「全国世論調査の現況（平成30年版）」https://survey.gov-online.go.jp/genkyou/h30/h29-genkyou/1-1.html
　3）斎藤嘉孝『社会福祉調査——企画・実施の基礎知識とコツ』新曜社，pp.90-99, 2010.

◇参考文献
　・岩田正美・小林良二・中谷陽明・稲葉昭英編『社会福祉研究法——現実世界に迫る14レッスン』有斐閣，2006.
　・井上文夫・井上和子・小野能文・西垣悦代『よりよい社会調査をめざして』創元社，1995.
　・立石宏昭『社会福祉調査のすすめ——実践のための方法論 第2版』ミネルヴァ書房，2010.
　・大谷信介・木下栄二・後藤範章・小松洋『新・社会調査へのアプローチ——論理と方法』ミネルヴァ書房，2013.

● 調査目的と収集したデータに合致した分析手法を選定するための方法を理解する
● 量的調査の分析によって出力されたデータの解釈方法を理解する

1 収集したデータの整理

　量的調査では、調査対象者から質問紙を回収すると、次に調査目的に対する結果を導き出すための「分析」という段階に至る。ただし、回収した質問紙の記載内容について、それを眺めるだけでは標本や母集団の傾向や特徴等を可視化することはできない。そのため、統計ソフトウエアで分析ができるように、回答を数値等に変換し、入力するという作業が必要になる。一見、単純な作業にみえるが、量的調査では多くのデータを取り扱うため、その作業過程において誤記や誤入力といった人為的な誤り等（非標本誤差）が生じやすい。特に量的調査では、このデータ化が分析結果の正確性に直結することから、丁寧な作業が必要である。

　では、回収した質問紙の記載内容をより正確にデータ化するためには、どのように作業することが適切であろうか。量的調査では一般的に、❶エディティング、❷コーディング、❸クリーニングの3段階でデータ化の作業を進めることが望ましいといわれている。本項では、まずこれらの作業過程を説明する。

1 エディティング

　回収した質問紙の記載内容をデータ化する作業の第一段階であるエディティングとは、調査対象者による質問紙への回答漏れやその矛盾の有無などを点検し、合理的に修正可能な回答があれば、誤った回答を修正・補正する作業をいう。それでは、回収した質問紙の例からエディティングの方法を確認してみよう。

　介護職員を対象としたメンタルヘルスに関する調査の質問紙の回答例（**図4-10**）をみると、Q1に対する回答方法が本来は望ましい。しかし実際には、Q2、Q3とQ4、Q5のような回答を目にすることが

図4-10　択一式の質問で構成される質問紙の回答例

質問 1　以下の五つの各項目について、最近 2 週間のあなたの状態に最も近い選択肢（番号）に〇印をつけてください。

Q 1 の例：最近 2 週間のうち、その半分以上の期間を、明るく、楽しい気分で過ごした場合には、「3」を選択する。

	いつも	ほとんどいつも	期間の半分以上を	半分以下の期間を	たまに	まったくない
Q 1　明るく、楽しい気分で過ごした	1	2	③	4	5	6
Q 2　落ち着いた、リラックスした気分で過ごした	1	2	③	4	5	6
Q 3　意欲的で、活動的に過ごした	1	2	③	4	5	6
Q 4　ぐっすりと休め、気持ちよく目覚めた	1	2	③	4	5	6
Q 5　日常生活のなかに、興味のあることがたくさんあった	①	2	3	4	5	6

図4-11　分岐条件がある質問紙の回答例

質問 1　あなた以外で認知症の方の介護をしてくれる人がいますか。該当する選択肢（番号）に〇印をつけてください。
　　　　1．いる　　　②．いない

質問 2　質問 1 で「1．いる」と回答した方にお尋ねします。
　　　　それは誰ですか？　以下の項目のうち、あなたからみた続柄で、該当する選択肢（番号）すべてに〇印をつけてください。

① あなたの配偶者（内縁関係を含む）　　2．あなたの子ども
③ あなたの子どもの配偶者　　　　　　　4．あなたの孫
5．あなたの孫の配偶者　　　　　　　　　6．あなたの親
7．あなたの祖父母　　　　　　　　　　　8．あなたの兄弟姉妹
9．その他の親族　　　　　　　　　　　 10．その他

多い。たとえば、Q 2 や Q 3、Q 4 のような場合には、回答が「3」であると予測できる。一方で、Q 5 のように教示されている回答方法と回答が一致しない場合や、もし Q 2 のように〇印が選択肢に重なっていなかった場合には、無効回答とすることが望ましい。

　また、介護者を対象とした架空の調査の質問紙（**図 4-11**）は、質問 1 で「いる」とした場合のみ、質問 2 を回答するように指示がされている。しかし回答をみると、質問 1 で「いない」と回答しているにもかかわらず、質問 2 の回答があり、どちらが正しいのかを判断することができないため、すべて無効回答の処理を行う。一方で、仮に質問 1 の回答が未記入であり、質問 2 のみ回答があった場合には、質問 1 が「いる」という回答であると推測できるため、質問 1 の未記入を「いる」に修正を行うことができるかもしれない。このほかにも、たとえば年齢を「185 歳」と回答するという明らかに誤った回答が確認された場合には、無効回答として処理することが妥当である。

　ただし、エディティングによる回答の修正作業は、その過程で無効回答を増やす可能性がある。また、調査実施者による質問紙の修正・補正はデータの改ざんにもつながりかねないため、恣意的な修正にならないように慎重に検討する必要がある。

2　コーディング

　コーディングとは、第 3 節のプレコーディングとアフターコーディングですでに説明したとおり、回収した質問紙の回答を統計ソフトウエ

アで分析可能にするために、数値や記号等に符号（コード）化することである。エディティングの後、回収した質問紙の各回答を**コーディングルール**（たとえば男性を１、女性を２とする）に従って入力し、データ化の作業を行うこととなる。プレコーディングは**図4-10**の質問紙のように、回答をそのまま入力することができるため、アフターコーディングの場合と比較して入力時の誤りを減らすことができる（**表4-4**）。

3 クリーニング

　クリーニングとは、データ入力が終了した段階で、再度データに誤りや矛盾がないかをコンピュータ上で確認する作業をいう。本来はエディティングにおいて適切な作業を進め、コーディングルールに従って正確にデータ入力ができれば、あらためて確認する必要はないかもしれない。しかしながら、多数の質問項目を設ける量的調査では、回答漏れやその矛盾を見落とす可能性がある。また、人の手によるデータ入力では、誤入力といったミスが生じる可能性もあるため、再点検としてのクリーニングを行うことは重要である。

表4-4　コーディングに基づいた質問紙の入力データ

回答者ID	質問1―Q1	質問1―Q2	質問1―Q3	質問1―Q4	質問1―Q5
1	3	3	3	2	3
2	4	4	3	4	4
3	5			6	5
4	3	3	3	3	3
5	2	2	2	2	4
6	5	5	5	5	5
7	3	3	3	3	3
8	5	5	6		4
9	3	3	3	3	4
10	3	3	3	4	4
11	3	2	2	2	3
12		4	4	3	5
13	3	3	3	3	4
14	2	3	3	3	1
15	3	3	3	5	3
16	4	3	4	2	5
17	2	3	3	2	3
18	5	5	4	6	6
19	3	4	3	3	3
20	2	3	3	3	1

2 ▶ データ概要の把握

　量的調査では、**表4-4**のような収集した多数のデータ（数字や文字列等）をそのまま観察しても有用な情報を把握・選別することは難しいため、データの傾向を把握するために集計といった統計的処理を行うことが求められる。また、第1節で説明した因果関係を検証するための分析を行う前提として、これから分析するデータが、どのような特徴をもつのかを把握することは、分析が誤った解釈に至らないようにするために重要である。素材の一つひとつ、あるいは素材を組み合わせて調理し、料理が完成するように、データも一つの変数ごとに、あるいは複数の変数を組み合わせて、変数の尺度水準に応じた集計をしたり、グラフ化したりすることで、その特徴を明らかにすることができる。本項では、データの概要を把握するための主な方法を説明する。

■1 一つの変数に対する分布の要約

❶度数分布表

　度数分布表とは、データの各変数に対する選択肢またはカテゴリー等の回答の分布（回答率）を集計する単純集計の一つであり、一つの変数に対する分布について度数や相対度数、累積度数、累積相対度数などを算出した結果の表をいう。名義尺度や順序尺度といった質的変数では、カテゴリー別に回答した人数を集計し、その分布を表にする。一方、間隔尺度や比例尺度といった量的変数では、データが取り得るカテゴリー数が広く、分布の散らばりが大きいため、データを再カテゴリー化し、結果を単純化した集計結果を表に整理することが多い。

　たとえば慢性疾患患者の介護者に対して、うつ病・不安障害などの精神疾患をスクリーニングすることを目的に開発された6項目で構成されるＫ６[1]という心理尺度を含む量的調査を実施したとする（**表4-5**）。順序尺度であるＫ６―Ｑ１の項目については、**表4-6**のように度数分布表を作成することで、データの傾向を簡潔に示すことができる。

　一方で、このＫ６合計得点のような量的変数では、各カテゴリーに該当する人数が少なくなるため、そのままでは度数分布表からデータの概要を把握することが難しくなる。このような量的変数におけるデータの傾向を把握するためには、調査目的に応じたカテゴリーを独自に設定し、集計することが有用である。たとえばＫ６には、5点以上の場合

表4-5　慢性疾患患者の介護者に関するデータ

コード：全くない＝0、少しだけ＝1、ときどき＝2、たいてい＝3、いつも＝4

回答者ID	K6—Q1	K6—Q2	K6—Q3	K6—Q4	K6—Q5	K6—Q6	K6合計得点
1	2	1	2	1	0	0	6
2	2	2	3	4	4	1	16
3	0	0	0	0	0	0	0
4	1	0	1	0	0	0	2
5	3	3	3	3	3	3	18
6	2	0	0	1	1	1	5
7	0	0	0	0	0	0	0
8	1	2	1	2	1	1	8
9	3	2	2	2	2	2	13
10	2	1	0	1	0	0	4
11	0	0	0	0	0	1	1
12	3	0	0	1	1	0	5
13	1	0	0	0	1	1	3
14	0	0	0	0	0	0	0
15	2	1	2	2	2	2	11
16	4	2	1	4	4	2	17
17	1	1	1	2	1	2	8
18	4	1	1	2	1	1	10
19	2	3	2	3	2	2	14
20	1	1	2	1	2	1	8

表4-6　K6—Q1の度数分布表

例：K6—Q1「神経過敏に感じましたか」（順序尺度：5段階・5件法）のカテゴリー別に、それぞれに所属する人数を集計

カテゴリー	度数 （人数）	相対度数 （％）	累積度数 （人数）	累積相対度数 （％）
全くない	4	20.0	4	20.0
少しだけ	5	25.0	9	45.0
ときどき	6	30.0	15	75.0
たいてい	3	15.0	18	90.0
いつも	2	10.0	20	100.0
総数	20	100.0		

に「何らかのうつ・不安に関する問題をもつ可能性がある」というカットオフ値が設定されている。このように量的変数では、既存の尺度のカットオフや調査目的に応じた独自のカテゴリーなどを設定し、再カテゴリー化という手続きを行うことでデータが解釈しやすくなる。

❷基本統計量

　先ほどの度数分布表は、主に質的変数に対して度数が最も多い、あるいは最も少ないカテゴリーに着目してデータを把握するように試みるこ

とがほとんどである。このようなデータの分布の特徴を顕著に示すような数値を**代表値**という。しかし量的変数のように分布の散らばりが大きい場合には、感覚的にデータの特徴を捉えざるを得なくなるため、その中心などを代表値として数値化することが求められる。社会福祉学領域の調査では、このような量的変数の代表値として、**標本平均**や**中央値**、**最頻値**、**最大値・最小値**、**パーセンタイル（百分位数）**、**四分位数**といった指標が多用されている。

また、データの概要を適切に記述するためには、中心からの分布の散らばりを示すことも重要となる。このようなデータにおける分布の散らばりの程度を示す指標は**散布度**と呼ばれ、**範囲**や**四分位範囲**、**不偏標本分散**、**標本標準偏差**が多く使用されている。

統計学では、このような代表値や散布度などを総称して、基本統計量という。本項では、これらの指標について概説する。

① 量的変数の主な代表値

❶ 標本平均

標本平均は、分析可能なデータの総和を人数（ケースの数）で割ったものをいい、通常は算術平均とも呼ばれている。原則として、間隔尺度や比例尺度で測定された足し算・引き算が可能な変数に対してのみ適用することが可能である。

20 人から収集した**表 4–5** のうち、データ列「K 6 合計得点」を用いて標本平均の計算方法を確認してみよう。その結果、以下の計算式のとおりになるため、このデータにおける「K 6 合計得点」の標本平均は 7.45 であるとわかる。

$$標本平均 = \frac{データの総和}{ケースの数} = \frac{6 + 16 + 0 \cdots + 8}{20} = 7.45$$

❷ 中央値

中央値とは、ある変数に関するデータを昇順に並べたとき、そのちょうど中央に位置する値をいう。たとえば**表 4–5** の「K 6 合計得点」列の上から 5 人分のデータを昇順に並べると以下のようになる。このときには、中央に位置する 6 が 5 人のデータの中央値となる。

　　　[0・2・6・16・18]

では**表 4–5** の 20 人のデータのように、データの数（人数）が偶数になり、中央に位置するデータが二つあるときには、どれが中央値になるだろうか。このような場合には、以下のように中央に並ぶ二つのケースのデータの平均値である 7 が中央値となる。標本平均は外れ

Active Learning

表 4–5 の回答者 ID の 1 ～ 10 番までのデータを用いて、量的変数の主な代表値（標本平均や中央値など）を求めてみましょう。

第**4**章　量的調査の方法

値による影響を強く受けやすいため、データに極端に高いもしくは低い値が含まれる場合には、平均に代わって中央値を利用することが望ましいこともある。

[0・0・0・1・2・3・4・5・5・6・8・8・8・10・11・13・14・16・17・18]

（6（10番目）＋8（11番目））÷2 ＝ 7

❸ 最頻値、最大値・最小値

　　最頻値は、データのなかで最も度数が多い値のことをいう。そのため、標本平均や中央値は値が一つに定まるが、最頻値は必ずしも一つとは限らない。また最頻値は、度数によって決定される代表値であるため、標本平均や中央値とは異なり、名義尺度や順序尺度などの質的変数に対しても算出することができる。なお、データのうち最も大きい値を最大値、最も小さい値を最小値という。

　　では先ほどと同様に、表4-5の「K6合計得点」のデータを用いて、最頻値、最大値・最小値を探してみよう。「K6合計得点」の度数を確認すると、最も度数が多い値は0と8であるため、このデータにおける最頻値はこの二つとなる。また、このデータをその値から昇順に並べると、最小値が0、最大値が18であると確認できる。

❹ パーセンタイル（百分位数）・四分位数

　　パーセンタイル（百分位数）とは、データを昇順に並べたとき、小さい値から数えて、何％目の標本の値かを示す統計指標である。四分位数とは、データを四つに等分したときの区切りの値を指し、25パーセンタイル（小さい値から数えて25％目）を第1四分位数、50パーセンタイルを第2四分位数、75パーセンタイルを第3四分位数という。なお、第2四分位数はデータを昇順に並べたときの50パーセンタイル、つまり中央の値を示すことから、必ず中央値と一致する。

② 散布度

❶ 範囲・四分位範囲

　　範囲とは、データの分布の広がりを表すために、最大値から最小値を差し引いたものをいう。そのため、データにほかと比較して極端に大きい、もしくは極端に小さいといった値（外れ値）がある場合には、その影響を強く受けやすいといった特徴がある。また、四分位範囲とは、標本の半数を占める第1四分位数から第3四分位数までのケースが示す範囲をいう。

　　範囲＝最大値－最小値

四分位範囲＝第 3 四分位数－第 1 四分位数

❷ 不偏標本分散・標本標準偏差

不偏標本分散（不偏分散あるいは標本分散ともいう）ならびに**標本標準偏差**は、データの量的変数における標本平均を中心とした散らばりを示す統計指標である。そして、これらの指標の理解は、平均と各データの数直線上の距離をいう偏差を理解することから始まる。たとえば**表 4-5** の「K 6 合計得点」列の上から 1 人目の偏差は、以下の式で求めることができ、**表 4-7** のような偏差が明らかとなる。また、この偏差は平均に基づいて算出されるため、偏差の総和は 0 になるという性質がある。

偏差＝個々のデータ－平均
＝ 6 － 7.45（標本平均）＝－ 1.45

表4-7　各回答者の K 6 合計得点とその
　　　　偏差

回答者 ID	K 6 合計得点	偏差
1	6	－ 1.45
2	16	8.55
3	0	－ 7.45
4	2	－ 5.45
5	18	10.55
6	5	－ 2.45
7	0	－ 7.45
8	8	0.55
9	13	5.55
10	4	－ 3.45
11	1	－ 6.45
12	5	－ 2.45
13	3	－ 4.45
14	0	－ 7.45
15	11	3.55
16	17	9.55
17	8	0.55
18	10	2.55
19	14	6.55
20	8	0.55
平均	7.45	

次いで、母集団のデータに対する母平均を中心とした散らばりを示す分散と標準偏差を確認してみよう。先ほど、偏差の合計が0になるという特性を示したが、この偏差を使ってどのように散らばりの平均を求めることができるだろうか。統計学では、偏差を2乗することで、すべて正の値に統一させるように試みる。この偏差を2乗した総和を偏差平方和といい、偏差平方和をデータ数で割ったもの（偏差2乗の平均）を**分散**と呼ぶ。ただし、この分散は2乗されたものであり、平均などと単位を統一させるためには、分散の平方根をとらなければならない。このように単位の問題を解決した後のものを標準偏差という。

　では、標本データの場合には、どのように散らばりを表すのだろうか。偏差平方和を用いることは母集団と同じであるが、標本データでは偏差平方和を「n－1（統計学ではケース数をnで表す）」で割るという手続きをとり、それにより算出されたものを不偏標本分散と呼ぶ。標本は、母集団と完全に一致しないため、不偏標本分散ではその誤差を「n－1」で割ることで補正しているのである。そして、標準偏差と同様に、2乗した単位を統一させるために平方根をとったものを標本標準偏差という。標本標準偏差は量的調査で非常に多用される指標であり、正規分布の場合には「平均±1×標準偏差」の間に全体の約3分の2のケースが、「平均±2×標準偏差」の間に約95％のケースが含まれる。

$$\text{不偏標本分散} = \frac{\text{偏差平方和}}{n-1}$$

$$= \frac{|-1.45|^2 + |8.55|^2 + |-7.45|^2 \cdots + |0.55|^2}{20 - 1}$$

$$= 34.365789\cdots$$

$$\text{標本標準偏差} = \sqrt{\text{不偏標本分散}} = \sqrt{34.36579} = 5.862\cdots$$

③　その他の基本統計量

　社会福祉学領域では歪度（わいど）や尖度（せんど）という基本統計量の指標もよく使用される。

❶　歪度

　歪度とは、分布が平均値を中心に左右対称からどの程度ゆがんでいるかを示す統計量である。たとえば**図4-12**の分布は、左にデータが偏り、右の裾が長いことから左右対称ではないことが確認できる。歪度は、このような分布のゆがみや非対称性を以下の式によって数値化

図4-12　某アンケート調査における K 6 合計得点の分布

（度数）

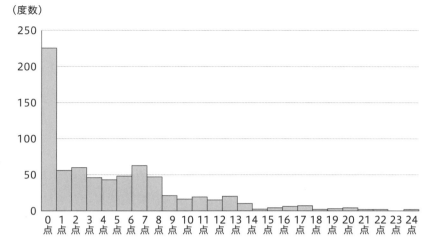

することができる。

　　歪度＝偏差の 3 乗の平均÷標準偏差の 3 乗

　歪度は、正規分布のようにデータが平均を中心に左右対称に近いほど、0 に近い値が求められる。また平均値を中心にデータが左に偏るほど正に大きな値を、右に偏るほど負に大きな値をとる。つまり**図 4-12** のデータでは、先ほどの式に当てはめると歪度が 1.348 であることから、このデータは左にデータが偏り、右の裾が長いという特徴をもつと解釈できるのである。

　なお、歪度＞ 0 の場合には最頻値＜中央値＜標本平均になり、歪度＜ 0 の場合には標本平均＜中央値＜最頻値といった特性がある。そして、分布が大きくゆがんでいるときには、標本平均などの代表値がデータの中心位置を反映しない場合があるため、注意が必要である。

❷　尖度

　尖度とは、分布の鋭さの程度を評価するための統計量であり、次の式で求めることができる。尖度は正規分布のデータの場合に、その平均や標準偏差にかかわらず 3 になる。また、データの分布が正規分布よりも鋭い場合には尖度＞ 3 となり、データの分布が正規分布よりも扁平である場合には尖度＜ 3 となる。

　　尖度＝偏差の 4 乗の平均÷標準偏差の 4 乗

▌2 データの視覚化

　量的調査では、目の前にある標本データの概要を把握しないままに、結果を考察しても、それは空想上の物語でしかなくなってしまう。その

図4-13　ヒストグラム

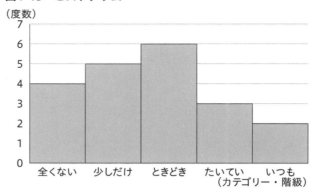

ため、データの全体像を正確かつ直感的に把握することが重要であり、最も簡潔な方法としてグラフを用いたデータの視覚化が試みられる。本項では、データを視覚化するためのいくつかのグラフを紹介する。

① ヒストグラム

ヒストグラムとは、順序尺度などのようにカテゴリーや階級のあるデータに対する度数分布を視覚的に把握するために作成する棒グラフのような図である。**図4-13**は、先ほどの**表4-6**の度数分布表のヒストグラムである。一般的なヒストグラムでは、棒グラフとは異なり、度数を表すグラフの棒と棒の間に空間がないという視覚的な特徴がある。

② 箱ひげ図

箱ひげ図とは、第1四分位と中央値（第2四分位）、第3四分位、外れ値を除いた最大値・最小値の範囲を視覚的に把握するために作成するグラフである（**図4-14**）。また箱ひげ図は、単に一つの量的変数のデータを要約するだけでなく、男性・女性のようにカテゴリー別に量的変数の分布を比較する際にも有用である。

③ 散布図

散布図とは、二つの変数（主に量的変数）の大きさや量を把握するため、縦軸（Y軸）と横軸（X軸）からなるグラフにデータをプロットした図をいう（**図4-15**）。散布図を作成することによって、二つの変数間の関係性を視覚的に明示することができるようになる。

■3 二つの変数に対する分布の要約

前項までで、主に1変数に対するデータの概要を把握するための方法を説明してきた。しかし、量的調査における収集したデータの分析は、そこでとどまることはほとんどない。実際には、調査目的で設定した事

図4-14 箱ひげ図

- 外れ値を除いた最大値
- 第 3 四分位数
- 第 2 四分位数 （中央値）
- 第 1 四分位数
- 外れ値を除いた最小値

図4-15 散布図

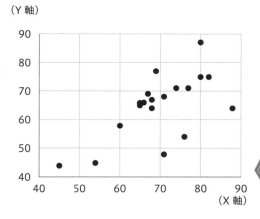

象を明らかにするために、複数の変数を組み合わせて、それらの関係性を考察することが試みられる。本項では、収集したデータにおける 2 変数間の関係性を記述するための代表的な方法を説明する。

❶クロス集計表

クロス集計表とは、主に二つ以上の質的変数（名義尺度・順序尺度）に対する回答の傾向から両者の関係性を把握するための単純集計の方法をいう。**表 4-8** は某調査における「ソーシャルワーク実践の自己評価」と「スーパービジョンの受講経験」のクロス集計表である。表は一般的に表側項目に独立変数、表頭項目に従属変数を並べて表示することが多い。クロス集計表では、度数（人数）よりも、相対度数（％）の値に着目することで 2 変数間の変動がより明確になるため、その関係性が解釈しやすくなる。**表 4-8** によると、スーパービジョンの受講経験が「ある」と回答した人のうち「実践できている」が 50.0％であったことに対して、スーパービジョンの受講経験が「ない」と回答した人では「実践できている」が 10.0％にとどまっていた。つまり、スーパービジョンの受講の有無により、ソーシャルワーク実践の自己評価が異なってい

表4-8 「ソーシャルワーク実践の自己評価」と「スーパービジョンの受講経験」のクロス集計表

			ソーシャルワーク実践の自己評価		計
			実践できていない	実践できている	
スーパービジョンの受講経験	ある	度数（相対度数）	8 （50.0％）	8 （50.0％）	16 （100.0％）
	ない	度数（相対度数）	18 （90.0％）	2 （10.0％）	20 （100.0％）

第 4 章 量的調査の方法

105

たことが確認できる。統計学では、このような二つの質的変数間の関係性を連関といい、後述する相関とは区別して用いられている。

　ただし、あくまでクロス集計表から推測される2変数の関係性は、全体の回答分布からうかがわれる主観的評価（根拠に乏しい大小の評価）にすぎない。回答分布の大小を客観的に評価し、二つの変数間に連関があるか否かを統計的に評価するためには、後述するカイ二乗（χ^2）検定という分析を行う必要がある。

❷相関係数

　量的調査では、「一方が増加すれば、他方も増加する」などのように、二つの量的変数の関係性の強さを示す基本統計量として、（不偏）共分散やピアソンの積率相関係数が非常に多く用いられてきた。

　たとえば、表4-9の「慢性疾患患者とその家族のK6の合計得点」のデータを散布図に描いてみる（図4-16）。散布図の一つひとつの点が各ケースの2変数に対する回答を示しており、散布図の傾向から二つの変数の関係性を把握することができる。統計学ではこの関係性を相関といい、図4-16のように「一方が増加すると、他方も増加する」といったデータの分布が右上がりになる関係を正の相関と呼ぶ。これに対して「一方が増加すると、他方が減少する」といった分布が右下がりになる関係を負の相関といい、規則性をもって変化していないような関係を無相関という。（不偏）共分散と相関係数は、このような散布図にある相関関係を簡潔に示すために数値化した統計量である。

　では、（不偏）共分散と相関係数はどのように求められるのだろうか。標本データの相関関係を求める不偏共分散は下の式のように、個々のデータの偏差の積を合計し、それを「n－1（母集団のデータを用いて共分散を求める場合には n）」で割ることで求める。表4-9のデータの場合には、偏差の積の総和が553となり、それを19で割ると、29.105となる。このデータの場合には、不偏共分散の値が正に大きくなるため正の相関があると解釈することとなる。一方で、不偏共分散が負に大きい値を示すときには負の相関があることを意味し、共分散が0であるときには無相関であると解釈する。

$$不偏共分散 = \frac{偏差の積の総和}{n-1}$$

$$= \frac{(3-8.3)(6-7.0)+(13-8.3)(7-7.0)+\cdots+(0-8.3)(0-7.0))}{20-1}$$

$$= 29.10526\cdots$$

**表4-9 慢性疾患患者とその家族のK6
の合計得点**

回答者ID	患者 K6合計得点	家族 K6合計得点
1	3	6
2	13	7
3	15	16
4	15	24
5	3	0
6	7	2
7	23	18
8	4	5
9	3	0
10	4	8
11	10	13
12	0	4
13	7	1
14	0	5
15	8	0
16	0	11
17	13	1
18	20	17
19	18	2
20	0	0
平均	8.3	7.0

**図4-16 慢性疾患患者とその家族のK6合計得点に関する
散布図**

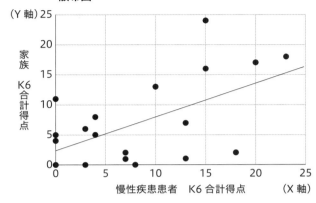

また**図4-16**の散布図のデータが一直線上に並べられるときには、二つの変数間の関係が完全な正の相関にあると表現される。相関係数とは、このような正あるいは負の相関関係がある場合の共分散を基準としたときに、実際の共分散との一致度を比率で数値化した指標をいう。そして、相関係数は次の式で求められる。

$$相関係数（\rho）= \frac{XYの共分散}{Xの標準偏差 \times Yの標準偏差}$$

母集団の相関係数はρ、標本の相関係数はrで表され、－1から＋1の間の値がとられる。相関係数はその絶対値が1に近いほど強い相関関係があり、0に近いほど（ほとんど）相関（関係）がないと解釈され、一般的には**表4-10**の基準で相関関係の強さが評価される。

では、**表4-9**のデータをもとに相関係数を算出してみよう。標本デー

タにおける量的変数を用いた相関係数は、ピアソンの積率相関係数とも呼ばれ、不偏共分散を二つの変数の標本標準偏差の積で割った値で求められる。このデータの場合には、不偏共分散が29.105、「慢性疾患患者のK6合計得点」の標本標準偏差が7.197、「家族のK6合計得点」の標本標準偏差が7.182となるため、次の式で求めることができる。

$$ピアソンの積率相関係数（r）= \frac{XY の不偏共分散}{X の標本標準偏差 \times Y の標本標準偏差}$$

$$= \frac{29.105}{(7.197 \times 7.182)} = 0.56308\cdots$$

そして、このときピアソンの積率相関係数（r）は0.563であるため、表4-10の基準と照らし、二つの変数の間には「正の相関がある」と解釈できるのである。

しかし、二つの変数間の関連性を評価する（不偏）共分散ならびにピアソンの積率相関係数の解釈には、いくつか注意が必要である。それは図4-16の散布図でも示したとおり、これらの統計量はあくまでも二つの変数の直線的な関係（線形関係）の強さを評価しているということである。つまり図4-17のように、二つの変数間の曲線的な関係（曲線関係）などを調べることには適していない。また、複数の異なる性質をもつ集団が混在するデータの場合には、誤った結果を導くことがある。

また、相関係数の値が大きいという結果だけで、その二つの変数間に直接的な因果関係があるとは断定できないということに留意しなければならない。相関係数はあくまでも二つの変数の分布の関係性を説明する統計量であり、原因と結果という時間的な関連性には言及していない。また、本来は二つの変数の相関がないにもかかわらず、第三の変数の影響によって見せかけの関係性（疑似相関）が生じてしまった可能性も排除できないことに留意する必要がある。

表4-10　相関係数の基準

相関係数（r）	相関関係の強さ
｜r｜< 0.2	（ほとんど）相関がない
0.2 ≦ ｜r｜< 0.4	弱い相関がある
0.4 ≦ ｜r｜< 0.7	相関がある
0.7 ≦ ｜r｜< 0.9	強い相関がある
0.9 ≦ ｜r｜	（ほぼ）完全な相関がある

図4-17 二つの変数が曲線関係にある場合の散布図例

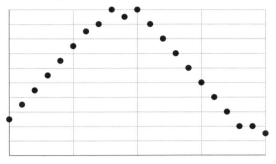

　なお、質的変数である順序尺度の相関関係を求める場合には、ケンドールの順位相関係数やスピアマンの順位相関係数が多用されている。

3 統計的推論

　収集したデータの概要を把握すると、いよいよ調査目的とした事象を明らかにするためのデータ分析をする段階となる。しかし、正しく分析の結果を解釈するためには、自らが何のために、何を分析するのかを正確に理解することが不可欠となる。ここでもう一度、まずは**記述統計学**と**推測統計学**というキーワードをもとに、データ分析の性質を確認しよう。

1 記述統計学と推測統計学

　記述統計学（descriptive statistics）とは、量的調査によって収集された標本データを調べ、その特徴などを正確に記述する統計学をいい、前項までに説明した単純集計や基本統計量は記述統計学に該当する。しかし、量的調査の本来の目的は、母集団から抽出された標本データの概要を把握することではなく、そのデータを用いて母集団に起きている事象を解明し、臨床への示唆を得ることである。このように、収集した標本データから母集団の特徴を推測しようとする方法を推測統計学という。データに基づく結果を正しく解釈し、考察するためには、分析によって誰の何を明らかにするのかという前提条件を正確に認識することが重要である。

2 推定と検定

推測統計学において、母集団に起きている特徴や事象を解明しようとする方法は、主に推定と検定の二つに分類できる。そして量的調査では、これらの方法は総じて統計的推論と呼ばれている。

❶推定

推定（統計的推定）とは、標本のデータから得られた統計量から、母集団における統計量（母数）を推測しようとする方法である。推定の考え方について、2015（平成27）年の「認知症施策推進総合戦略（新オレンジプラン）」の根拠になった二宮ら[2]の日本の高齢者における認知症患者数とその有病率を明らかにした調査結果をもとに確認してみよう。表4-11の有病率と患者数は、実際に日本の高齢者という母集団を一人ひとり検査して算出した結果ではなく、標本から収集したデータをもとに推測したものである。

では、どのようにして母集団の特徴を推定するのだろうか。統計解析では推定から得られた値を推定値（estimate）と呼び、その結果を主に、❶点推定（point estimation）と❷区間推定（interval estimation）の二つから解釈する必要がある。図4-18を踏まえながら確認してみる。

① 点推定

点推定（point estimation）とは、標本から得られる一つの推定値を母数（母集団統計量）とする方法である。つまり、無作為抽出によって収集された標本データの値をそのまま母集団の値とみなす方法である。介入による効果を推定する量的調査の場合には、ある事象の発生率（リスク）や、発生率の比から介入の効果を求める発生率比（リスク比）などがこれに該当し、二宮らの調査結果では表4-11の有病率や患者数がこの点推定にあたる。また、その介入の効果の大きさを明らかにする

表4-11　認知症患者数と有病率の将来推計——各年齢層の認知症有病率が2012（平成24）年以降一定と仮定した場合

年	認知症患者の推定数(万人)		認知症患者の推定有病率(%)	
	点推定	区間推定 （95％信頼区間）	点推定	区間推定 （95％信頼区間）
2012	476	381—596	15.5	12.4—19.3
2015	533	426—667	15.7	12.6—19.7
2020	621	497—777	17.2	13.8—21.5
2025	696	557—870	19.0	15.2—23.8
2030	767	614—958	20.8	16.7—26.0

図4-18　点推定と区間推定の考え方

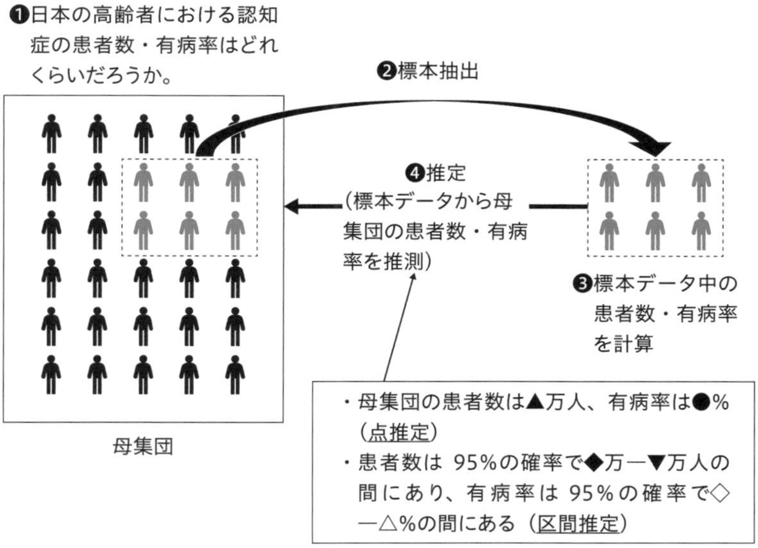

❶日本の高齢者における認知
　症の患者数・有病率はどれ
　くらいだろうか。

❷標本抽出

母集団

❹推定
（標本データから母
集団の患者数・有病
率を推測）

❸標本データ中の
　患者数・有病率
　を計算

・母集団の患者数は▲万人、有病率は●%
　（点推定）
・患者数は 95%の確率で◆万―▼万人の
　間にあり、有病率は 95%の確率で◇
　―△%の間にある（区間推定）

調査では、その推定で得られた点推定を効果量（effect size）ともいう。
このように、点推定は母集団の特徴を簡潔に示す指標であるため、非常
に有用であるといえる。

　しかし、点推定は標本の推定値から母集団の特徴を推測しているとい
う原理を忘れてはならない。実は、標本から得られた一つの推定値のみ
で母数（母集団統計量）を推定するのは大胆な方法であり、そこには無
作為抽出した標本によるデータであっても、必ず偶然の誤差が生じてし
まう。そのため、算出された点推定とともにその精度を定量的に示すこ
とが同時に求められる。

② 区間推定

　点推定で指摘された標本から得られた一つの推定値のみで母数（母集
団統計量）を推定することが難しいという課題を解決するためには、ど
のようにすればよいのだろうか。つまり、１点の推定値のみで母数を
推定することが適切ではないとも解釈できるため、統計解析ではこの課
題に対して、ある程度幅をもって母数が存在する範囲を示すという方法
がとられる。この考え方を区間推定（interval estimation）という。

　たとえば、認知症の患者数を標本データから推定するとき「日本の高
齢者における認知症患者数は１万〜 2000 万人の間にある」と極端に
推定すれば、ほぼ間違いなくその間に日本の患者数が位置すると考えら
れる。しかし、例示したような極端な推定では、母集団の特徴が明示で
きなくなるため、そもそも量的調査としての意味をもたなくなってしま

う。そこで、区間推定では一般的に、95％の確率で母集団統計量の値が含まれる区間の推定を行っている（95％信頼区間という）。つまり、二宮らの調査結果でいえば、2025（令和7）年時点では557万～870万人の間に、95％の確からしさで日本の認知症の患者数が存在すると解釈するのである（**表4-11**）。

このように、推定では無作為抽出により収集された標本データに基づく統計量（標本統計量）があれば、一定の蓋然性はあるが、母数（母集団統計量）は推測できるといえる。

❷検定

検定（統計的仮説検定）とは、母数（母集団統計量）に関する仮説を立て、その成否を標本データから得られた統計量から確率的に推断しようとする方法である。ここでの仮説とは「日本の男性と女性の平均寿命を比較すると、女性のほうが寿命は長い（男性と女性で平均寿命は異なるはずである）」のような母集団の特徴に対する推測をいう。標本データの記述統計量のうえでは関連あるいは差があると予測されるが、それらは標本によって生じた偶然の誤差かもしれない。検定は、それらの母集団の特徴が偶然に生じた要因ではないという判断を下すことを目的に行われる。

検定は、どのような原理に基づいて行われるのだろうか。それを理解するためには、まず、対立仮説と帰無仮説という2種類の仮説についても押さえておく。**対立仮説**とは、分析実施者が実際に採択したいと考える「差がないとはいえない」「関連がないとはいえない」といった仮説をいい、**帰無仮説**とは対立仮説を無に帰する「差はない」「関連がない」といった仮説をいう。検定では、一度それを無に帰する帰無仮説を立て、帰無仮説の成否によって間接的に対立仮説の成否に関する判断を行う。つまり、先ほどの平均寿命の例でいえば「男性と女性で平均寿命（母集団統計量）に差はない」という帰無仮説を立て、「男性と女性で差はないとはいえない」という対立仮説の証明を試みるのである。

それでは、検定は何を基準として仮説の成否を標本データから得られた統計量から確率的に推測し、判断するのだろうか。検定では、標本データから帰無仮説を検証するために、**検定統計量**と**自由度**（df）、**有意確率**★（p値）が算出される。検定統計量とは、標本データから得られた代表値などが母数をどの程度反映するものであるかを判断するための指標である。先ほどの性別間での平均寿命の比較でいえば、検定統計量は抽出された標本データから得られた平均寿命が、偶然に得られた数値

★**有意確率**
有意確率は、「差がない」「関係がない」などの帰無仮説を棄却すべきか否かという極端な二つの選択肢を判断するための確率を示す指標である。しかし、それだけで差や関係の様相を決定づけることはできない。検討を行うべき「差の大小」や「関係の強弱」などを観測するためには、効果量を算出することも求められる。

であるかを推測するための参考値になるのである。

　また検定では、検定統計量とともに自由度が求められ、これらによって帰無仮説の下での有意確率が算出される。有意確率とは、平均寿命の例でいうならば「男性と女性の平均寿命の差がない」という帰無仮説において偶然に差が生じる確率を指す。量的調査では、その確率を p 値で表し、一般的にその有意水準が 5 ％より小さければ（$p < 0.05$）、帰無仮説を否定（棄却）し、対立仮説を採択し、5 ％以上であれば（$p \geq 0.05$）帰無仮説を保留するといった判断が行われる。仮に、収集された標本データをもとに男女間の平均寿命の差を検定し、その有意確率が $p < 0.01$ と算出された場合には、帰無仮説が棄却され、対立仮説が採択されるため「男女間で平均寿命の差がないとはいえない」、つまり差があると推測できるのである。

　ただし、有意確率は「有意であるか（帰無仮説を棄却するか）、有意でないか（帰無仮説を保留するか）」という二つの選択肢を提示する基準にすぎない。つまり、有意確率（p 値）はその値が小さいほど、偶然の可能性が少なく、より確からしい差などが認められると解釈できるのである。そのため、点推定や区間推定のように値の大小自体が「差の大きさ」や「関連の強さ」を示すものでないことに注意して、結果を解釈する必要がある。

4 母集団を推測するデータ分析

　量的調査では、度数分布表や基本統計量といった標本の特徴を数量的に記述するだけではなく、前項で説明した推定や検定といった推測統計に係る分析を駆使して母集団に対する仮説を検証することが求められる。しかし、多岐にわたる推定や検定に関する分析方法は、使用するデータの変数の種類や調査目的に応じて、適切に使い分けなければ正確な結果が得られず、社会福祉に寄与するエビデンスを得ることができなくなる。そのため本項では、社会福祉学領域で特に多用される推定や検定に関する具体的な分析手法とその結果の解釈について説明する。

　なお、それに先立って、いずれの分析を用いるべきかの選択基準などをフローチャートに整理し、**図 4-19** に示す。

図4-19　本テキストで紹介する目的別の分析手法

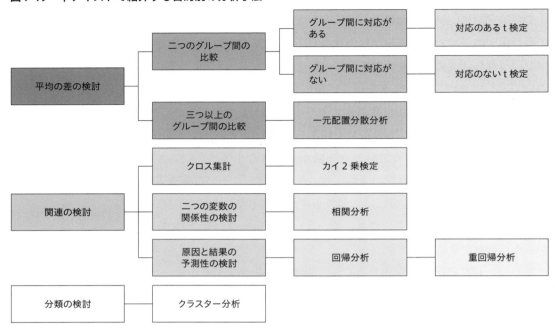

■1 平均値の差の検討

社会福祉学領域での量的研究では、しばしば複数のグループ間における平均の差に着目した検討が行われてきた。たとえば、高齢者の介護予防に向けた体操教室の効果を明らかにするために、その参加者に対して日常生活動作（ADL）を測定する尺度を用いて量的調査を実施したとする。このとき、体操教室の参加前後で参加者の ADL 尺度の平均値を比較し、差が生じていれば効果があるといえるかもしれない。一方で、この平均値の差は偶然に生じたものであるかもしれないため、そうではないという「確からしさ」を明らかにする統計的仮説検定を行う必要がある。

本項では統計的仮説検定の分析手法のなかでも、二つのグループ間の平均値を比較するための分析方法である t 検定と、三つ以上のグループ間の平均値を比較するための一元配置分散分析について説明する。

❶ t 検定

二つのグループ間の平均値の差を検定するための分析方法である t 検定には、対応のある t 検定と対応のない t 検定の 2 種類があり、調査目的や収集したデータに応じて適切な分析方法を選択しなければならない。

①　対応のある t 検定

対応のある t 検定とは、同一の対象者による二つの変数、あるいは患

者とその家族といった対応する 2 人の対象者による一つずつの変数の
データを用いて、その平均値の差を検定する分析方法である。先に示し
た「体操教室の参加者による ADL の差の検討」の事例も、同一対象者
による参加前と参加後の二つの回答の平均値を比較する検定であるた
め、対応のある t 検定が適用される。

　表 4-12 は、この分析事例によって収集されたデータである。
表 4-12 のデータをみると、体操教室への参加前の平均が 29.2 点、参
加後の平均が 31.5 点であることから、二つの得点は異なっている。し
かし、この得点の違いは何らかの偶然によって生じた、見かけ上の差で
ある可能性が排除できないため、見かけ上の平均値の比較のみで「体操
教室の参加によって ADL 尺度の得点が向上した」と解釈することは曲
解であると考えられる。そのため、これが偶然に生じた差ではないこと
を検証するために、対応のある t 検定を実施する。

　では、このデータを用いて分析結果を確認してみる。一人ひとりの前
後を対応させ、その差から母集団における平均値の差を検討する対応の
ある t 検定では、t 値と呼ばれる検定統計量と自由度、有意確率の結果
が算出される（表 4-13）。この分析は統計的仮説検定であることから、
「体操教室の参加前後で ADL 尺度の得点（母平均）に差はない」とい
う帰無仮説が立てられ、それが棄却されるか否かを t 値と自由度によっ
て計算される有意確率（p 値）を参考に判断を行い、差の有無の可能性
を考える。表 4-13 の結果をみると、有意水準である 5 ％より小さいた
め、差がないとはいえない、つまり差がある（参加後のほうが ADL 得
点が高い）と考えられると結論づけられるようになる。

② 対応のない t 検定

　対応のない t 検定は、独立したサンプルの t 検定とも呼ばれ、二つの
異なったグループから得られたデータを用いて、その変数の平均値の差
を検定するための分析方法をいう。この「対応のない」あるいは「独立
した」とは、推定する二つの母集団は完全に独立したものであり、二つ
にまたがる標本がないという意味である。たとえば、A 病院と B 病院の
入院患者における平均在院日数の差を明らかにするような場合に、対応
のない t 検定を行うことができる。

　では、実際の A 病院および B 病院から収集した入院患者の在院日数の
データ（表 4-14）を用いて出力された分析結果などから、その原理や
解釈を確認してみよう。対応のない t 検定を実行すると、統計ソフトか
らは等分散性の検定による F 値とその有意確率、t 検定による t 値、自

表4-12　体操教室の参加者による参加前後の ADL 得点

回答者 ID	参加前	参加後
1	25	28
2	41	41
3	47	45
4	17	20
5	29	35
6	42	43
7	34	30
8	24	30
9	36	38
10	38	40
11	23	26
12	29	26
13	25	29
14	25	32
15	18	28
16	25	22
17	26	29
18	35	35
19	12	15
20	33	38
平均 （標準偏差）	29.2（9.0）	31.5（7.9）

表4-13　対応のある t 検定の結果

t 値	自由度	有意確率
−2.846	19	0.010

由度、有意確率の結果が出力される（**表4-15**）。対応のない t 検定は、比較する二つのグループの母分散が等しいか否かによって、t 検定の検定統計量である t 値と自由度を求める公式が異なるというやや複雑な事情がある。t 検定の実行前に、このデータに対してどちらが適切な公式であるかを判断するための基準として、**等分散性の検定**を行う。

　等分散性の検定は、あくまで統計的仮説検定であるため「二つのグループの分散に差はない」という帰無仮説を設定し、仮説の棄却（あるいは保留）の可能性から、母分散の等分散を検討することとなる。**表4-14** のデータでいえば、等分散性の検定による有意確率は 0.654 であり、有意水準に設定した 5％よりも大きくなっているため、等分散性の検定の帰無仮説は棄却されない。つまり、t 検定は「等分散を仮定する」場合の結果を採択し、**表4-15** の上段の t 値、自由度、有意確

表4-14　A病院およびB病院の入院患者における在院日数

回答者 ID	在院日数	病院
1	18	A
2	18	A
3	19	A
4	15	A
5	19	A
6	17	A
7	16	A
8	17	A
9	16	A
10	18	A
11	19	B
12	17	B
13	18	B
14	22	B
15	16	B
16	17	B
17	18	B
18	20	B
19	18	B
20	19	B
平均 （標準偏差）	A 病院　17.3（1.3） B 病院　18.4（1.7）	

表4-15　対応のない t 検定の結果

	等分散性の検定		二つの母平均の差の検定		
	F 値	有意確率	t 値	自由度	有意確率
等分散を仮定する	0.208	0.654	-1.601	18	0.127
等分散を仮定しない			-1.601	17	0.128

率から差の有無を解釈するようになるのである。本結果でいえば、有意確率が 0.127 であり、有意水準である 5 ％より大きくなるため、両病院の平均在院日数には差がないと考えられると結論づけるようになる。

　なお、対応のない t 検定のなかでも今回の分析事例のように「母分散が等しいことを仮定できない（等分散性の検定において帰無仮説が棄却された）」場合の分析方法をウェルチ（Welch）の検定という。

③　一元配置分散分析

　一元配置分散分析は三つ以上のグループにおける平均の差の有無を明らかにするための検定である。先ほどのA病院、B病院の例に、C病院というデータ（**表 4-16**）を加えて三つの病院の平均在院日数の差を求めるような場合に、この検定方法が用いられる。一元配置分散分析では「すべてのグループで母平均に差はない」という帰無仮説が設定され、有意確率を参考に「一つ以上のグループで母平均に差はないとはいえない」という対立仮説を採択するか否かの検討を行うのである。

　ただし、一元配置分散分析では、仮に有意水準を5％に設定し、出力された有意確率から帰無仮説が棄却されても、一つ以上のグループで平均値に差があることがわかるが、具体的にどのグループ間の平均値に差があるかはわからない。そのため、いずれのグループ間に差があるかを明らかにするために、その事後分析として多重比較と呼ばれる二つのグループ間の平均の比較を行う。この多重比較にはテューキー（Tukey）法やボンフェローニ（Bonferroni）法、シェッフェ（Scheffe）法などがあるが、最も頑健性の高い結果が得られるシェッフェ法が用いられることが多い。

　なお、三つ以上のグループ間の差を検証するにあたって、そもそも二つずつの組み合わせをいくつか設定し、対応のないt検定を行えばよいと考えるかもしれない。しかし、この方法は、母集団で差がないものを、有意確率が過大に算出された結果、差があると誤って判断されてしまう危険性がある。前述の三つの病院における平均在院日数の事例で考えて

表4-16　C病院の入院患者における在院日数

回答者 ID	在院日数	病院
1	16	C
2	14	C
3	15	C
4	13	C
5	15	C
6	14	C
7	16	C
8	15	C
9	10	C
10	12	C
平均（標準偏差）	14.0 (1.9)	

みよう。たとえば対応のないｔ検定を用いて三つの病院間の平均在院日数の差を明らかにしようとする場合には、Ａ病院とＢ病院、Ａ病院とＣ病院、Ｂ病院とＣ病院というすべての組み合わせで分析を行うことをイメージするだろう。しかし、有意確率を５％に設定した場合に「少なくとも一つ以上で差はないとはいえない」となる確率を求めてみると、約 14.3％（＝ 100％－ 95％（p ＞ 0.05）× 95％（p ＞ 0.05）× 95％（p ＞ 0.05））になる。つまり「三つの病院間で平均在院日数に差はない」という帰無仮説を棄却するか否かの判断を、本来は有意水準である５％で判断すべきところを、対応のないｔ検定を複数回使用する場合にはそれ以上に緩い基準で判断することになるため、過大評価され、適切ではないと考えるのである。

　それでは、この事例のデータを用いて、三つの病院における平均在院日数の差を一元配置分散分析にて検討したときの統計ソフトから出力された結果を確認してみよう。**表 4-17** の一元配置分散分析の結果、この有意確率（p 値）が５％よりも小さいため、まず三つの病院間のどこかで平均在院日数の差があることが確認できる。そのため、シェッフェ法による多重比較を用いて各組み合わせにおける有意確率から平均の差をみると（**表 4-18**）、Ｃ病院＜Ａ病院、Ｃ病院＜Ｂ病院で平均在院日数が長いという関係を推測することができるのである。

表4-17　一元配置分散分析の結果

	平方和	自由度	平均平方	F 値	有意確率
グループ間	104.867	2	52.433	19.003	0.000
グループ内	74.500	27	2.759		
合計	179.367	29			

表4-18　シェッフェ法による多重比較の結果

病院（I）	病院（J）	平均値の差（I-J）	有意確率
A病院	B病院	－ 1.10	0.349
	C病院	3.30	0.001
B病院	A病院	1.10	0.349
	C病院	4.40	0.000
C病院	A病院	－ 3.30	0.001
	B病院	－ 4.40	0.000

2 関連の検討

本項では、これまで説明した二つ以上の変数間の関連性を表す連関や相関、原因と結果の関係をいう因果関係を検討するための検定や推定のための主な分析方法を概説する。

❶カイ二乗検定

前述したクロス集計は、標本データ上の主に二つ以上の質的変数に対する回答とその相対比率から、変数間の関係を明らかにしようとする単純集計の方法である。ただし、繰り返し述べてきたとおり、単純集計から推測できる関係は、偶然生じたものである可能性が排除しきれず、母集団にも成立する連関であるかは明らかではない。このような検討を試みるために、量的調査ではカイ二乗（χ^2）検定を行う。

たとえば、表4-19の慢性疾患患者の主介護者における「健康度自己評価」と「副介護者の有無」のクロス集計表を参考に分析の原理を確認してみよう。カイ二乗検定では、この二つの連関を検討するため「健康度自己評価と副介護者の有無は『独立である』」という帰無仮説を立てる。このとき本来、両者がまったく関連のなく、独立したものであった場合には、クロス集計表における行の回答と相対比率はいずれも等しい状態になる。このときの理論的に予想されるクロス集計表の度数を期待値といい、標本データの各カテゴリーに実際にある度数（実測値）との差から「独立していない」という対立仮説が採択されるか否かの検討を行う。この帰無仮説の立て方から、本分析は独立性の検定とも呼ばれている。カイ二乗検定では、この実測値と期待度数の差から検定統計量であるカイ二乗値を求め、自由度と合わせて、有意確率を算出する。そして、この分析例ではカイ二乗検定で有意確率が $p < 0.001$ と求められた。このとき、帰無仮説が棄却されることから、「健康度自己評価」と「副介護者の有無」は統計的に有意な関連があると判断できるのである。

表4-19 「健康度自己評価」と「副介護者の有無」のクロス集計表

			健康度自己評価			
			健康ではないと思う	あまり健康でないと思う	まあ健康だと思う	非常に健康だと思う
副介護者の有無	いる	度数 （相対度数） 調整済み残差	23 (5.3%) −2.2	65 (14.9%) −2.8	285 (65.5%) 0.8	62 (14.3%) 4.4
	いない	度数 （相対度数） 調整済み残差	51 (9.0%) 2.2	124 (21.9%) 2.8	356 (63.0%) −0.8	34 (6.0%) −4.4

ただし、上記のカイ二乗検定で判断できることは、この二つに何らかの連関があるということのみである。実際の量的調査では、各変数のいずれのカテゴリーの組み合わせ（セル）が、その特徴を顕著に表している（期待値と実測値に有意な差がある）かを明示することが求められる。そのため、カイ二乗検定では、それを明らかにするための事後分析に残差分析を行う。一般的には統計ソフトを用いて調整済み残差を算出し、有意水準５％の場合には、この絶対値が 1.96 以上のセルが統計的に顕著な特徴を表している（有意な差がある）と解釈する。**表4-19** の例でいえば、「健康度自己評価」の「非常に健康だと思う」と「副介護者の有無」の「いる」におけるセルの調整済み残差が 4.4 のため、これがほかと比較して有意に大きいなどと判断できる。

❷相関分析

先ほど、二つの変数に対する分布を要約するための方法の一つとして相関係数について解説をした。本項では、標本データから認められたピアソンの積率相関係数などが、母集団においても認められる関係であるかを検討するための分析方法を説明する。

相関分析では、標本データから母集団の相関係数を推測するために統計的仮説検定が用いられることが多い。この分析における統計的仮説検定では「母集団における二つの変数間の関係が無相関である（相関係数（ρ）が０である）」という帰無仮説を設定し、有意確率から母集団の相関関係の有無を推定するように考える。たとえば **表4-20** は、**表4-9** のデータを用いた慢性疾患患者とその家族の K ６の合計得点におけるピアソンの積率相関係数による相関分析の結果である。この分析例では、相関係数（r）が正の値をとり、その有意確率（p 値）が有意水準５％を下回っているため、母集団においても「慢性疾患患者の

表4-20　慢性疾患患者とその家族の K ６の合計得点における相関分析の結果

		患者 K ６合計得点	家族 K ６合計得点
患者 K ６合計得点	ピアソンの積率 相関係数（r）	1.000	0.563
	有意確率		0.010
家族 K ６合計得点	ピアソンの積率 相関係数（r）	0.563	1.000
	有意確率	0.010	

Ｋ６合計得点が高いほど、家族のＫ６合計得点も高くなる」という相関関係があると推測できるようになるのである。

このように、統計的仮説検定では有意確率が母集団における傾向を推測し、判断するための手掛かりになるため、それに目が行きがちである。しかし、相関分析や後述する回帰分析などで算出される有意確率は、少しでも関連があるか否かという二つの選択肢の基準である。そのため、ケース（標本）数が多いほど、標本と母集団の誤差が小さくなり、実質的にほとんど意味のない、ごくわずかな関連も検出されてしまうという可能性がある。つまり、母集団における相関係数（ρ）がほとんど０に近い（関係がほとんどない）場合でも、ケース数が多い場合には、有意確率だけでみれば帰無仮説が棄却すべきであると判断されてしまう可能性が生じてしまうのである。そのため、相関分析では有意確率だけでなく相関係数（r）にも着目し、相関関係の強さなども踏まえて、慎重に二つの変数間の関係を考察することが必要である。

❸回帰分析

回帰分析とは、原因と結果の関係のような母集団における因果関係を収集した二つ以上の変数間の関連から明らかにしようとする分析方法である。回帰分析では、原因となる変数を独立変数（説明変数）、結果を表す変数を従属変数といい、それらを予測式（回帰式）に当てはめ、従属変数に対して独立変数がどの程度の強さで関連し、説明できるかを検討する。本項では、回帰分析のなかでも社会福祉学領域で多用されている重回帰分析について説明する。

社会福祉学領域における調査で明らかにする事象は、そのほとんどが複数のさまざまな要因が関連して生じているものと考えられる。たとえば慢性疾患患者が抑うつを引き起こす原因であるストレッサー（ストレス源）は、決して１種類の要因に限ったものではなく、家族との関係や退院後の疾患管理、服薬などに対する不安といった複数が関連していることが予想される。このような一つの従属変数と、二つ以上の独立変数の因果関係を同時に検討する場合に行う分析方法の一つが重回帰分析である。統計学では、重回帰分析や後述するクラスター分析のように三つ以上の変数からなるデータを用いて、変数間の関連を検討する方法を総称して、多変量解析と呼んでいる。

では、慢性疾患患者500人に対する調査の分析事例から、さらに詳しくこの分析を概説する。表4-21、表4-22は、慢性疾患患者の抑うつを独立変数、ストレッサーになり得ると予想した四つの要因を独立変

数としたモデルを設定し、統計ソフトを用いて分析を行った結果である。

　まずは**決定係数（R^2）**という指標が示す結果の解釈について確認してみよう。決定係数は説明率とも呼ばれ、従属変数が独立変数によってどの程度説明（予測）できるのかを表す指標であり、その値が大きいほど、従属変数を説明できる割合が大きいことを表している。**表4-21** の結果でいえば、今回分析に投入した四つのストレッサーのみで、慢性疾患患者の抑うつの19.2％は説明（予測）がつくと解釈できるのである。なお、この決定係数が母集団でも成立するかという有意性の検討は、分散分析による検定によって行われる。この分析では、分散分析における有意確率が $p<0.001$ であったことから、母集団においても成立する説明率であると考えられるのである（**表4-22**）。

　次いで、重回帰分析において投入した各独立変数の関連の程度を表す指標である標準偏回帰係数について説明する。**表4-21** をみると、独立変数に投入したストレッサーのうち「将来への不安」など三つのストレッサーについて有意確率が5％よりも小さいため、「将来への不安と抑うつは関連がない」などという帰無仮説が棄却され、両者には関連があることが明示できる。つまり、慢性疾患患者におけるストレッサーには、この四つを分析に投入したが、彼らの抑うつを低減させる介入の糸口としては、「将来への不安」や「家族内での役割」「医師の指示に従うこと」に対するアプローチが有効である可能性が推測できる。しかし、有意確

表4-21　重回帰分析の結果

独立変数	標準偏回帰係数（β）	t 値	有意確率	VIF
（定数）		16.509	0.000	
将来への不安	0.276	6.476	0.000	1.126
家族内での役割	0.241	5.465	0.000	1.197
医師の指示に従うこと	0.108	2.469	0.014	1.171
仕事への支障	−0.030	−0.684	0.495	1.157
調整済み R^2＝0.192				

表4-22　重回帰分析における分散分析の結果

	平方和	自由度	平均平方	F 値	有意確率
回帰	2850.454	4	712.613	30.733	0.000
残差	11477.568	495	23.187		
合計	14328.022	499			

率から確認できることは関連があるか否かという二つの選択肢である。複数のストレッサー（独立変数）が抑うつ（従属変数）に対してどれ程度の大きさで関連し、三つのストレッサーのいずれが抑うつに対してより大きく関連しているかを比較することができない。

このような場合に参考にする指標が、標準化係数とも呼ばれる標準偏回帰係数である。標準偏回帰係数は、従属変数に対する各独立変数の関連の大きさとその向きを、ほかの変数の影響を取り除いて算出するため、純粋な二つの変数間の関連を明示することができるのである。この分析例でいうならば、有意な関連を示した二つのストレッサーにおける標準偏回帰係数（β）をみると、「将来への不安」が最も大きく抑うつに関連しているであろうと推測できるのである。そして、ソーシャルワーカーが行う実践では、これらの関連の大小から、援助に関する優先順位などを決定するための参考にも用いることができる。

ただし一見、万能にみえる重回帰分析にもいくつかの分析上の欠点がある。その一つが多重共線性の問題である。重回帰分析では、独立変数間の相関係数が高いとき、安定した結果が得られないといった特徴がある。多重共線性があるときには、独立変数と従属変数間の関連性の正負が逆転したり、有意性検定の結果が誤って算出されるという場合がある。そのため、重回帰分析を行うときには、VIF という指標も統計ソフトなどを活用して求め、多重共線性が生じているか否かを判断することが必要である。VIF は一般的には 10 よりも大きい場合に多重共線性が疑われるが、6 あるいは 7 以上でも多重共線性を疑うべきという説もある。そして、多重共線性が疑われた場合には、重回帰分析に投入する独立変数を見直すなどモデルの修正を行い、正しい分析結果が得られるように試行する。

■3 分類の検討

ソーシャルワーカーが援助を行う対象であるクライエントやその家族、地域などは、多岐にわたるさまざまな特性やニーズを有しており、個別性を踏まえた援助の展開が求められている。しかしながら、日頃の援助を積み重ねていくなかで、クライエントがもつ特性などには何種類かの一定した共通性があることに気づく場合がある。ソーシャルワークの対象となる集団全体のなかに潜在しているいくつかの特性で分類できれば、より適切かつ円滑な援助に結びつけることが可能になるかもしれない。このように、集団全体のなかから各変数に対する回答傾向に基づ

いて特性を見出し、さらにいくつかのまとまりに分類するための分析方法の一つに**クラスター分析**がある。

表4-23は、民生委員1000人が自身の担当地域において認知症が疑われる人を発見した際の相談先について、該当するものすべてに回答を求めた調査の単純集計の結果である。クラスター分析には、集団全体内にある特性に基づくまとまりの数があらかじめ与えられている場合に用いる非階層クラスター分析もあるが、ここではそれらが事前に明らかでない場合に用いられる階層クラスター分析を説明する。

❶変数の分類

クラスター分析は、複数の変数に対する回答の類似性から、ケースあるいは変数を分類し、クラスターと呼ばれるまとまりを抽出することができる。階層クラスター分析では、複数の変数に対する回答から特徴づけられる類似性を距離として定量的に算出したものが、**デンドログラム**という樹形図に出力される。そして、デンドログラムからクラスター数を視覚的に判断し、先に説明したデータの分布を要約する方法などを組み合わせて使用することで、各クラスターの特性を明らかにすることができる。本項では**表4-23**の調査におけるデータを使用し、まずは変数を分類するための階層クラスター分析の方法とそのプロセスを紹介する。

階層クラスター分析では、複数の変数に対する回答の類似性から距離を測定する方法としていくつかの方法がある。データ性質や分類を行う目的などによって使い分けることが望ましいが、社会福祉学領域における量的調査では、最も安定性の高い方法であるウォード（Ward）法が

表4-23　民生委員が担当地域において認知症が疑われる人を発見した際の相談先の回答分布

	度数（人数）	相対度数（%）
地域包括支援センター	790	79.0
自分以外の民生委員	539	53.9
福祉事務所	534	53.4
社会福祉協議会	392	39.2
町内会長	351	35.1
病院	188	18.8
警察	94	9.4
居宅介護支援事業所	31	3.1
介護老人保健施設	20	2.0
特別養護老人ホーム	16	1.6

図4-20　クラスター分析（変数の分類）で出力されたデンドログラム

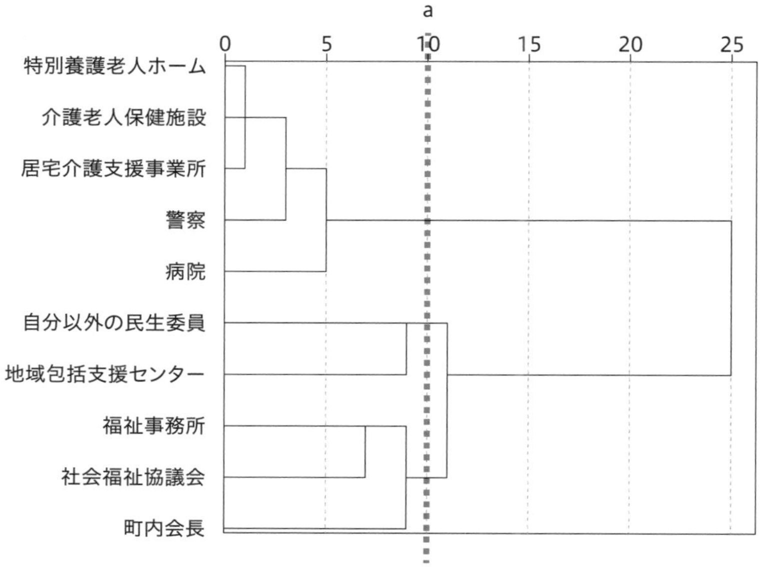

多用されている。**図4-20**は、**表4-23**のデータにおける変数を分類す
るために出力されたデンドログラムの結果である。デンドログラム上の
距離は類似度を示し、距離が近いほど類似性が高く、距離が遠いほど類
似性が低いと解釈できるようになる。つまり、**図4-20**をみると、「特
別養護老人ホーム」と「介護老人保健施設」「居宅介護支援事業所」の
組み合わせは距離が近いため類似度が高いことを意味し、それらが階層
としてデンドログラムに示されているのである。

　では、どのようにしてクラスター数を判断することができるだろう
か。デンドログラムは類似性が高いものほど近くまとまるという構造を
とるため、横軸を適当な高さで切ると、特性の近いまとまり、つまりク
ラスターが分類できるようになる。そのクラスター数は、それを判断す
る具体的な基準がないため、デンドログラムやその後の分析などを踏ま
えて、分析実施者が判断するようになる。たとえば**図4-20**について、
三つのクラスターに分類すると決めれば、aの位置に破線を引き、それ
を境界に線より下につながっている要素（ここでは変数）を一つのクラ
スターとして解釈するのである。つまり三つに分類した場合には、「特
別養護老人ホーム」「介護老人保健施設」などの五つが一つのクラスター
にまとまり、ほかに「自分以外の民生委員」「地域包括支援センター」
の二つ、「福祉事務所」「社会福祉協議会」などの三つがそれぞれクラス
ターとして分類されることが確認できる。そして、分析によって抽出さ

Active Learning

重回帰分析やクラス
ター分析を用いて明
らかにできる現象に
ついて考えてみま
しょう。

れた各クラスターに関して、単純集計などを組み合わせて行うことで、その特性を考察するのである。

なお、変数を分類する方法には、ほかにも一般的に**因子分析**★が多用されているため、必要に応じて学習することを勧める。

❷ケースの分類

本項では複数の変数に対する回答の類似性から、ケースを分類する階層クラスター分析の方法を説明する。原則的には変数を分類した場合の階層クラスター分析と同様に、出力されたデンドログラムから分類を行うという手続きをとる。**図 4-21** は、**表 4-23** の民生委員におけるデータを用いてクラスター分析を行い、ケースの分類をしたデンドログラムの結果である。前項では、デンドログラムにおける距離が各変数間の類似度を示していた（**図 4-20**）が、**図 4-21** の距離は変数に対する回答傾向から民生委員 1000 人の類似度を表している。そして、クラスター分析では、分類されたクラスターがもつ特性などを踏まえ、いくつのクラスター数にすべきかを検討する必要がある。

図 4-21 のデンドログラムでいえば、まず三つのクラスターに分類すべきと推測すれば a′ の位置に破線を引くことができる。そして、破線の下につながっているケースをそれぞれのクラスターとみなし、クロス

★因子分析
複数の変数間に潜在する共通する要因（因子）を探るための分析方法をいう。想定する因子の数を因子数といい、抽出された各因子と分析に用いたそれぞれの項目との関係を表す指標を因子負荷量と呼ぶ。因子分析には、因子数や因子と各項目の関連について仮説が存在する場合に、それを確認することを目的とした検証的因子分析と、仮説がなく因子数を探索することを目的とした探索的因子分析の 2 種類がある。

第**4**章 量的調査の方法

図4-21 クラスター分析（ケースの分類）で出力されたデンドログラム

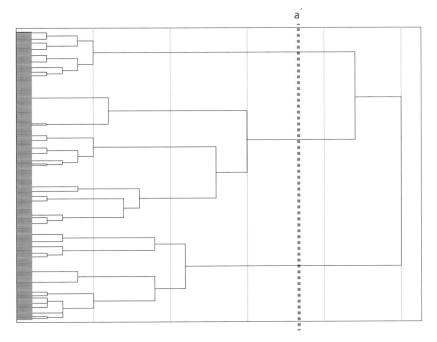

表4-24 各クラスターごとの民生委員の特性（クロス集計表）

相談先	第1クラスター (n = 502)		第2クラスター (n = 329)		第3クラスター (n = 169)	
	度数	相対度数	度数	相対度数	度数	相対度数
地域包括支援センター	492	98.0%	298	90.6%	0	0.0%
自分以外の民生委員	241	48.0%	219	66.6%	79	46.8%
福祉事務所	167	33.3%	131	39.8%	53	31.4%
社会福祉協議会	133	26.5%	305	92.7%	96	56.8%
町内会長	104	20.7%	233	70.8%	55	32.5%
病院	57	11.4%	128	38.9%	3	1.8%
警察	40	8.0%	44	13.4%	10	5.9%
居宅介護支援事業所	10	2.0%	18	5.5%	3	1.8%
介護老人保健施設	4	0.8%	16	4.9%	0	0.0%
特別養護老人ホーム	1	0.2%	15	4.6%	0	0.0%

集計などの事後分析を組み合わせることで、各クラスターの解釈を行うことができるようになる（**表4-24**）。そして、クロス集計などを用いて特性を確認する過程で、分類の不明瞭性などの課題がみられた場合には、クラスター数を再考するなどの手続きをとるようになるのである。

◇引用文献
1）Furukawa, T. A., Kessler, R., Andrews, G., et al., 'The performance of the K6 and K10 screening scales for psychological distress in the Australian National Survey of Mental Health and Well-Being', *Psychological Medicine*, 33, pp.357-362, 2003.
2）二宮利治ら「厚生労働科学研究費補助金 日本における認知症の高齢者人口の将来推計に関する研究 平成26年度総括・分担研究報告書」 https://mhlw-grants.niph.go.jp/niph/search/NIDD00.do?resrchNum=201405037A

◇参考文献
・石村貞夫・D. アレン・劉晨『すぐわかる統計用語の基礎知識』東京図書，2016.
・石村貞夫・石村光資郎『すぐわかる統計処理の選び方』東京図書，2010.
・岩淵千明編『あなたもできるデータの処理と解析』福村出版，1997.
・宮本聡介・宇井美代子編『質問紙調査と心理測定尺度——計画から実施・解析まで』サイエンス社，2014.
・川端一光・荘島宏二郎『心理学のための統計学入門』誠信書房，2014.
・岩田正美・小林良二・中谷陽明・稲葉昭英編『社会福祉研究法——現実世界に迫る14レッスン』有斐閣，2006.
・朝野熙彦『入門多変量解析の実際 第2版』講談社，2000.

第5章

質的調査の方法

　ソーシャルワーク・リサーチにおいて、質的調査は調査領域の記述、仮説生成、理論構築のために選択される調査方法である。ソーシャルワークは人々の生活や関係性、社会とのつながりにおける問題にかかわる。そのような問題は数値で表し、理解することが困難な領域も少なくない。人と環境、そして、その相互接触面の理解を深めるためには、その場面の詳細な調査が必要になる。また、その場面に至るまでの年月、プロセスや構造の変化等は、少数の対象にじっくりとかかわる調査のスタイルが求められる。

　質的調査は、調査対象や問いのレベル、調査目的によって適切にその方法を選択しなければならない。本章では質的調査の全体像をつかみ、質的調査の代表的な方法について学びを深める。

● 個人の経験を詳細に理解することについて学ぶ
● 他者との相互作用を詳細に理解することについて学ぶ

1 質的調査の概要

1 質的調査の特徴とその目的

　ソーシャルワーク・リサーチの方法として質的調査が選択されるケースは、次のような状況がある。まず、関心のある調査テーマについて、調査者が最初に調査テーマの領域の問題を検討する段階や、先駆的なソーシャルワークの実践領域で調査を実施するケースである。これは第3章第3節の探索的調査に該当するケースで、調査テーマの全体像をつかむことが目的となる。関連する領域の既存の文献を開いてみる、当該領域の関係者を対象におおまかなヒアリングを実施するなど、統計的検討をするようなデータではなく、質的なデータによる検討となる。

　このような探索的調査の結果として、調査を実施しようとしているテーマが、いまだ十分に紹介されていない、何が起こっているかわからない状況が明らかになれば、その調査領域をテーマに沿って詳細に記述する質的記述的調査が必要となる。このような記述的調査では「いつ（when）、どこで（where）、誰が（who）、何を（what）、どのように（how）」という問いを立て、質的に記述する方法が役立つ。

　記述的調査が求める詳細な記述のために、調査者は調査対象となる個人や集団にインタビューを実施し、また必要な観察を実施する。しかし、どんなに詳細なインタビューや観察を実施しても、聴いた範囲、見た範囲というように、そのデータは調査対象が現実の社会から切り取られた場面になっていることを忘れてはならない。

　ソーシャルワークは伝統的に人と環境と、その相互接触の場面を対象としてきた。個人の経験を詳細に理解するためには、常に「環境のなかの人（または状況のなかの人）」という視座が必須であり、インタビューや観察は、「環境のなかの人」が切り取られた場面であることを認識し

なければならない。そのため、調査者には、切り取られた一部のデータのみで個人の経験の詳細な理解につながったと考えずに、個人がどのような環境下でそのような経験をしたのか、どのような思いや考えに至ったのかなど、多角的視座が求められる。ソーシャルワーク実践における他者理解と同様に、自分と相手のものの見方はイコールでないことを自覚し、調査を実施しなければならない。

「環境のなかの人」というソーシャルワーク実践の視座は、質的調査においても重要なキーワードとなる。インタビューや観察の際には、人が環境から切り離されないように留意し、多様なデータを収集し、個人と環境との相互作用の詳細な理解、関係する他者との相互作用の詳細な理解を目指すことが求められる。このような多角的な視座、「環境のなかの人」の理解を念頭に置いたデータの取り扱いが、詳細な記述を成し遂げるために必要であり、調査の質を左右することになる。

さらに、詳細な記述がなされることで、「なぜ（why）」という問いかけができるようになる。質的調査は、データのパターンを見つけ出し、そのパターンによって調査対象に何が起こっているのかを記述し、なぜそうなるのかを説明することを目的としている。第3章で学んだように質的調査は帰納法的に調査を進め、十分に知られていない領域やテーマの記述、説明を目指す方法である。調査者は、調査の目的が、記述であるのか、説明であるのかを明確にし、数ある質的調査の方法から適切な方法を選択し調査を実施することが重要である。

2 質的調査のメリットとデメリット

これまで述べたように質的調査は調査対象の詳細な記述に対応できる。データ収集を長期にわたって実施することで調査対象の変化や、そのプロセスを明らかにし、また数種類のデータを重ね合わせることで、状況をより多角的に記述することも可能な調査方法である。

このような質的調査のメリットは、以下のようにまとめられる。

❶ 調査対象の行動や関係を深く理解すること

❷ 調査対象について、多角的、総合的に理解すること

❸ 時系列に沿ったデータの整理により、調査対象の変化、因果関係を理解すること

調査対象の詳細な記述を求めることは、対象が限られることにもなる。調査者は質的調査が不向きな多数を対象にした調査や、質的調査の限界も認識しておかなければならない。

以下は、質的調査のデメリットである。

① 調査対象が限定的であることから、結果も限定的なものになること
② 限定的な調査結果であり、そこから一般化することが難しいこと
③ 誰が実施しても同じ結果になるという再現可能性を担保することが難しいこと

調査者は、調査テーマを設定し、目的に沿った方法を選択する。その際、このような質的調査のメリットとデメリットを理解して調査を実施することが大切である。

2 質的調査の諸方法

第5節で概説する質的調査の分析方法は、以下の方法と形態である。ここではそれぞれの特徴を紹介しておく。

1 事例研究

事例研究は、一つまたは少数の事例について詳細に調べるもので、以下に紹介する方法はすべて事例研究ともいえる。事例研究は、研究のために実施されたり、特定事例のアセスメントとして、またソーシャルワーカーの教育や研修のツールとして使用されたりする。

2 ナラティヴアプローチ

「ナラティヴは通常、『語り』または『物語』と訳され、『語る』という行為と『語られたもの』という行為の産物の両方を同時に含意する用語[1]」であり、対象者の語りと、語られた内容が含まれる。このようなナラティヴは、調査に用いることも実践に用いることもでき、それらを総称したものがナラティヴアプローチである。調査のためのナラティヴはナラティヴリサーチとも呼ばれる。語りから構成されるライフストーリー、ライフヒストリーもナラティヴアプローチに含まれ、それらは調査のために用いることも可能である。

3 エスノグラフィー

エスノグラフィーは、もともと文化人類学や民族学分野における研究でフィールドワークを実施し、集めたデータを分析、解釈し、記述したものが源流である。この手法がソーシャルワークを含む社会科学に適用

されて、文化的背景を共有する集団の研究方法として発展してきた。エスノグラフィーが、報告書としての民族誌という意味をも含むため、調査方法としてはエスノグラフィック・リサーチとも呼ばれる。

4 TEM

TEM（trajectory equifinality model）は、複線径路・等至性モデルの通称であり、「個人の人生を時間と共に描くことを目標とする[2]」研究方法である。TEM では、「多くの人のデータをとって平均を出したり因子分析をしたりするのではなく——フィールドワークやインタビューのデータをもとに研究[3]」が進められる。ソーシャルワークは伝統的にプロセスが重要視されるため、時間やプロセスを扱う研究方法はなじみやすい。

5 グラウンデッドセオリーアプローチ

グラウンデッドセオリーは、グレーザー（Glaser, B.）とストラウス（Strauss, A.）が 1967 年に『グラウンデッド・セオリーの発見（*The Discovery of Grounded Theory : Strategies for Qualitative Research*）』（邦題『データ対話型理論の発見』）によって概説された方法である。セオリー（理論）という名称が方法に含まれており、グラウンデッドセオリーは理論構築を目的とした研究方法である。

6 アクション・リサーチ

アクション・リサーチは、広義には調査の結果を実践に還元するという意味があり、その方法は多様で、また量的調査、質的調査を問うものでもない。そのためアクション・リサーチは、調査方法というより、調査の形態を意味するものでもある。また、実践的な課題解決と当該領域での理論形成を同時に促進するものと捉えられ、参加型アクション・リサーチは、ソーシャルワーカーとクライエントの協力的関係のもとで進められる。

第 5 章 質的調査の方法

Active Learning
あなたの関心のあるテーマにふさわしい調査方法は「1 事例研究」～「5 グラウンデッドセオリーアプローチ」のうちどれか考えてみましょう。

◇引用文献
1）野口裕二『ナラティヴ・アプローチ』勁草書房，p.1, 2009.
2）サトウタツヤ『TEM ではじめる質的研究——時間とプロセスを扱う研究をめざして』誠信書房，
p.iii, 2009.
3）同上

◇参考文献
・Creswell, J.W. & Poth, C.N., *Qualitative Inquiry and Research Design：Choosing Among Five Approaches* 4thed., Sage Publishing, 2018.
・Glaser, B. & Strauss, A., *The Discovery of Grounded Theory：Strategies for qualitative Research*, Aldine, 1967.（後藤隆・大出春江・水野節夫訳『データ対話型理論の発見』新曜社，1996.）
・Marlow, C., *Research Method for Generalist Social Work* 3rded., Wadsworth/Tho, 2001.

第2節 質的調査のサンプリング

- 質的調査のサンプリングの特徴を理解する
- サンプリングの種類を理解する
- ソーシャルワークにおけるサンプリング戦略を理解する

1 質的調査におけるサンプリングの特徴

1 有意標本抽出

　ソーシャルワーク・リサーチにおける調査対象は、クライエントやソーシャルワーカーなどの個人から、家族・当事者グループ・福祉施設・相談機関などの複数の人で構成される集合体、さらに大きな単位として地域や市・県など多様な対象が調査対象となり得る。このなかで実際に調査を行う対象を選定していくプロセスがサンプリングである。

　質的調査では帰納法的に調査を進めながら、十分に知られていない領域やテーマを記述・説明することを目的とする探索的調査や記述的調査が主流である。そのため、質的調査におけるサンプリングは、調査者が研究目的に対して適切なデータが抽出できる調査対象を選出する有意標本抽出（purposive sampling）という手法がとられる。これは調査者が研究目的を定めた後、その目的を達成できると判断した調査対象の基準や条件を規定し、これに該当する調査対象を意図的に選出する方法である。

　質的調査を実施するソーシャルワーク・リサーチにおいても、有意標本抽出が採用されることが多い。この際、サンプリングの妥当性が調査の適正さに直結するため、調査者は調査目的に合致したサンプリングの妥当性を担保したうえでソーシャルワーク・リサーチを実施する必要がある。

2 継続的サンプリング

　探索的調査などを実施するソーシャルワーク・リサーチでは、調査者はまず、その領域の全体像をつかむことから始める。調査開始当初にサ

ンプリングした調査対象への調査を分析し全体像をつかむなかで、さらに調査目的に分析を近づけるために新たな調査対象が浮上することがある。これを継続的サンプリング（consecutive sampling）という。

　質的調査においては、十分に知られていない領域やテーマを記述・説明するために、調査対象を丁寧に描写する「厚い記述」が必要とされており、調査・分析と並行して調査対象を広げていく継続的サンプリングは多くの分析手法の調査デザインのなかで必須になっている。

■ 3 サンプルサイズ

　調査を実施するにあたり、調査対象の数についても決定する必要がある。この調査対象の数をサンプルサイズ（sample size）という。

　質的調査であるため、調査対象は少数となることが多いが、単独の調査対象に対して調査を行うのか、5～6の調査対象を扱うのか、10～20の調査対象を選定するのかを決定する。これは調査者がもつ調査目的や、どのような分析手法を用いて調査を進めていくのかという点と深く関連してくるため、調査者はサンプルサイズについてサンプリングと同時並行で妥当性をもって意図的に決定していく必要がある。

2　サンプリングの手法

　質的調査においては、調査者が研究目的に対して適切なデータが抽出できる調査対象を選出する有意標本抽出の手法がとられるが、調査者が特定の目的をもって意図的に選出するという意味で目的的サンプリングと呼ばれることもある。

　この目的的サンプリングでは、研究目的や分析手法に応じてさまざまな選出方法がある。たとえば典型例サンプリング（typical case sampling）と呼ばれる方法では、調査対象領域の特徴を平均的に体現している調査対象を選出し、その典型的な調査対象から得られたデータを分析していくことで、調査対象領域の特徴を描き出すことを目的とする。そのほかにも、調査対象領域のプラスの面にフォーカスをするため最も優れた行動を体現している調査対象を選出する（理想例サンプリング）、逆に調査対象領域のなかにいるものの、調査対象領域で典型例から一番異なる特徴をもつ例外的な対象を選出する（逸脱例サンプリング）などの手法がある。

この目的的サンプリングのなかでも、より多く使用されるのが**最大変異サンプリング**（maximum variation sampling）である。最大変異サンプリングとは、調査対象領域にいるさまざまな特徴をもつ調査対象のなかでも、多様性を最大化させるために、最も異なる属性をもつ複数の調査対象を恣意的に選出する方法である。サンプルサイズとも関連してくるが、少ない調査対象を扱う質的調査において、その個々の調査対象の特徴によって調査対象領域の特徴がゆがめられてしまう可能性がある。この個別性による調査結果の妥当性の低減を防止するために、特徴の異なりが大きいタイプの調査対象を複数選出することで、その偏りを平均化しながら調査対象領域の特徴を明らかにしようとするサンプリング手法である。

3 ソーシャルワーク・リサーチにおけるサンプリング戦略

ソーシャルワークは「人間：環境：時間：空間の交互作用[★]」を対象としており、それゆえに支援者・支援機関・支援対象も多面的かつ個別的な側面を併せ持つ。必然的にソーシャルワーク・リサーチの調査対象も多面的で個別的な状況に置かれていることになるため、調査対象のサンプリングの基準そのものが**包括的で継続的な形態**を帯びることになる。

たとえば共通する特徴を有するクライエントの集団の生活世界を明らかにする質的調査を実施する場合に、何人のクライエントに対して調査をすればその生活世界が明らかになるのかという一般的な答えはない。同様に、ある相談機関で実践されている有用なソーシャルワーク実践を理論化するための質的調査を実施する際に、ソーシャルワーカーに調査を行うのか、クライエントに調査を行うのか、双方に調査をするべきなのか、どのソーシャルワーカーあるいはどのクライエントに調査を行うのかなどについても、調査前の段階で確定的なサンプリングデザインを提示することは不可能であろう。このようなリサーチでは、それぞれのクライエント集団や相談機関の置かれている状況によってサンプリング戦略は変わり、その置かれている状況を知るために初期調査を実施するため、事前にサンプル戦略を決定づけることは困難なのである。

つまり、質的調査を実施するソーシャルワーク・リサーチにおけるサンプリング戦略は、調査者がもつ調査目的や分析手法はもちろんのこと、多面的で個別的な調査対象の置かれている状況にも大きく左右され

第5章 質的調査の方法

★「人間：環境：時間：空間の交互作用」
ソーシャルワークにおける人間観であり、人が周囲のさまざまな環境・その人のなかにある過去や未来などの時間・その人がいる場所や位置などの空間が一体となった交互作用のなかで存在しているという視座。

Active Learning
あなたの関心のあるテーマについて調査する際にどのようなサンプルを選ぶべきか考えてみましょう。

る。事前に完全なサンプリング戦略を立てるのではなく、調査や分析を実施し状況が明らかになっていくなかで、その状況を分析していきながら最適なサンプリングを繰り返し実施していくという、調査や分析がパッケージとなった柔軟なサンプリング戦略が必要となるのである。

　このように、質的調査を実施するソーシャルワーク・リサーチのサンプリングでは、包括的で継続的なサンプリング戦略が必要となるために、どの段階でどの基準により今回の調査対象が選定され、その段階でその調査対象を調べることが調査目的を明らかにするために適当であることを、調査者が継続的に明確な方針を立てながら明示する必要がある。

◇参考文献
・Creswell, J.W. & Poth, C.N., *Qualitative Inquiry and Research Design : Choosing Among Five Approaches 4th ed.*, Sage Publishing, 2018.
・Flick, U., *An Introduction to Qualitative Research, 6th ed.*, Sage Publications, 2018.
・北川清一・佐藤豊道編著『ソーシャルワークの研究方法──実践の科学化と理論化を目指して』相川書房，2010.
・大谷尚『質的研究の考え方』名古屋大学出版，2019.

第3節 質的調査のデータ収集法
観察法・面接法

学習のポイント

● 質的調査におけるデータ収集の方法を理解する
● それぞれの質的調査の特徴を理解する
● 調査目的・調査対象に応じて適切なデータ収集法を選択できるようになる

1 質的調査におけるデータ収集法の種類

　本節では質的調査におけるデータ収集の方法について紹介する。質的調査におけるデータ収集は主に、調査対象に対しての観察を通してデータを得る観察法、およびインタビューを通してデータを得る面接法の二つがある。

　さらに、観察法については大きく参与観察法、非参与観察法、そして統制的観察法がある。面接法については、これも大きく構造化面接法、半構造化面接法、自由面接法がある。

　実際に観察や面接をした際のデータに加え、アンケートにおける自由記述から得られたテキストデータや、すでに何らかの形で語りがまとめられている自分史、自叙伝、文学作品、エッセイ、作文など多様な資料も貴重なデータとなる。

　調査者が質的調査を通じて、何を明らかにしようとしているのか、あるいは実際のフィールドにおいて現実的に可能な調査方法として何ができるのかによって、調査方法を選択していくことになる。

2 観察法

1 参与観察法
❶参与観察法とは何か

　ソーシャルワーカーがクライエントの何らかの生活の困難に向き合うとき、そのことをよりよく理解するために、クライエントの生活の場に足を運び、そこにあるものをつぶさに観察して、ありのままを理解しよ

うとする。ソーシャルワーク・リサーチにおいても、調査対象となる人たちの生活の場で**フィールドワーク**を実施する。

　参与観察法とは、調査者が調査対象者となる人たちのフィールドに直接立ち入って、その人たちと直接かかわることを通して、フィールドで起きていることを間近で体験し、フィールドに流れる空気を感じ、交わされる言葉に耳を澄ませることで、フィールドに存在する人たちの経験世界に近づいていこうとするものである。フィールドにおいて、調査者は調査対象者に、調査者として認知されており、調査対象者との相互作用によって調査が進められていく。フィールドにおいて、人間関係を構築しながら情報を得ていく調査対象者を**インフォーマント**＊と呼ぶことがある。インフォーマントとの信頼関係の構築は、フィールドワークの成否にかかわる。

　視覚的に認知されたリアリティのある出来事を調査対象とするのはもちろんのこと、現場における人々との対話、質問、インタビューなどで得られた言語的データも分析の対象となる。そして、これらのデータは観察の記録とともにフィールドノーツに記録される。

　参与観察には、そのフィールドへのかかわり方の程度によって、いくつかの段階が考えられる。フィールドの活動には参加せず観察者として存在する「完全な観察者」の立場、フィールドに入るものの、主にはフィールドの観察を目的とする「参加者としての観察者」の立場、その逆に観察者の視点をもちながらフィールドに参加する「観察者としての参加者」の立場、そしてフィールドの活動にそこにいる人たちと同じように参加する「完全な参加者」の立場である。

　これらの立場は、調査者の調査の目的と実際、そのフィールドの特性によって決められる。たとえば、被災地等の過酷な現場の調査をするときに、調査者は「完全な参加者」としてそのフィールドに立つことは難しい。また、社会福祉調査のあり方として倫理的な視点からも考慮すべきである。

❷アクション・リサーチ

　参与観察法において、アクション・リサーチは実践と研究（調査）を二分するものではなく、調査者は問題・課題・テーマに対しての何らかの変化・改善を目指してフィールドに参画し、そこに存在する人たちとともに、まさにそこにあるテーマの解決に向けて取り組むことを志向する。アクションとは、実際に行動をともにしてという意味である。アクション・リサーチは必ずしも質的調査だけではなく、量的な調査も対象

★インフォーマント
調査対象者のことであるが、参与観察ではフィールドに参加し、そこに生活している人に深くかかわっていく。単なる調査対象にとどまらない関係性、協力者という意味がインフォーマントには含まれている。

になる。

アクション・リサーチの実践として、渥美公秀の『ボランティアの知：実践としてのボランティア研究』が参考になる。阪神・淡路大震災で自身が被災し、救援ボランティア活動と災害ボランティアに従事した経験を実践的にまとめた渥美は、アクション・リサーチにおいて現場と研究をつなぐ有力な経路としてボランティアを取り上げている。渥美は同書のなかで「研究者と当事者が協働で繰り広げる実践（協働的実践）」について「参与観察という方法を中心にして当事者と言説の交流を繰り返しながら、生成力のある理論を目指して、常に一歩抽象化して考えることが何より必要である[1]」と述べている。

一方で、研究者が当事者と言説の交流を重ねながら、現場における出来事を抽象化する作業を通じて理論化をしようとするとき、そこで抽象化された言説が当事者として了解可能で、腑に落ちるものを探し続ける姿勢が研究者には求められる。まさに、言説の照らし合わせを行う作業である。これらの営みを通じて、不断に理論の修正が図られ、そのプロセスをエスノグラフィーとして書き留めることが、アクション・リサーチの醍醐味といえる。

❸ 参与観察の姿勢

参与観察では、実際に調査対象となる現場に参加し、そこで生活を営む人、何かに取り組んでいる人とのかかわりが始まる。そこで生活を営む人たちは、当然、調査者の存在を意識する。調査者は調査する存在であると同時に、そこで生活する人から観察される存在でもある。多くの場合、調査者はそこに存在することにある種の違和感を覚えたり所在なさを感じたりする。それは、調査対象者にすれば調査者は「よそ者」であるからである。それでも、調査者は、そのフィールドで何が起きているのか、そこに存在する人々はさまざまな出来事をどのように意味づけようとしているのかを観察しようとする。しかし、そこにいる人に話しかけて、質問しても、対話が深まっていかないことも少なくない。

そんなときの調査者に求められる姿勢として、石井は「ならう姿勢[2]」を強調する。「ならう姿勢」とは、つまり、「調査者は、現場の人たちが繰り返す行為に触れ、その人たちが物事に込めてきた意味を一つひとつ学ぶことを重ねる。そこでのやり方をじっくり見させてもらうとき、相手の身体は、日ごろ扱いなれた物事に向かっている。調査者は物事に取り組むその姿を、わきから、あるいは斜め後ろから、じっくり眺めるという姿勢をとる。子どもが、身近な人のすることをじっと見ていて、あ

とから同じ行動をまねるといった場面と共通する構図と言えるだろう。…『ならう』には相手を手本にしてまねるという『倣う』と教えて受けて身につくという『習う』とが重なる」と説明している。

さらに石井は、「ならう姿勢」を積極的にフィールドで展開していくと、「現場の人と一緒に作業をし、同じものを食べて、相手の使う言葉をまねて身に着けようとする。こうした機会を重ねて現場の人たちと共にできるようになる」。これを「並ぶ関係」とし、「互いは分けて隔てられずに［ここ］にいる者どうしとしてふれあい、通じあおうとする。このとき調査者は相手の脇に座り、そこから見える世界を共に眺めようとする」と指摘している。参与観察者の姿勢として示唆の深い指摘である。

一方で、佐藤[3]は参与観察においてフィールドに入る場合、観察の対象となる人（インフォーマント）との関係の大切さ、ラポールのとり方の重要さを指摘しながら、一方で、参与、観察いずれかに偏らない「一歩距離を置いた関与」「客観性を失わないラポール」が必要であり、インフォーマントとの「オーバーラポール*」について警鐘を鳴らしている。

❹参与観察とエスノグラフィー

エスノグラフィー（ethnography：民族誌）とは、文化人類学、社会学の用語で、集団や社会の行動様式を参与観察によって調査し、記録する方法およびその記録にまとめられた文書のことをいう。エスノ（ethno-）は「民族」を、グラフィー（-graphy）は「記述」を意味する。ここでいう民族は、たとえば、日本民族といった大きなカテゴリーだけを指すのではなく、特定の領域・分野、地域などにおける共通の価値規範や行動様式、文化などを有する集合体を指している。近年はさまざまな分野において活用され、社会福祉の対象とされるフィールドにおいても、その活用が期待されている。

参与観察では前述したように「ならう姿勢」から「並ぶ関係」となっていくなかで調査対象者が調査者とともに見える世界を共有する営みが繰り返される。一方で、調査者は調査者の視点から、これらの観察を俯瞰的にみていく立場も求められる。いわば、フィールドに深く入り込んで体験する世界を見る視点と、そのことを冷静に分析する外部者の視点を併せ持つことが求められる。「関与しながらの観察」ともいえる。この姿勢を保つことは容易ではないが、この二つの視点をもつことがエスノグラフィーでは求められる。

参与観察について佐藤[4]は、広義の意味では、❶社会生活への参加、❷対象社会の生活の観測、❸社会生活に関する聞き取り、❹文書資料や文

★オーバーラポール
参与観察ではインフォーマントとのラポール形成ができることで、より深く対象者に入り込み、深みのある調査ができる一方で、インフォーマントとの関係が観察者としての範囲を越えてしまうときの観察者としての中立性、客観性を失わせてしまう危惧のことをいう。

物の収集と分析、❺出来事や物事に関する感想や意味づけについてのインタビューを指し、狭義には❶❷❸を中心とする調査活動を指すとしている。そして、「フィールドワーカーは、調査地において現地の社会生活に参加しながら（①）、メンバーと同じような立場でできごとをまさにそれが起こるその現場で観察し（②）、また、自分が直接観察できないできごと（過去に起こった事など）の事実関係に関しては他のメンバーが聞き取りによって情報を収集します（③）」としている。また、これらの姿勢は先の参与観察者の関与の姿勢として示した「完全な観察者」「参加者としての観察者」「観察者としての参加者」「完全な参加者」のうち、「観察者としての参加者」の立場に当たるとしている。

❺参与観察における記録

　参与観察においては「観察者としての参加者」の態度でフィールドに入り、そこで起きていることを、フィールド内の人たちとかかわることを通して、間近で体験し、空気を感じ、交わされる言葉に耳を澄ませ、その経験世界に近づいていこうとする。膨大な情報がそこにある。そこで体験したこと、見たこと、聞いたこと、感じたことは次々と観察者の前を通り過ぎていく。ここでの体験を記録としてとどめることをサポートするのがフィールドノーツ（fieldnotes）である。

　フィールドノーツとは、単に帳面、ノートではなく、フィールドで見聞きしたことのメモや記録などのすべての集積を指す。佐藤はフィールドノーツを「①出来事が起こっている最中に、メモ用紙、メモ帳、カードなどに書き込んだメモ　②①などをもとに一日（あるいは数日）の間の観察や考察をまとめ、清書した記録　③聞き書きの記録（インタビューの最中のメモ及び録音テープを起こした記録を含む）　④調査の最中につけた日記や日誌」としている。そして、フィールドノーツを書くときに注意することは「その日一日に起きた出来事をその順番通りに時間を追ってできるだけ網羅的に記録するということです」と述べている。

　フィールドに身を置き、体験するときに、観察者のフィルターを通して情報が選ばれていくことになる。これは避けられないことでもあるが、自分の関心分野だけで情報を選択していくようになっていくと、現場が調査者に教えようとすることのほんの一部だけしか調査者に伝わらなくなってくる。さらに、調査者のバイアスによって分類された資料が収集されていくことになる。時間を追って、網羅的に記録をつけることで、調査者の関心事項以外も記録にとどめられるだろう。このようにま

とめられていった資料は、いったんフィールドを離れたのちの分析やまとめの段階において、調査者に新たな視点を示すことにもつながっていく。記録をまとめる作業を通して、現場での体験の意味をあらためて発見し、考えるきっかけを与えることになるのである。

そして、観察者は長い時間をかけて体験したフィールドノーツをもって、そこで生活していた人々の経験世界を記述し、解釈しようとし、その意味世界をエスノグラフィーとしてまとめていくのである。

2 非参与観察法

❶非参与観察法とは何か

非参与観察法は、調査対象に直接関与することなく調査データを得る観察法である。

ワンウェイミラーやビデオカメラなどを使って、観察者と被観察者が完全に区分された環境のなかで行動を観察するような場面が想定される。観察者の関与が被観察者に影響を与えることを排除したいときに選択される方法である。また、地域に出て人々の行動を、五感を働かせて観察したりすることも非参与観察法である。また、人々が書き残したドキュメント（document：文書）記録を分析することであったり、映像を分析することであったりする場合もある。

参与観察法における「完全な観察者」と重なる点もあるが、非参与観察法では対象者のフィールドに参与するのではなく、あくまで観察者としての立場で観察することに特徴がある。

❷統制的観察法

統制的観察法は、事前に観察手続きを定めたうえで調査を実施する方法であり、観察調査票を用いて調査したデータを記入していく。調査データを数量化できる点に特徴がある。

記録する項目は、調査対象者の氏名、年齢などの基本属性にかかわるものがある。個人のプライバシーに配慮し、調査に必要な項目の厳選が必要であり、調査対象者の同意は不可欠となる。さらに、面接・観察の日時および場所など面接観察の調査条件の記載がある。

そして、調査の目的と計画に従い、統制的観察の対象にかかわる詳細な調査項目が準備される。ここで、調査対象や調査条件を統制（コントロール）したり、調査項目を統制するが、厳密に行えば行うほど一般社会での観察は困難となり、実験室等に近い環境となっていく。

たとえば、施設等においてケアワーカーが、利用者とのかかわり方を

Active Learning

あなたの関心のある領域で観察するには、どのような注意が必要か考えてみましょう。

あらかじめ定められた指標に従ってスコアリングしていく方法がある。ケアワーカーは利用者に対して、どのようなかかわりをしているのかを観察し、さまざまな介護の類型をあらかじめ決められたルールに従って記載したり、その時間を記載したりする。直接のコミュニケーションがとられた場面では、その対話の類型をルールに従って記載したり、その時間を記載したりすることもある。ケアワーカーの年齢を統制すれば、年齢によってのケアワークの特徴が観察できる。

また、児童相談所等でワンウェイミラー越しに母子に課題を課し、母子関係をアセスメントするような場面も統制的観察法に含まれる。

3 面接法

1 構造化面接法

構造化面接法（structured interview）とは、調査テーマに対して調査対象者の意識、態度に共通したものがあることを仮定して、それにかかわるデータを得ようとする面接法である。先行研究やプレ調査等によって仮説がある場合などに選択される。

構造化面接法では、調査に当たってシナリオ（面接調査票、インタビューガイド、スケジュール）が用意される。ほとんどの質問項目は、あらかじめ決められており、回答についても選択肢が用意されるため、回答の幅は限定される。

自記式の質問紙調査と異なり、調査者の質問に対する被調査者の回答を調査者が面接記録票に記載する。調査者が記録するため、記録の偏りや誤記入は少ない。

面接は調査者によってコントロールされており、質問の仕方、ペース、時間などが均一化される。

このように、構造化面接法は面接者と調査対象者の関係の相互作用は少なく、論点がずれることも少ないため、客観的で、信頼性の高い、必要な情報を得ることができる。得られた調査結果についても、量的データとして統計的な分析が可能である。

2 半構造化面接法

半構造化面接法（semi-structured interview）とは、構造化面接と非構造化面接の中間に位置する面接法である。ソーシャルワーク・リ

サーチにおいては、最も活用される面接法といってよい。

　半構造化面接でも構造化面接と同様に、ある程度のシナリオ（面接調査票、インタビューガイド、スケジュール）はあらかじめ用意されている。質問項目によっては、構造化面接と同様、選択肢を用意し、その回答結果を量的データとして分析することもできる。

　しかし、構造化面接が決められたシナリオから逸脱せずに淡々と質問をしていくのに対して、半構造化面接では定められた質問から始まるものの、調査者の関心に従って、調査対象者に質問したりすることもできる。質問も、オープン・クエスチョンによる自由回答を求めることも行う。調査者と調査対象者の相互作用も働くなかで回答を得ていくことになる。記録は、テキストデータとして得られる。

　半構造化面接法は、構造化面接と非構造化面接の両極の、いずれに近いかによってそのスタイル、自由度が定まっていく多様性のある面接法である。

▌3 自由面接法（非構造化面接）

　自由面接法（非構造化面接）（non-structured interview）は、構造化面接のようにシナリオは用意されていない。たとえば「○○について、お話しいただけますか」（リサーチ・クエスチョン）と言って、自由な語りを促していく。対話のイメージをあらかじめもっていたとしても、それにこだわらない。調査者は、調査対象者の自由な語りをさえぎらないように対話を進めていく。対話のなかで、そこに何があるのか、テーマを探索していくのである。

　構造化面接のように調査テーマに対して調査対象者の意識、態度に共通したものがあるということを仮定しているわけではなく、対話を通じて、何かを発見したり、仮説を探索することに適している。構造化面接に比べれば受動的で、非指示的な面接法である。

　自由面接法は参与観察、エスノグラフィーで用いられる面接法である。参与観察は、調査者がフィールドに入り、その人たちと直接かかわることを通して、調査対象者の生活を間近で体験し、空気を感じ、交わされる言葉に耳を澄ませ、その経験世界に近づいていこうとするものであった。そこで行われるインタビューはまさに、未知の探索であり、そこにある人々の営みの発見である。調査対象者の、自由な語りのなかに潜んでいるものへの探索なのである。

　自由面接法は、構造化面接のような客観的なデータを得ることはでき

ないし、それを目的ともしない。得られるデータも多くはテキストデータであり、自由な対話のなかにある豊かな主観的な世界、そこにあるその人にとっての真実を聞くことが目的となる。

その分、自由面接法では調査者の対話の力量が問われる。対話の深まりを通じて主観的世界を聞き出すことが求められるからである。

グラウンデッドセオリーアプローチなどの質的調査法は、調査対象者のなかにある領域密着理論の発見を目指す。そのためには、調査対象者に自由に語ってもらうことで、調査対象者から未知なる世界の探索のきっかけを教えてもらうことが必要なのであり、自由面接法（非構造化面接）が活用される。

◼️4 フォーカス・グループ・インタビュー

グループをターゲットにした面接法にはいくつかのタイプがある[6]。

まず、❶スモール・グループ・インタビュー（small group interview）は、小グループに所属する人たちに対してのインタビューによりグループのダイナミズムを明らかにしようとする。家族や、社会的グループが対象となる。

❷ブレインストーミング（brainstorming）は、質問があらかじめ用意されておらず、自由にあるテーマを話し合ってもらう。司会者も、あまり全体をコントロールせず、互いを批判しない関係のなかで独創的な発想を生み出してもらう。

❸ノミナル・グループ・インタビュー（nominal group interview）では、グループメンバーは直接顔を合わせることはなく、用意された質問に対して回答を寄せる。そして、寄せられた回答を調査者がまとめていく。グループの意見交換は調査者を通して行われる。グループ間のダイナミズムは制限されるが、メンバーの意見の独立性は担保される。

❹デルファイ・グループ・インタビュー（Delphi group interview）では、調査者は特定の専門職に対してあるテーマに係る専門的な知見を求めていく。専門職がそれに回答すると、さらに調査者は新たに質問を重ねていくという手法がとられる。グループ間の意見交換は調査者を通じて行われる。高度な議論が展開されるため、調査者もリサーチテーマに対しての専門的な知見が求められる。

そして、本項で取り上げる❺フォーカス・グループ・インタビュー（focus group interview）では調査者が調査したいテーマについて、調査者の仮説とそのことを探索するための質問をもってディスカッショ

ンをしてもらい、質的なデータを得ることを目的とする。調査対象は調査者の調査デザインに応じてメンバーが選ばれる。調査テーマから選ばれたメンバーは、テーマの深い探索を進めるため、そのテーマに関与している同質性がある人が望ましい。また、メンバーは互いを知らない者同士10名未満が望ましいとされるが、テーマの設定によっては同じ職場のグループ、同じ職種のメンバーなど顔見知りである場合もある。

　調査者は司会者（ファシリテーター）となり、リラックスした雰囲気のなかで自由に意見を言いあうことで、互いの意見に触発された深い意見を得ることができるように進行していく。面接は、ビデオに録画されたり、レコーダーで録音され、逐語化され質的分析がなされる。

　鈴木は、フォーカス・グループ・インタビューの利点について次のように述べている[7]。

① 　多くのインフォーマントに一堂に集まってもらい、多様な意見を収集できるため、ほかの面接法に比べて、面接実施から事実の発見までにかかる時間が短く効率的である。

② 　比較的安価にできる。

③ 　インフォーマント間の相互作用によって互いに刺激を与えあうことで、より豊富な情報が得られる。

④ 　インフォーマントを観察したり直接接触したりすることができることにより、人々がどのように考え、感じ、行動するのか、それはなぜなのかについてより正確で率直な情報を得ることができる。

⑤ 　単独でも用いることができ、しかも量的調査も含めた多様なデータ収集法と組み合わせた研究ができる。

⑥ 　定量的な調査では得られない広範囲にわたる豊かな情報を集めるため、探索的な調査に最も適している。

⑦ 　幅広い意見を収集するため、何らかの行動の理由を明らかにする調査にも役立つ。

⑧ 　インフォーマントの多様な意見のなかには、調査者が事前に予想もしなかったような、結果の解釈に役立つ貴重な情報が存在する。

▎5 インタビューガイド

❶インタビューガイドとは何か

　調査テーマが定まれば、その調査テーマにふさわしい調査方法が選択される。調査方法として面接法が選択されれば、構造化面接か、自由面接法（非構造化面接）か、あるいはその中間に位置する半構造化面接を

実施するのかが検討される。インタビューガイドとは面接調査を実施するにあたってのシナリオの準備ということである。

❷構造化面接および半構造化面接におけるインタビューガイド
作成の留意点

先述したとおり、構造化面接は先行研究やプレ調査によってある程度明らかにしたいテーマがある場合に選択される方法である。そして、調査テーマを探求するにあたってどのような質問が求められるのかを検討する。調査者の焦点が定まらず、網羅的な質問に終始すれば、期待されるデータは得られない。また、質問数にも限度がある、調査のために割くことができる時間と、それにふさわしい質問数の選択が求められる。

構造化面接では、回答の選択肢をあらかじめ用意する。自由回答を含める場合もあるが、あくまで補足的に行うものである。選択肢は、はい、いいえで答えてもらうもの、複数の質問から「択一式」で選んでもらうもの、「大いにそう思う」から「まったくそう思わない」を5段階あるいは4段階で選択してもらう「評定法」、選択肢を順位づけしてもらう「順位法」などがある。いずれの選択肢を用意するかは、調査者が何を明らかにしたいのか、あるいは得られたデータをどのように分析（統計的な処理）したいのかによって決まってくる。

したがって、構造化面接を採用する場合の多くは量的調査に基づくものとなる。ここで留意するのは、構造化面接に加えて、何らかの自由回答を求めるような場合、そこで得られたデータは質的なデータとして扱われるため半構造化面接とされる。自由回答の割合が高ければ、自由面接法に近づいていくことになる。

たとえば、調査の最後に「○○について自由に思うところを述べてください」と質問すれば、選択肢では表現できなかったデータを得ることにつながっていく。さらに、その回答に対して、調査者が関心をもった内容をさらに探索して質問を重ねていけば、自由面接法に近づいていくのである。どこまで自由回答の探索をしていくのかは、あらかじめインタビューガイドとして準備することが必要である。

❸自由面接法（非構造化面接）におけるインタビューガイド作成の
留意点

自由面接法（非構造化面接）では、構造化面接のような質問肢は用意

ソーシャルワーク実践における面接と調査における面接の相違について考えてみましょう。

---

i 調査設計はどのような統計的な分析を行うのかを想定しながらデザインされなければならない。クロス集計、検定にとどまるのか、多変量分析などを想定したものであるのかで調査設計は変わってくる。

されていない。調査対象者が自由に話ができるように対話を進めていく。構造化された面接ではないため、より面接者の対話のスキルが求められる。

　しかし、面接に臨むにあたっての最小限度の質問の準備は必要である。リサーチ・クエスチョン（research questions）は、調査者が何を知りたいのかについての質問である。そのことを調査対象者から語ってもらうための質問で、面接の核となる。調査者は調査対象者にオープンに質問していく。クローズドな質問によって、はい、いいえの答えを得るのではなく、調査対象者に自由に語ってもらう。質問を深めていくためには、あらかじめ用意した質問にこだわるのではなく、調査対象者の語りに沿って話を深めていく必要がある。調査者が調査対象者の言葉に何かを感じたときには、そのことを詳細に語ってもらう。調査対象者の言葉が理解できないときは、そのことを教えてもらう（追及質問）。また、面接の一定の区切りのなかで、それまでの面接を振り返って不足していた質問をすることもある（フォローアップ質問）。

　自由面接法（非構造化面接）では、どれだけ調査者が調査対象者に関心を示し、貪欲に「教えてもらう」のかによって、得られるデータの豊かさが左右される。

▌6 調査におけるコミュニケーションの技法

❶調査面接における対話の姿勢

　インタビューにおいては言語的なコミュニケーションに加え、非言語のコミュニケーションのあり方が大切になる。コミュニケーションの大半は非言語で行われているともいわれている。

　調査対象者から豊かな語りを得るためにも、コミュニケーションスキルをもっていることが大切である。構造化面接は面接の自由度は少ないが、面接対象者とのラポールの形成、言語、非言語のコミュニケーションのあり方が面接に与える影響は少なくない。ましてや、自由面接法ではラポール形成、言語、非言語のコミュニケーションのあり方によって、インタビューの深まりが決定的に変わってくる。調査者は、インタビューガイドとともに、調査対象者に対する敬意と感謝、そして最低限の対話のスキルを携えて面接に臨まなければならない。

　最初の出会いの場面においては笑顔で挨拶し、調査への協力について感謝を述べる。

　本題に入るための準備の対話（アイドリング）によってラポールを形

成し、調査対象者の表情が少し緩んだら、インタビューガイドに沿って、質問に移っていく。

　構造化面接では、比較的淡々と質問が進んでいくかもしれない。自由面接法、半構造化面接法ではよりラポール形成が大切となり、対話が構築されるなかで、リサーチテーマが深化していく。面接者は、調査対象者が語る言葉をあるがままに受けとめ、耳を傾けていく。傾聴はソーシャルワーカーの対話のあり方として強調されるところであるが、調査面接においても基本となる。相手の言葉をさえぎることなく受けとめていくことが大切である。

❷傾聴と積極的探索

　傾聴を進めていくためには、あなたの話を私は、真剣に、確かに、あるがままに聴いていますというふるまいが求められる。

❶　視線の合わせ方

　基本は、調査対象者と視線を合わせて話をするが、ずっと対面で視線を合わせ続けるのは、時に緊張を高めることにもなる。しかし、緊張する場面で視線をはずすのは、調査対象者に会話を否定的にとられたと思われる可能性もある。座る位置にほんの少し角度（10°〜20°くらい）をつけておくと、自然に視線をはずすことができるようになる。この角度は、面接者と調査対象者との緊張を緩和させる角度でもある。

❷　身体言語

　調査者のふるまいが、多くのメッセージを調査対象者に送る。腕を組んで、足を組み、いすに浅く腰かけ、背をいすにつければクローズドポジションとなり、コミュニケーションはとれなくなっていく。逆の姿勢をとればオープンポジションとなり、対話が進む。

❸　声の調子（ペーシング）

　声のトーン、スピードは基本的には相手に合わせる。相手があまりに早口であれば、調査者が早口からだんだんとペースを落とすことで、コミュニケーションのテンポを落ち着かせていく。呼吸のリズムを合わせることもラポール形成に役立つといわれる。

❹　言語的追跡

　言語的追跡とは調査対象者の話をきちんと聞き、文脈に沿って語りをきちんと追跡していくということである。長い面接では、調査対象者の言葉を調査者が見失ってしまうことがある。話の節目にそれまでの話を要約し、調査対象者の話を誤って理解していないか確認するこ

とが必要である。

❺　質問の仕方には開かれた質問（オープンクエスチョン）と閉ざされた質問（クローズドクエスチョン）がある。「はい、いいえ」で答えられる質問、あるいは構造化面接において用いられる、選択肢を使った質問は閉ざされた質問である。開かれた質問は、「そのことについて教えてください」「どんなふうに感じましたか」などのクライエントに自由に答えてもらう質問である。調査項目によって使い分けられるが、自由面接、半構造化面接では開かれた質問により、語りを促していくことが求められる。

❻　調査者は、調査対象者の言葉だけでなく、非言語によるコミュニケーションにも目を向けることが求められる。面接者の質問に対するクライエントの応答の言葉と表情・態度との間の矛盾点や変化に気づくことができる。クライエントとのコミュニケーションにおいて、今、ここで起きていることへの多くの手がかりを得ることができる。

❼　コミュニケーションを促すスキルとしては、話を聞いていることを相手に伝え、語りを進めるスキルがある。たとえば、「ええ」「そう」「それで…」「それから…」「もっと続けて話してください」「うーん」「そうですか」「なるほど」などである。また、調査対象者が話してくれたセンテンスの最後の言葉を繰り返すことも、対話を活性化させる。

❽　長時間の対話のなかで対話の方向性を考えるときには、話を要約することで、調査対象者の語りを、新たな一定のまとまりとして見直すこともできる。「今、お話を聞いていまして、私は…と理解しましたがこれでよろしいですか」「この間のお話は、こんなことだったと思いますが…」「今日お話をしたのはこんなことでしょうか…」などである。

以上が、傾聴を進めていくうえでのポイントである。調査は、調査対象者からいかに豊かな語りを得るかにかかっている。したがって、傾聴的態度によって多くの語りを得る一方で、調査者が調査したい項目については、対話のコンテキストを保持しながら、一歩踏み込んで質問することも大切である。また、対話の論点が調査項目からずれていると感じれば、軌道を修正することも必要である。

▎7 　逐語録

自由面接法（非構造化面接）、半構造化面接を通じて得られたデータは、フィールドノーツとして手元に残る。メモの整理、写真の整理、ビ

デオの整理などがある。録音ができたデータや、ビデオデータをテキストデータとして逐語化したものをトランスクリプト（transcript）という。このトランスクリプトが、質的分析の基本データとなっていく。

　膨大な記録をトランスクリプトとしていくことは容易ではないが、調査者が必要と思うところだけを逐語化するというのでは、調査者の恣意的な判断が入る可能性があり、逐語化されなかったところに大切なテーマが潜んでいる可能性がある。また、調査データを複数の調査者の視点でみることによって、この後の分析の信頼性を高めることにつながっていくことや、検証の再現性を考えれば、全文の逐語化を勧めたい。

　トランスクリプトは、インタビューを文字化するものである。録音や録画では、そこに調査対象者の機微が現れているが、それらの機微はテキストデータにすると見えづらくなるため、それらを何らかの記号やメモでデータに書き入れると、さらに深みのある分析につながっていく。

　トランスクリプトは、この後、調査データに応じた分析手法がとられる。データをコーディング[★]すれば、グラウンデッドセオリーアプローチ等による分析につながっていく。コーディングしない方法としては KJ 法が有名である。また、テキストマイニング[★]の方法もあるだろう。質的分析は、膨大なデータのなかにある共通性、パターン、分類を、何らかの方法によって要約したり圧縮したりすることで新しい知見、仮説を見出していくプロセスといえる。

　そのローデータ、すなわち丁寧にまとめられたトランスクリプトをもとに行う分析がまさに質的分析である。

★コーディング
p.191 参照。

★テキストマイニング
大量のテキストデータから、自然言語処理の手法によって重要なテキスト群を抽出、解析する分析手法の総称。大量のデータのなかに潜んでいる知見を発見することに役立つ。

第5章　質的調査の方法

◇**引用文献**
1）渥美公秀『ボランティアの知：実践としてのボランティア研究』大阪大学出版会，p.84, 2001.
2）石井宏典「5 参与観察とインタビュー」やまだようこ編『質的心理学の方法——語りをきく』新曜社，pp.75-79, 2007.
3）佐藤郁哉『フィールドワーク——書をもって街へ出よう』新曜社 p.132, 1992.
4）同上，p.145
5）同上，pp.180-185
6）鈴木淳子『調査的面接の技法』ナカニシヤ出版 pp.37-38, 2002.
7）同上，p.49

◇**参考文献**
・工藤保則・寺岡伸悟・宮垣元編『質的調査方法——都市・文化・メディアの感じ方 第2版』法律文化社，2016.
・佐藤郁哉『暴走族のエスノグラフィー——モードの反乱と文化の呪縛』新曜社，1984.
・佐藤郁哉『フィールドワーク——書をもって街へ出よう』新曜社，1992.
・福原眞知子監『マイクロカウンセリング技法』風間書房，2007.
・アレン・E. アイビイ，福原眞知子ほか訳『マイクロカウンセリング』川島書店，1985.
・有馬明恵『内容分析の方法』ナカニシヤ出版，2007.
・Flick,U., *An Introduction to Qualitative Research SecondEdition*, Sage Publishing, 1995.（小田博志ほか訳『質的研究入門』春秋社，2002.）

●**おすすめ**
・やまだようこ編『質的心理学の方法——語りをきく』新曜社，2007.
・鈴木淳子『調査的面接の技法』ナカニシヤ出版，2002.
・佐藤郁哉『フィールドワーク——書をもって街へ出よう』新曜社，1992.
・佐藤郁哉『暴走族のエスノグラフィー——モードの叛乱と文化の呪縛』新曜社，1984.

質的調査における記録の方法と留意点

第4節

学習のポイント

● 質的調査における記録方法を理解する
● ソーシャルワーク実践現場の資料の活用について理解する
● ICT を活用した資料収集の方法について理解する
● 調査により収集したデータの取り扱いについて理解する

1 観察や面接の記録方法

1 フィールドノーツ

　フィールドノーツ（field notes）は、主に参与観察で調査を行う際に用いられる記録方法である。

　参与観察にて、調査者はフィールドに直接入り込み、人々との交流やそこで生じる会話や出来事を見聞きし、フィールドで何が起きているのかを体感していく。この参与観察において、調査者はフィールドで体感されたものをデータに変換して分析をするために、体感されたものの記録としてのフィールドノーツを作成していく。

　フィールドノーツに記載する内容は、調査者が直接観察したもの、調査者が観察しながら感じたこと、観察したものを考察した結果などが書き込まれる。また、フィールドノーツの記載は、調査者が観察しているその場で書き込む方法と、フィールドを離れた場所で記載する方法があり、それぞれ長所と短所がある。

　フィールドノーツをその場で記載する方法の長所としては、フィールドで起きていることをそのまま記載できるため、非常に多くの情報を書きとめることができる点である。体感していることを逃さずに記載することで、フィールドの状況をより克明に記録することができる。一方で短所としては、調査者がフィールドノーツの記載に集中することで、調査対象とのコミュニケーションにある種のぎこちなさが生じることがある。コミュニケーションは一般的に相互の表情を見合い、その反応を見ながら進んでいくが、調査者がフィールドノーツを記載する間は相互に表情を見合うことが困難になるのである。また、フィールドノーツをそ

第5章　質的調査の方法

の場で記載する場合は、記載のスピードと集中力が要求されるため、観察がおろそかになったり、目の前で生じていることを書くのが精一杯で考察や分析などは記載できない可能性が高い。

　フィールドから離れた場所で記載する方法では、記載に集中することが可能となるため、丁寧で整理されたフィールドノーツを作成することができる利点がある。そのため、調査者が観察しながら感じたことや観察したものを考察した結果を丁寧に記載することが可能となる。短所としては、フィールドから離れた場所で書くことによって、調査者がフィールドで体感してから一定の時間が経過してしまうことが挙げられる。つまり、この際のフィールドノーツの記載は調査者の記憶が頼りになり、フィールドで体感されたものをすべて記憶することは困難であるため、データの正確性や多様性は薄れていくこととなる。

　このように、その場で記載する方法と離れた場所で記載する方法のそれぞれに長所と短所があるため、実際のフィールドノーツの作成においては両方の方法を組み合わせながら作成することが多い。その場で記載するフィールドノーツを簡易版として作成し、観察やコミュニケーションの妨げにならない程度に、大まかな流れや大事な部分のみ忘れないように記載をしていく。そして、フィールドを離れた段階で、その簡易版をもとに詳細な一日の流れや出来事・会話の内容、その場で調査者が感じていたこと、出来事や会話に対する調査者の考察などを別のフィールドノーツに清書をしていく。このように、フィールドノーツの役割を分けて作成することで、より具体的で詳細なフィールドノーツが作成できることとなる。

　この詳細なフィールドノーツを清書する際は、このフィールドノーツが後々に分析する際のデータとなるため、調査者が直接観察したもの、調査者が観察しながら感じたこと、観察したものを考察した結果をきちんと区別できる形で、色分けしたり記載する場所を変えたりと工夫して作成することが望まれる。例として、福祉施設にてフィールドワークを行った際のフィールドノーツを挙げる（**図 5-1**）。この例は、現場で作成したフィールドノーツをもとに、現場を離れた場所で清書をしながら調査者の感じたことや考察を含めて追記がされており、色によって区別がつきやすく工夫されたフィールドノーツである。

■2 インタビュー記録

　インタビュー記録（interview record）は、主に構造化面接法や半

図5-1　フィールドノーツの例

○月○日　A福祉施設の活動に一日参加

```
                                    主任    D  E  F
                                     A  ┌──────────┐
9：00　朝のミーティング                 │          │
A主任より本日の一日の業務内容の確認あり。  B  │          │
C職員より朝、家族より連絡を受けた利用者の状況の周知  C  │          │
                                        └──────────┘
あり。D職員やG職員より細かい状況の確認のための質問      G  H  I
```

あり。

全員の利用者の状況を丁寧に共有していた。それぞれの職員同士の連携もスムーズ

な印象。　　→職員全体で利用者のさまざまな情報を共有する姿勢が共有されている。どのように共

有しているのか。

9：30　利用者が施設に来所

職員が施設の入り口で利用者を出迎える。

職員は一人ひとりの利用者に「おはようございます」と元気に声かけ。

利用者の方たちもそれに対して元気に返事をしており、少し元気のない様子の利用者に対しては職

員が丁寧に「今日は調子悪いですか？」などと個別に声かけをしていた。

また、そのような利用者の様子に関しては、すぐに職員間で共有をされている様子があった。

朝の出迎えの際に、職員が利用者一人ひとりのことをよく観察している。その様子に合わせて、職

員は対応を柔軟に変えている。また、その場での情報共有もスムーズ。　　→職員はどのような点に

着目しながら観察をしているのか。

10：00　各作業室に分かれて作業開始

本日は箱詰めの作業を行う作業室に参加。

6名の利用者が作業を行い、2人の職員（E職員とH職員）で作業のサポートを行う。

利用者Jさんは落ち着かない様子で、なかなか作業に集中できず。

E職員が利用者Jさんに時おり声かけをして「無理しないように」と伝えている。

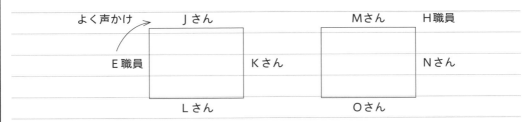

作業スペースはゆったりと空間がとられており、それぞれの利用者が落ち着いて作業ができる環

境。落ち着かないJさんは朝引き継ぎの際、昨晩母親と喧嘩になって不穏との引き継ぎがあった利

用者。E職員はその情報をもとに丁寧に声かけをしていた。

構造化面接法、自由面接法などの面接調査にて作成される記録である。インタビュー記録は筆記や録音データの逐語化などによって作成される。

インタビューの実施において、調査者と調査対象者の間では相互作用が発生し、この相互の人間的な交流もインタビューにおける重要な要素である。そのため、調査対象者の発言内容だけではなく、調査対象者の非言語的な情報（表情や語り口、目線や態度など）も、内容を分析するにあたって必要なデータとなる。そのため、調査者は調査対象者の非言語的な情報について、筆記にてその場で記録していく、もしくは調査者の記憶にとどめておき、調査後にあらためて記録を作成するなどの手法をとる。

Active Learning
友達や家族にインタビューを実施し、記録を作成してみましょう。

また、調査対象者の言語的な情報については、IC レコーダーなどを用いて録音を実施し記録する。このことにより、調査者の主観や記憶に左右されずに、調査対象者の発した言葉に関して正確で詳細なデータを残すことが可能となる。録音された音声データに関しては、トランスクリプト（transcript：文字変換）を行い、テキスト化していく。このトランスクリプトもさまざまな手法があり、どの手法でトランスクリプトするかは調査目的や分析手法とも大きくかかわってくる。たとえば会話の順番どりや会話自体の言語的なルールの明確化を目指す会話分析などでは、調査者と調査対象者の会話が重なった部分や、声の大きさ、唸り、沈黙などに関しても細かくテキスト化をしていく。一方で、会話という行為自体ではなく、会話の内容について分析を行う手法では、会話の詳細な状況を細かくテキスト化せずに、話された内容のみのテキスト化をしていくこととなる。一つの例として、グラウンデッドセオリーアプローチの分析手法を用いた際のテキスト化された面接記録をあげる（**図 5-2**）。このトランスクリプトでは、グラウンデッドセオリーアプローチが面接で調査対象者が話した内容についての分析を目的としているため、調査対象者が発した言葉のみがテキスト化されている。また、後に分析を実施する際に調査者が考察した内容を書き込める欄を左側に空白として残しながらテキスト化する工夫が行われている。

このように、インタビュー記録においても、その場での作成や調査者の記憶によって作成する非言語的情報の記録や、IC レコーダーなどにより録音しトランスクリプトすることでテキスト化する言語的情報の記録など、多角的な記録方法を実施する。

図5-2　面接記録の例

Ｉ：これまでのソーシャルワーカーとしての経験のなかでうまく支援できたと思う時を教えてください。

Ａ：同じケースでもいろいろな側面があって。うまくいった部分とうまくいかなかった部分がある。結局、元々の問題が大きすぎると、結果うまくいかなかったと思う部分もあるし、でも支援の過程で一緒に動くことができてうまくいったなっていう部分と、なんか裏表の感じっていうか。

結構困難なケースほど、そういう、最初のスタートは、やっぱり人間関係がうまく結べない人だから、やっぱりそこでここに頼るべきところはちゃんとしたここの相談窓口なんだよっていうのを、対応のなかで実感してもらうっていうのが一番大事で。支援が途切れちゃったり、連絡がとれなくなったりするときも、やっぱり最終的にここに相談に来たとかって言われると、うまく支援できたかなって。まずはそこで正しいところに相談できるっていうのを実感してもらうとかっていうのが、うまく支援できたかなって。

Ｉ：どのような場合に支援がうまくいかないと感じますか。

Ａ：やっぱりクライエントが多様化しているから難しいかな。感じ方や思いが違う。それをすべて相手に合わせて支援することがいいことではないというか、やっぱりこの社会で生きていくうえで。だから相談してきた時に、あなたも覚悟を決めて頑張りなさいっていうところだけど。ちょっと、なかには順応できない人がいて。順応できないってさ、今はやれていてもこの先大変になるだろうなって思うよね。

それと精神疾患を抱えている人とかはね。精神疾患を抱えている人は家族が犠牲になることが多いよね。だから、どう支援していくのがいいのかなって。メンタルの人にどう対応したらいいのかっていうのが方法論がみんな違うし。ないから。家族は取り込まれちゃうし。本人と一緒にいてどう家族に影響していくのかって。どう支援すべきなのか悩むよね。本当に精神疾患の人は難しいね。

Ｉ：ソーシャルワーカーとして支援をしていてクライエントとの関係性で留意している点をお話ししてください。

Ａ：もう優しくしてあげるだね。やっぱり関係を作るとこから。ちょっと「え？」って思っても、「え？」って言っても話は進まないみたいな。裏では「え？」って言っていても、「そっか…」みたいなね。ねぎらいね。あと福祉の知識の理解が苦手な人とか多いから、優しく優しく教えてあげて、苦手な分野を助けてあげることで支援につなげるみたいな。できないことをできないって言える人はいいんだけど。だから困っているところを見つけてあげて、そういうところから入りながら関係を作っていくっていうことじゃないかな。入口が大事。やっぱり印象がね。

2　実践の記録や会議資料等の活用

　質的調査を実施するソーシャルワーク・リサーチにおいては、ソーシャルワーク実践現場で調査者が調査を行って作成するフィールドノー

ツやインタビュー記録以外にも、すでに現場のソーシャルワーカーによって作成されているさまざまな記録についても、そのソーシャルワーク実践現場を理解や分析をするうえでの貴重なデータとなり得る。これらはドキュメントデータ（document data）と呼ばれ、前述のものに加えてソーシャルワーク機関において作成されるパンフレットや、ソーシャルワーク実践現場のソーシャルワーカーが記述した文献なども含まれる。

■1 ソーシャルワーク記録、会議資料・カンファレンス資料

ソーシャルワーク記録は、ソーシャルワーカーが自身の実践を可視化するとともに、クライエントの行動や反応を言語化しクライエントに対する実践を振り返るためのツールとして使用される。さらには、組織の管理機能やソーシャルワーカーのアカウンタビリティ[★]機能などにも使用されるため、ソーシャルワーク実践現場においては必ず作成されている。また、多様な視点による支援や多職種連携が求められている今日のソーシャルワークにおいては、会議やカンファレンスが頻回に実施されており、この際にも会議資料やカンファレンス資料が作成される。

ソーシャルワーク記録の書き方はさまざまであるが、主に時系列にインテークからアセスメント、プランニング、インターベンションに至るソーシャルワークのプロセスが詳細に記述され、支援を実施しているクライエントの日々の状況やそれに対するソーシャルワーカーの活動がわかるように書かれていることがほとんどである。例として、個別支援を実施しているソーシャルワークの実践記録を載せる（図5-3）。

このようなソーシャルワーク記録や会議資料・カンファレンス資料は、現場のソーシャルワーカーが実際どのような支援を行っているのか、どのようなクライエントを対象としているのか、ソーシャルワーカーは機関内や外部機関とどのように連携をしているのかなど、そのソーシャルワーク実践現場に関する多くの情報を有しており、質的調査を実施するソーシャルワーク・リサーチにおいて貴重なデータになり得る。

■2 支援計画書・事業計画書

ソーシャルワーク記録と同様に、プランニングの際に作成する支援計画書や、支援機関や支援施設がどのように事業を展開していくのかを記載した事業計画書なども、現在のソーシャルワーク実践においては作成が必須になっている。

★アカウンタビリティ
「説明責任」と訳される。近年、ソーシャルワーカーは専門職として、自らのクライエントに対する専門的な活動について、適切に外部に説明することが求められている。

図5-3　実践記録の例

（継続記録票）

日付・項目等	記　　事
○年○月○日	**Aさん宅家庭訪問　Aさん在** 　住宅街にある一軒家。2階建でガレージはあるが車はなし。庭木はあまり整理されていない。家の間取りは1階にリビング・台所・風呂などがあり、2階には居室が3部屋ある。居室内は乱雑に物が置かれ、台所のテーブルの上には郵送物が整理されないまま置かれている。また洗濯物もリビングにそのまま置かれている状態。ほこりも多くあまり掃除はされていない様子。台所にはあまり自炊した形跡はなく、お弁当の空箱が透明袋に多くある。 **【Aさんと話す】** 　Aさんはリビングでソファに座りTVを見ていた。担当より、所属と名前を伝えBさんから話を受け、見回りを兼ねて訪問したことを伝えると、「あぁそうですか」と受け入れてくれる。その場の会話は比較的スムーズだが、最近の話になると辻褄の合わないところや覚えていない様子がうかがえた。身なりはあまり気にしていない様子がうかがえ、不衛生感あり。 ・Aさんの話 　体調面での心配はなし。足腰も丈夫で、多少弱ってきた感はあるが、歩行も杖なしで歩けるとのこと。ただ妻が死亡してから意欲低下が顕著であることに関しては自覚あり。「最近は何もやる気が起きなくて」という発言あり。健康面ではこれまでほとんど病院に行ったことがなく、現在も「どこも悪くないんです。だから病院に行く必要はない」と言う。 　Aさんはかつてエンジニアとして長年勤務。50代からは責任者も務め、管理職の立場にあったとのこと。60歳の定年後もしばらく相談役として務め、現在もその時の職場仲間からたまに連絡がくると。65歳で完全に仕事から離れ、その後は妻と2人で旅行をしたり地域の活動に顔を出したりとのんびり暮らしていた。4年前に妻を亡くして、それまで家庭のことは任せっきりだったため、その後は一人暮らしとなり生活を維持することが大変であったと。2年前からBさんが同居するようになり、家事は協力しながらやっていると。 　今心配なこととしてはBさんのことが一番心配。2年前から同居しているが、いまだに仕事につかず何もしていない状況を憂慮している。まだ若いのだから仕事をすればいいのだが調子が悪いと言ってずっと家にいる。今は自分の年金で十分2人で暮らしていけるが自分に何かあったらどうするつもりなのか。早く仕事を見つけて、独立してほしいと思っている。 　もともと地方の出身で4人兄弟の第3子。上の2人の兄はすでに他界しており、1人だけ妹がいるが遠方であるため、年賀状のやりとりとたまに電話で話す程度。 　Aさん、過去の話は饒舌に話すものの、直近の生活ぶりに関してはきちんと回答できず。担当より「今後も何かあれば相談に乗っていきたい」と伝え、Aさん了承。 P.

支援計画書は、ソーシャルワーカーとクライエントの契約書の意味合いもあり、双方がクライエントの生活課題に対してどのような理解をしたのか、クライエントの今後の生活についてどのような見通しをもっているのか、生活課題の解決に向けてどのようなアプローチを選択したのかなどが詳細に記載されている（**図 5-4**）。

　また、事業計画書は、社会福祉にかかわる組織として支援機関や支援施設がどのような理念をもち、どのような社会的課題を把握し、その社会的課題に対してどのような事業を展開していくのかが、支援機関や支援施設全体、また関係する機関などの総意によって作成されている。

　こうした支援計画書や事業計画書に関しても、質的調査を実施するソーシャルワーク・リサーチにおいて、ソーシャルワーク実践現場で何が起きているのか、どのような相互作用が発生しているのかなどを分析するためのデータとして活用することができる。

3　資料収集における ICT の活用

1　インターネットを使用した資料収集

Active Learning

あなたの関心のあるテーマについてデータベースを使って資料を収集してみましょう。

　質的調査を実施するソーシャルワーク・リサーチにおいては、これまでに蓄積されてきたさまざまな統計調査や研究等も、分析を実施する際に有効なデータになる。

　これまでの研究についての図書や学術論文、一般誌、紀要などの検索に関しては、さまざまなデータベースが整備されている。総合的なデータベースとしては、国立国会図書館リサーチ（https://iss.ndl.go.jp/）がある。学術論文、図書、紀要に特化したデータベースとしては、Cinii（サイニィ）が挙げられ、Cinii は Cinii Articles（https://ci.nii.ac.jp/）と Cinii Books（https://ci.nii.ac.jp/books/）によって構成されている。

　また、統計調査に関しては、代表的なものとして総務省統計局ホームページ（https://www.stat.go.jp/）がある。ここには国勢統計や家計調査等に関する結果が掲載されている。また、社会福祉に関する統計調査として厚生労働省が実施している統計調査があり、これは厚生労働省のホームページにて公開されている（https://www.mhlw.go.jp/）。そのほかにも各自治体で実施している統計調査などに関しては、各自治体のホームページで公表されていることが多い。

図5-4　支援計画書の例

サービス等利用計画案

氏名	Cさん			担当者氏名	久保田　純
計画案作成日		モニタリング期間		利用者同意署名欄	

利用者およびその家族の生活に対する意向（希望する生活）	【Cさん】できるだけ早く仕事を見つけて生活保護から抜けたい 　　　　　　息子にはきちんと学校に行ってほしい 【長男】今はそっとしておいてほしい

総合的な援助の方針	
長期目標	長男が精神的に安定した生活を送り、Cさんともよりよい関係を結びながら、本人にとって望ましい将来に向かって努力ができている。 Cさんが経済的にも精神的にも安定した生活を送り、長男との関係も良好ななかで、本人の望む就労に結びついている。
中期目標（1年後）	長男自身が選択した高校に進学しており、Cさんとの関係も改善傾向を見せる。 Cさんが長男の課題と向きあいながら、自身の就労についても具体的な検討を始めている。

短期目標（3か月後）

優先順位	解決すべき課題（本人のニーズ）	支援目標	具体的な支援内容 種類・内容・量 （頻度・時間）	課題解決のための本人の役割	その他留意事項
1	長男の精神的不安定	①長男との関係構築をする ②長男の精神的な問題の明確化 ③長男の居場所について模索する	①訪問による長男との面接（月1回） ②長男の意向を確認しながら小児精神科への受診を検討 ③中学校との連携およびフリースクールなどの情報収集	Cさんは長男に対して登校を強制しないよう努める	
2	Cさんの精神的不安定	①生活保護受給による精神的な安定を目指す ②長男の精神的な問題の理解を進める ③Cさん自身の精神状態の確認	①保護費支給の際内訳などの説明（月1回） ②長男との面接内容の報告および小児精神科への受診動向を促す ③学校やフリースクールの情報提供	問題解決に対して焦らないように努める	
3	長男とCさんの関係性	①これまでの家族の歴史についての双方の思いを共有する ②それぞれの思いを共有したうえでの関係の再構築を目指す	①それぞれとの面接の際に話した内容を伝聞する ②同席した面接場面を設定し、それぞれの思いを共有しながら媒介する	互いに感情的にならないように配慮する	
4	長男の今後の進路	①長男に進路の希望を確認し、希望があるようであれば進学に向けた支援を行う ②生活リズムが立て直せるような居場所作り	①長男の気持ちを確認して、情報を収集する ②中学校と情報共有しながら、居場所を探していく	Cさんは長男に対して無理強いしないように気をつける	

2 アーカイブ・データ

前述のような多様な研究や統計調査結果についてのインターネット上の公開に加えて、近年ではさらなるインターネット環境の進歩に伴い、研究や統計調査のもとになった一次的なデータ★のインターネット上での保存や公開などについても進んでいる。このようなインターネット上で公開された一次的なデータのことをアーカイブ・データ（archive data）と呼ぶ。このようなアーカイブ・データの公開は、すべてのデータを社会の財産と位置づけており、一次的データをもとに、ほかの研究者が二次分析をすることが可能となる利点がある。このようなアーカイブ・データに関しても、質的調査を実施するソーシャルワーク・リサーチにおける有効なデータとして活用することが可能である。

ただし、質的調査に関するデータは、より多様な形態のドキュメントを含み、データの管理に莫大な手間がかかることや、個人情報が多く公開になじまない点もあるため、アーカイブ・データの活用は量的調査が中心であり、質的調査のアーカイブ・データに関しては整備が進んでいない現状がある。

しかし、データの公共性という理念をもつアーカイブ化の方向性は強化されつつあり、今後、質的調査のアーカイブ・データに関しても、明確なアーカイブ・ルールの確立とアーカイブ・システムの設立により進められると考えられている。将来的には質的調査を実施するソーシャルワーク・リサーチの一次的データも、二次分析が可能になるようにアーカイブ化が整備されていくであろう。

4 データ保管における留意事項

これまで述べてきたとおり、質的調査を実施するソーシャルワーク・リサーチにおいては、フィールドノーツ、インタビュー記録、音声データ、映像データ、テキストデータなど多様な記録方法によってデータを蓄積していく。ソーシャルワークは個々のクライエントの生活にフォーカスをして支援していく領域であることから、質的調査を実施するソーシャルワーク・リサーチで収集するデータは個人情報が多く含まれ、その多くはクライエントのプライバシーを侵害するおそれのあるデータとなる。そのため、データの管理は厳重に行う必要がある。

個人情報を含んだフィールドノーツやインタビュー記録は個人を特定

★一次的なデータ
調査によって得られた直接のデータのことを指す。通常研究発表などでは、この一次的なデータは公表されず、統計処理されたデータや分析結果のみが提示される。

できる情報（名前・住所など）は削除したうえで保管しなければならない。また、不特定多数に開示されることのないように、施錠可能な引き出しや棚に収納することが必要とされる。

　また、音声データやテキストデータなどは PC 上で管理することとなるが、この際もデータ内の個人情報はなるべく削除したうえで、ファイルに暗号化やロック機能などのセキュリティ対策を施す必要がある。また、その PC がインターネット接続されている場合は、スパイウエアやウイルス対策を十分に実施するとともに、このようなデータをデータ処理のためにプリントアウトした際には必要がなくなった時点で破棄するなどの処置が必要となる。

◇参考文献
・Creswell, J.W. & Poth, C.N., *Qualitative Inquiry and Research Design : Choosing Among Five Approaches 4th ed.*, Sage Publishing, 2018.
・Flick, U., *An Introduction to Qualitative Research, 6th ed.*, Sage Publishing, 2018.
・北川清一・佐藤豊道編著『ソーシャルワークの研究方法──実践の科学化と理論化を目指して』相川書房，2010.
・大谷尚『質的研究の考え方』名古屋大学出版，2019.

質的調査のデータの分析方法

- 質的研究における各種の分析方法を理解する
- ソーシャルワーク調査と各種の分析方法との関連性を理解する
- ソーシャルワークにおいての具体的な分析方法を理解する

1 事例研究

1 事例研究の概要

　事例研究（case study）は、古くから医学、看護学、心理学、社会学、法学、経営学などの幅広い分野において使われている分析方法であり、主に実践的な領域で多く用いられている。この事例研究を基礎として、多くの質的調査の手法が生み出された。

　事例研究では、分析対象を個人や家族、グループ、組織、地域、施策・プログラムといった一つ（あるいは少数）の社会単位とする。単独（あるいは少数）の社会単位を詳細に分析し、置かれている状況や取り巻く社会的構造・プロセスなどを明らかにすることにより、単独（あるいは少数）の事象から一般的な法則を導き出すことを目的としている。

　事例研究の特徴は、分析対象が単独あるいは少数であるということ、その単独あるいは少数の事例を時間的経過も含めながら丁寧かつ具体的に分析をすること、分析に際して使用するデータがインタビューやフィールドノーツ、既存の記録など多種多様であることなどが挙げられる。このことにより、事例研究は現実に起きている事象をさまざまな要因との関連性から明らかにできること、限定的な事象についても対象とできることなどが長所として挙げられる。その一方で、分析対象が少ないことによって一般的な法則になりにくい点や、分析が調査者の視点に左右されやすい点などが短所となる。

2 事例研究の方法

　事例研究におけるリサーチ設計では、まず研究問題を明らかにする必要がある。事例研究は事象に対する「どのように」「なぜ」などの問題

を明らかにすることに適しているため、調査者はこのことを踏まえて研究問題を設定する。次に、分析単位を設定する。個人なのか、グループなのかなど、研究問題と関連させながら分析単位を決める。さらに、収集したデータをどのように分析するのかの基準を設定する。サンプリングとも関連してくるが、研究問題に対する典型的な事例を抽出し分析するのか、例外的な事例を抽出し分析するのかなど、データと研究問題を結びつける基準を決定する。

リサーチ設計の次に、実際のデータ収集を行う。分析対象に対しての面接や直接観察・参与観察の実施や、分析対象に関連する文書・資料の収集など、分析対象の全体性が把握できるデータの収集を行う。

そして、収集したデータの分析を実施する。この際、必要となるのは、収集したデータを分析対象の全体像がわかるようにストーリー化することと、その全体像と研究問題の関連性を明らかにすることである。具体的には、時系列に分析対象の変化を明らかにし、その変化の原因を分析したり、研究問題において予測されたパターンとデータが示すパターンを比較する分析などを実施したりすることで、研究問題に対する新たな仮説を生成していく。

3 ソーシャルワークにおける事例研究

ソーシャルワークはすべての人々のよりよい生活の構築を目指しており、社会的なマイノリティも含めたクライエント一人ひとりの個別性を重視する実践である。また、ソーシャルワークは実践科学であることから「理論」と「実践」の融合が求められ、日々ソーシャルワーカーがクライエントと向きあい紡いでいる一人ひとりのソーシャルワーカーの「実践知★」の抽出が重要となるが、この「実践知」も個別性が強いものとなる。

このように、人々の個別的な状況を重要視するソーシャルワークにおいては、事例研究は欠かすことのできないものである。具体的には、特定のクライエントの社会的に置かれた状況を明らかにする分析や、クライエントに対するソーシャルワーカーの個別の支援の検証、クライエントとソーシャルワーカーとの関係性の考察、特定の施策や支援プログラムの有効性を明らかにする調査などにおいて、これまでも数多くの事例研究が行われてきた。

ただし、事例研究の短所で記述したとおり、個別の事例から社会全体に波及するような傾向や法則を導き出すことは困難が伴う。この困難の

★**実践知**
ソーシャルワーカーは実践を行い経験を重ねることによって、その個別性に対応するための知識を身につけている。このような知識を「実践知」と呼び、演繹的に理論化されたソーシャルワーク理論とは異なる側面をもっている。

167

克服に向けて、ソーシャルワークにおける事例研究では、比較可能な数多くの事例研究を蓄積することや、量的調査やほかの質的研究の手法と組み合わせながら、一般性や法則性を構築していくことが求められている。

2 ナラティヴアプローチ

1 ナラティヴアプローチの登場

❶医学モデルから生活モデルに

　ソーシャルワークの専門性を確立するためには、科学としての社会福祉実践の体系が必要であった。そのため、ソーシャルワークは、実証科学とされる心理学等に科学的根拠を求めた歴史がある。ソーシャルワークの伝統的理論とされる心理社会的アプローチはフロイト（Freud, S.）の「精神分析理論」を、機能的アプローチはランク（Rank, O.）の「意志心理学」を基礎理論とした。

　そこでは、問題とされることにはその原因があり、問題解決にはその原因を取り除くことが必要であるとの因果論的考え方により、客体化されたクライエントの病理に注目するようになっていった。

　しかし、ソーシャルワーカーは治療者ではない。クライエントを一人の人として尊重し、その人を全人格的に理解し、関与することによって、クライエント自身の潜在的力が賦活され、よりよい生活が営まれることを支援することにソーシャルワークの価値がある。そして、このような、クライエントを客体化し、部分としての病理、欠陥に注目し、それを取り除く医学モデルに対しての批判から生まれてきたのが生活モデルであった。

　生活モデルは、生態学や一般システム理論などが理論的背景にある。生活モデルでは、人と環境における交互作用において問題が生じると理解し、交互作用が生じている接触面（interface）に関与の焦点を合わせていった。ソーシャルワーカーは、クライエントの成長と発達を促進するとともに、接触面にある環境も改善し、適切な交互作用を生み出すように介入し、「適応」を促した。

　医学モデルがクライエントの病理、欠陥に注目し、その除去をソーシャルワークの目的としたのに対して、生活モデルは、人と環境における交互作用に注目し、そこにおける「適応」を支援するため、ストレン

グスに注目した。どんな困難な状況に置かれている人でも、その人の強みを見つけ、それを広げ、よりよい生活につなげていくことを志した。そして、ストレングスへの注目は、エンパワメントアプローチにつながっていった。ソーシャルワークのプロセスは、クライエントが困難な状況を自らが解決していけるようにストレングスに注目し、クライエント自身が自らの力でエンパワメントできるようにかかわっていくことなのである。これらのソーシャルワークはジェネラリスト・ソーシャルワークとして体系化がなされていった。

❷ポストモダン、社会構成主義、ナラティヴアプローチ

　さらに、1980 年代になると、ポストモダンという思想的な潮流が生まれ、これまでの科学的実証主義への批判が高まっていった。そして、かつてソーシャルワークが心理学等に求めてきた実証主義的メタ理論に対して、新たな科学的なパラダイムとしての理論が求められるようになった。そこで登場したのが、社会構成主義という考え方であった。

　社会構成主義においては、客観的な真実とされるものは、社会的に構築されているものであるとの考え方に立ち、クライエントの主観的な意味世界を理解することが求められるようになっていった。これらは、生活モデルが生態学や一般システム理論などに理論的背景を求めたのとは異なり、社会構成主義を理論的背景としてクライエントの「ライフ」における主観的な世界を理解しようとした。そして、これらの潮流は「ナラティヴアプローチ」として発展していくことになった。

■2 ナラティヴアプローチとは何か

❶ナラティヴアプローチの背景にある社会構成主義

　「ナラティヴアプローチ」の背景には、「社会構成主義」という考え方がある。「社会構成主義」では、真実とされるものは人と人の対話によって作られた言説によって社会的に構築されたものであると考える。

　たとえば、社会福祉実践においてソーシャルワーカーが「あの家族は○○の問題がある」としたとき、それは真実といえるであろうか。社会構成主義では真実は一つではないと考える。問題とされることが人と人の対話によって社会的に構築されるものであるならば、問題とされる家族も、その家族をめぐる言説によって社会的に構築されたものであると考えるのである。異なる言説によって、「あの家族」が社会的に構築されるのであれば、また違う家族の姿が生まれてくる。私たちがソーシャルワークのなかで出会う人々の、「その問題」はまさに、さまざまな言

Active Learning

ナラティヴアプローチの研究をデータベースで探して読んでみましょう。

説によって社会的に構築されたものなのである。クライエントは社会的に構築された「物語」のなかを生きているのである。

　もっといえば、私たちソーシャルワーカーも「物語」のなかを生きている。ソーシャルワーカーとしての言説が、「私は、○○なソーシャルワーカーである」という、「物語」を創り出している。そして、その「物語」のなかを私たちは生きているのである。

　1980年頃から、学際的な動向として社会構成主義を背景とした「物語」に注目と関心が高まり、これを「物語論的転回（narrative turn）」と呼ぶこともある。

❷ナラティヴとは何か

　野口によれば「ナラティヴという言葉には、『物語』と『語り』という二つの意味が含まれている。この二つの意味を含む適切な日本語がないために、『ナラティヴ』という外来語がそのまま用いられている。『物語』は二つ以上の出来事を時間軸上に配列したものを指し、『語り』はそれが実際に語られたものを指す。患者の語ったことすべてが『ナラティヴ』なのではなく、それらのうち二つ以上の出来事をつないだものが『ナラティヴ』である。したがって、ある時点での感情や意見を表明した言葉はそれだけでは『ナラティヴ』とは呼べない。それが具体的な出来事の展開とセットで語られるとき『ナラティヴ』と呼ぶことができる[1]」としている。

　時間軸のなかで二つ以上の出来事を配置するというのは、たとえば、児童養護施設で生活を経験した子どもが大人になった時、原家族のなかで虐待を受けたという出来事と児童養護施設のなかで生活したという体験を重ね、どのような歴史として「語り」がなされるのか、ということである。そこには、そこで生きた人々の主観的世界におけるさまざまな真実がある。

　自己が体験してきた虐待という事実を、児童養護施設での生活と重ねたときの語りが、「家庭でも虐待を受け、施設で寂しい生活を送った。私にとって自分の人生は、不幸の連続であった。未来の自分に何ら期待などできない」とする語りも真実である。また、同じような体験をしてきた子どもが「家庭で虐待を受けて児童養護施設に来た。自分のことを大切にできなかったけれど、施設の職員は、自分のことを信頼し、かけがえのない存在なんだと話してくれた。最初は、信頼できなくて反発していたけれど、こんな大人もいるんだと思った。自分が大切にされていると感じた。少し、未来の目標に向かって頑張ってみようと思った」と

の語りもある。どのように物語が生まれるのかは、時間軸にある二つ以上の出来事をどう語るのかによる。

ソーシャルワークにおけるナラティヴとは、クライエントが体験したことをソーシャルワーカーとの対話（語り）によって（新たに）物語として構築していくことである。

3 ナラティヴとしてのライフストーリー

❶口述史、ライフヒストリー、ライフストーリー

ソーシャルワーカーはクライエントのライフ（life）にかかわる。ライフとは、人生、生活、生き様などきわめて多義的な意味をもつ言葉である。人生のさまざまな局面においてソーシャルワーカーはクライエントと出会う。とりわけ、ソーシャルワークはクライエントの何らかの困難にかかわる場面において出会い、そこに対話が生まれる。

ひきこもり、不登校・高校中退、高齢化、核家族化などによる孤立、子どもの貧困の連鎖、傷病・障害、精神疾患等による社会的入院、介護、依存症、DV、虐待、多重債務、ホームレス、社会的きずなの希薄など、ソーシャルワーカーはさまざまな生活の困難を抱えた人たちと出会い、そこで、対話していく。

これまでのソーシャルワーク実践においても、対話を考察していく方法として、いくつかの実践があった。

まず、「口述史」と呼ばれるものがある。口述史とは「オーラルヒストリー（oral history）」とも呼ばれる。オーラルヒストリーは対話によるインタビューをそのまま記録することで、自分が生きた歴史を回想するものである。

次に「ライフヒストリー（life history）」である。ライフヒストリーとは、オーラルヒストリーの対話によって得られた逐語記録をもとに、その個人を語る日記や、手紙を加え、さらには、その人が生きた時代の地域の歴史的資料等も加えた「個人的生活の過去から現在までのライフサイクルを基盤として語られる社会的存在として生きる個人の人生物語」である。

そして、「ライフストーリー」とは、語られた個人の物語を理解しようとするものである。対話において、人として生きてきた歴史をどのように意味づけているのかを、その人しか語れない主観的な意味世界を教えてもらうことである。

❷ライフストーリーとは何か

　「口述史」「ライフヒストリー」は、語りの記録と呼べるものであるの
に対して、「ライフストーリー」は、そこで語られたことの、主観的な
意味世界を聴くという点において、まさに、ナラティヴといえる。「ラ
イフストーリー」は社会福祉実践においては、ナラティヴアプローチと
いう枠組み、あるいはその背景にある社会構成主義を意識する以前か
ら、取り組まれてきたものである。

　社会福祉実践におけるクライエントは、実に多様な生活の困難に直面
していることから、その人を「個別化」して理解することが行われてき
た。「個別化」は、その人にしか存在しない物語を聴くことになり、そ
の主観的世界を理解しようとしてきたといえよう。里親、児童養護施設
等に措置された子どもが、これまでの生い立ちを整理する（意味づけて
いく）「ライフストーリーワーク★」が取り組まれているのも、「個別化」
された一人の人を理解しようとする現れといえる。社会福祉実践におい
て、ナラティヴアプローチは、これまでの社会福祉実践の系譜に重なる
ものといえるのではないか。

　さらに、結城[2]はナラティヴを口述史研究、生活史研究、ライフストー
リー研究の全体を統合する概念として説明している。そして、社会福祉
実践におけるナラティヴの可能性を「人は、誰かに自分を語ることを通
して、自分の『生（ライフ）：人生』の意味を見出し、そして、自分自
身を変革し、世代を超えて他者との関係に自己の意味を再発見していく
ことでエンパワー（empower＝自分の何らかの可能性・権利性の獲得）
がなされ、さらには『事故、事件、災害等の予想しない出来事（困難・
障壁：バリア）』に直面した場合にも、リジリエンス（resilience＝逆
境力、元気を回復する力）を起動する意味付け作業が可能となるのであ
る」とし、社会福祉実践におけるナラティヴアプローチの可能性に言及
している。

4 実践としてのナラティヴアプローチ

❶ナラティヴアプローチの潮流

　これまでナラティヴアプローチは主な流れとしては家族療法★の分野で
発展してきた。ソーシャルワークが医学モデルから、ライフモデル、ナ
ラティヴモデルと進展しているように、家族療法においても、システム
ズアプローチからナラティヴアプローチにつながる歴史がある。しか
し、家族療法にナラティヴとシステムズアプローチが併存しているよう

に、ソーシャルワークにおいても、ライフモデル、ジェネラリスト・ソーシャルワークとナラティヴモデルは併存しており、よく似た様相を呈している。

　家族療法分野におけるナラティヴアプローチには、代表的な三つの実践がある。一つは、ホワイト（White, M.）とエプストン（Epston, D.）の「外在化」、二つ目はグーリシャン（Goolisian, H.）とアンダーソン（Anderson, H.）の「無知の姿勢」、三つ目はアンデルセン（Andersen, T.）の「リフレクティングチーム」である。

　「外在化」は、問題とされることをクライエントから切り離し、たとえば、子どもにかっとなって手をあげてしまうお母さんのなかにある「イライラ虫」として外在化し、イライラ虫はお母さんにどんな影響を与えるのか対話していく（影響相対化質問）ことで、これまでになかった「ユニークな結果」を探していく。そして、この「ユニークな結果」を手掛かりに新しいナラティヴを探していくのである。

　「無知の姿勢」とは、面接者はクライエントに対して何もわからない、わからないから教えてほしいという態度で対話をしていくことをいう。専門家との対話という枠組みが、語りを制限してしまうと考え、「無知の姿勢」をとることで、いまだ語られなかったナラティヴを引き出そうとするのである。

　「リフレクティングチーム」とは、家族療法のなかで行われている面接室での面接と、それを観察しているチームの関係を逆転させてしまうものである。たとえば、それまで、面接室の対話をマジックミラー越しで観察者が見ていたとしたら、今度は、観察室に電気が灯り、面接室が暗くなることで、クライエントが観察室の対話を見聞きすることができるようにするのである。これまでに聞いたこともないような対話はいまだ語られないナラティヴを生み出していくことになるのである。

　三つのアプローチに共通するのは、
・困難を抱えている人は支配されたナラティヴのなかを生きている。そして、これは、その人にとってしみついてしまったナラティヴ（ドミナントストーリー*）として、その人の人生を支配し、生きづらさを生み出していると考えている。
・ユニークな質問は、これまでになかったような切り口の対話をすることで、困難を抱えた人が「いまだ語られないナラティヴ」を創っていくことにつながる。
・ここで創出されるナラティヴは、語る者と聴く者によって社会的に構

★ドミナントストーリー

しみついてしまった物語。ナラティヴセラピー（アプローチ）では社会的言説によって物語が構築される。否定的な物語はクライエントを支配し、その物語から抜け出せなくさせてしまう。ソーシャルワーカーはこれまでになかったようなクライエントとの対話によって、これに代わる新しい物語、オルターナティブストーリーを構築していくのである。

築されていく。

である。

　本節は、社会福祉調査が主題である。しかし、ナラティヴアプローチにおいては、調査と支援あるいは介入の境界線はあいまいである。ここまで述べてきたように、調査と思って質問したとしても、そこにおいて新しいナラティヴが構築されていく。ソーシャルワーカーの質問は、クライエントとの対話によって社会的に構築されていくからである。ソーシャルワーカーが、何を聴くかによってナラティヴが方向づけられてしまうのである。たとえば、社会福祉調査で、クライエントのヒストリーを聴くことは必須であろうが、クライエントが抱えている問題と関連づけて聞けば、クライエントは自分のこれまでのヒストリーが現実の困難を生み出していると意味づけ、ナラティヴを構築するかもしれない。これまで生きてきたなかで困難はあったとしても、そこを乗り越えて今があるというコンテキストで聴くことができれば、「いまだ語られないナラティヴ」として、人生を肯定的に意味づけるかもしれない。ナラティヴは、ソーシャルワーカーとクライエントが対話によって織り成す物語であることをあらためて考えなければならない。

■5 ナラティヴリサーチ（対話の分析）

　ナラティヴアプローチにおける社会福祉の記録とその分析（アセスメント・研究）は、少なくとも対話によって行われたライフストーリーであれば、ソーシャルワーカーとクライエントの対話およびその交互作用を対象としなければならない。主観的世界の意味づけを扱うナラティヴにおいては、その分析方法は必ずしも確立されたものとは言い難いが、以下のようなリースマン（Riessman, C.）によるナラティヴ分析の分類がある[3]。

　なお、以下の分析を行う場合は、ほかの質的分析と同じようにインタビューデータの逐語化が必要となる。クライエントの言葉だけを逐語化するのではなく、トランスクリプトとして対話を逐語化することが必要である。

① テーマ分析

　テーマ分析では「何が語られているのか」に注目する。そして、質的研究の伝統的な分析法と同じく、事例に共通するテーマを見つけ出し、理論化していくのである。ただし、グラウンデッドセオリーのようにデータを切片化することはなく、事例のシークエンス（連続性）を維持

しつつ、ナラティヴを維持し、事例全体のストーリーは維持される。

② **構造分析**

構造分析では「どのように語られているのか」に注目する。構造分析は、物語の形に注目する。つまり、「どのように」話されたかである。だから、言語的な要素も重要になる。構造分析では物語をいくつかの章に分けて、分析する。

③ **対話／パフォーマンス分析**

テーマ分析では「何が語られているのか」をテーマとし、構造分析では「どのように語られているのか」をテーマとする。そして、「どのように」の部分はパフォーマンス分析によって行われる。

④ **ヴィジュアル分析**

絵画や写真、映像など、視覚的データを用いた分析を行う。テーマ分析と対話／パフォーマンス分析を用いて、映像をテクストと照らし合わせながら分析を進めていく。

ソーシャルワーク実践は、一人の人としての「ライフ」にかかわる。その人を理解しようとしたとき、その人の世界、かけがえのないその人の主観的な世界にかかわることになる。切り取った一部ではなく、集約された一部ではなく、その人そのものの世界である。ナラティヴアプローチはその世界に近づくための、一つの方法である。

3 エスノグラフィー

1 エスノグラフィーの概要

❶エスノグラフィーとは

エスノグラフィー（ethnography）とは、「ethno」（＝人々）と「graphic」（＝描く）が合わさった用語で、欧米諸国とは異なる背景をもつ民族の生活パターンやその構造、文化を明らかにしようとする文化人類学、民俗学の領域から生まれてきた質的調査の手法である。その後、文化人類学だけではなく、社会のなかに存在するさまざまな特定の人々（グループ、地域、組織など）の行動パターン、信念、ふるまい、価値観や、その背景にある集団の文化、構造、機能、暗黙のルールなど、外部からはみえにくい特定の人々の集団のありようを探索するための分析方法として、教育学・看護学・心理学・歴史学など幅広い領域に応用さ

れている。

　エスノグラフィーでは、特定の人々がどのような生活世界で暮らし、そのなかで何を考え、何を見て、どのように行動するのかという点を描き出しながら、その背景にある集団の構造や機能、文化などを明らかにすることを目的とする。通常、人々の生活の背景にある文化・構造・機能などは、日々の生活のなかで人々が感知しないほど無意識化され、日常に溶け込んでいる。そのため、調査者が調査対象の人々に対して数回の面接を実施したり、アンケートをとるだけでは文化・構造・機能を明らかにできないことがある。調査者自身が実際の人々の生活する現場に入り込み、その人々との深い交流のなかで人々の視点や生活の全体像に触れながら、属する集団の構造・機能・文化などの分析を行う試みがエスノグラフィーである。

❷エスノグラフィーの特徴

　エスノグラフィーの特徴として、以下の3点が挙げられる。

　1点目は、「内側から理解する」ことである。エスノグラフィーにおいては、あくまで人々がどのような生活世界で暮らし、そのなかで何を考え、何を見て、どのように行動するのかという点に関して、実際に生活している人々の視点を重要視する。このため、エスノグラフィーでは、現地調査（フィールドワーク）を調査方法の軸とする。調査者が人々の生活の現場に身をもって入り込み、人々との密な交流のなかで同じ生活世界を体感しながら、その人々の生活の背景を「内側から理解する」ことを特徴としている。

　2点目の特徴としては、「現場でのデータを最大限活用する」ことである。「内側から理解する」ためには、現地調査（フィールドワーク）で得られた人々の実際の生活世界のデータこそが分析の足掛かりとなる材料であり、現地調査（フィールドワーク）で得るデータには厚みと豊かさが必要となる。調査者は現場で観察した会話や出来事に対して表面的にのみ理解をするのではなく、その会話や出来事の意味や背景に対して常に疑問をもちながら観察を続けるようにして、その疑問に対する答えも現場にあるという視点をもつことが必要である。

　3点目の特徴としては、「会話や出来事を全体性のなかでとらえる」ことが挙げられる。エスノグラフィーでは、特定の会話や出来事を説明できるようにするだけではなく、その背景にある集団の構造・文化なども明らかにすることを目指す。そのため、現場で出会うさまざまな会話や出来事に対して、その集団においてその会話や出来事がどのような意

味をもつのか、集団の構造や人々の文化からその会話や出来事がどのような影響を受けているのかなど、個別の事象としてだけではなく、その集団のなかでの会話や出来事の位置づけを注視する必要がある。そのためには、その集団の歴史的な背景や権力構造、社会からの影響なども把握することが求められる。このような「会話や出来事を全体性のなかでとらえる」ことにより、エスノグラフィーは特定の人々の行動パターン、信念、ふるまい、価値観や、その背景にある集団の構造・文化などを明らかにすることが可能となる。

2 エスノグラフィーの方法

エスノグラフィーは次の手順で実施される。

❶分析対象とする特定の人々を決定する

まず、エスノグラフィーを開始するにあたって、研究テーマの設定が必要となる。調査者が何を知りたいのか、その知りたいことに社会的意義や学問的意義があるのか、そのテーマを探求するために分析可能な集団があるのかなどをもとに、研究テーマを設定する。

何を知りたいのかという研究テーマを設定したうえで、実際に分析を行う対象を決定する。エスノグラフィーの分析対象は、基本的には人間が生活や活動している場であれば、どのような集団も分析対象となり得る。たとえば、地域（農村や限定されたエリアの住宅街、町内会など）、会社、学校、施設、クラブ、サークル、当事者団体、特定の共通点をもつグループ、家族などである。このような多様な特定の人々のなかから、研究テーマに即した分析対象を決定する。

❷対象にした特定の人々の情報を集める

研究テーマと分析する特定の人々が決定されたら、次に研究テーマと分析する特定の人々の基本的情報を調べる。

調査者は、自身が設定した研究テーマに関してどのような研究が行われてきているのかを把握し、どのような研究結果が出ているのかを確認する。また、分析対象とした特定の人々について、事前に把握できる情報も収集する。たとえば、地域や会社、施設などの場合であれば、どのくらいの人数の人々が所属しているのか、どのような歴史があるのかなどは、統計データや歴史資料などで把握することが可能である。また、研究テーマと同様に、その特定の人々に関してこれまで研究がなされているのであれば、その研究結果についても知っておく必要があるだろう。

このように、調査者はあらかじめ特定の人々を理解できる情報を集め

Active Learning

エスノグラフィーの研究をデータベースで探して読んでみましょう。

第5章 質的調査の方法

ることとなるが、注意しなければいけないのは、エスノグラフィーはあくまで現地調査（フィールドワーク）による「内側から理解する」ことを特徴としており、あまり調査者が先入観をもつ必要はないということである。先入観が強くなればなるほど、データからの分析に支障が出るため、事前の情報収集についてはこの点を意識しておく必要がある。

❸特定の人々が暮らす現場に入り現地調査（フィールドワーク）を
　行う

　次に、実際に特定の人々が暮らす現場での現地調査（フィールドワーク）を行う。

　現地調査（フィールドワーク）を実施するにあたっては、三つの基礎的スキルが必要となる。

　一つ目は「観察能力」である。現地調査（フィールドワーク）の中心は、現場で「見る」こととなる。エスノグラフィーにおける「見る」という行為は、特定の人々の生活世界のなかで、調査者自身が観察ツールとなり、目の前で起きている出来事を把握することである。そして、その「見る」うえでは、調査者がただ単にその場で起きている出来事に触れればよいわけではなく、常に調査者は研究テーマを自覚しながら、何を、どう「見れば」よいのかを意識化をしておくことが求められる。

　二つ目は「面接能力」である。面接とは、目的をもった対面での会話であり、面接も現地調査（フィールドワーク）でのデータ収集の一つとなる。特定の人物に対して、調査者が知りたいと意図した事柄を引き出すために面接を実施することが多い。このような面接を行ううえでは、調査者に面接対象者との信頼関係が構築されていることや、面接のなかで面接対象者から適切に聞き取りたい内容を引き出す会話能力などが求められる。

　三つ目は「記録技術」である。エスノグラフィーにおいて、調査者はフィールドノーツを作成する。フィールドノーツとは、調査者が現場において見たことや感じたことを書き残すノートである。このフィールドノーツがエスノグラフィーにおけるデータとなる。通常、実際に現場で走り書きをするノートと、現場を離れた場所において調査者が記憶を頼りに現場で体感したことを相対的・客観的に記録するノートなどが作成されることとなり、このフィールドノーツを作成するための技術が必要となる。

　現地調査（フィールドワーク）のプロセスは、主に二つのプロセスで構成される。

　一つ目のプロセスは「フィールド・エントリー」である。まず、調査者は現場を訪れて、現場にいる人々と友好的な人間関係の構築を行う。現場にいる人々と友好的な関係が築けなければ、現場で起きていることに関する多くの情報を人々から得られないのはいうまでもない。ここでは、調査者は現場にいる人々に対する敬意と尊敬の念を持ち続けるとともに、自分が何者で、何を目的としており、この調査を行うことでどのような利点があるのかということを、きちんと現場にいる人々に理解してもらうプロセスが重要となる。

　二つ目のプロセスは「フィールド全体の観察」である。ここでは、フィールドの見取り図を把握することから始める。調査者が登場人物を書き出したり、フィールドのなかでの人間関係を理解したり、現場の大まかな全体像を理解するように努める。その理解のためには、現場にいる人々の行動の観察や、人々との面接（会話）、参考となる現場にある資料の抽出などが必要となり、このようなデータを収集しながら調査者は人々の生活へ深く触れていくこととなる。

❹現地調査（フィールドワーク）で得た情報を分析する

　フィールドワークの実施において、ある程度のデータが集まり、その集団の全体像を把握した時点で「データの分析」を行う。ここでは、調査者があらかじめもっていた研究テーマと関連させ、収集した多くのデータを整理していきながら、抽象的なカテゴリーを生成していくことから始める。そして、生成されたカテゴリー同士の比較分析をしながら、カテゴリー同士をつなぎ合わせていき、さらに大きなカテゴリー、つまり全体的なストーリーが描けるかを検討していくこととなる。ここで大事になるのは、カテゴリーをいったん生成したとしても、常に収集したデータとの整合性に注意を払いながら、現場のデータとの乖離が起きないように注意をしなければならないことである。また、無理にカテゴリーを生成したり、カテゴリー同士をつなぎ合わせることをしないようにすることも大事である。カテゴリー生成がうまくできない、うまくつなぎ合わない場合は、研究テーマが合っていない、データが不足しているなど内省的な視点が必要となる。

　そして次に、「データ分析に基づくさらなるデータ収集」が行われる。先に述べたように、データ分析の段階において、調査者が自らが立てた研究テーマが妥当であったかという点、さらに生成されたカテゴリーの精度の高さや足りないデータはないかという点についても内省的な検証を行う。この内省的な検証を実施することで、調査者は研究テーマを焦

点化したり、さらに必要なデータは何か、そのデータを得るための手法は何かを検討することが可能となる。そのうえで、目的や必要なデータなどを特定し、さらなるフィールドワークを実施していくこととなる。この「データ分析に基づくさらなるデータ収集」を実施した後には、再度「データの分析」を行い、この「データの分析」と「データ分析に基づくさらなるデータ収集」を循環的に継続させながら、エスノグラフィーにおける分析は実施される。

　このようなデータ収集とデータ分析が循環しながら同時に進められる点は、エスノグラフィーの一つの特徴である。調査者がデータ収集とデータ分析を循環的に繰り返しながら現場の状況を深く理解することで、「内側から理解する」、つまり現場でのデータからその人々の行動パターン、信念、ふるまい、価値観や、その背景にある集団の構造・文化を詳細に描くことが可能となる。

▎3 ソーシャルワークにおけるエスノグラフィー

　ソーシャルワークはミクロシステム・メゾシステム・マクロシステム[★]など、さまざまなレベルにおいて実践を行う。このなかで、メゾシステムに属する対象に関しては、集団であることが多い。メゾシステムへのソーシャルワーク実践において、その集団の理解が必要であることはいうまでもなく、集団の理解を促進するためにエスノグラフィーが有効である。

　具体的に述べると、現代日本の社会福祉においてはそれぞれの地域の特徴に合わせた「地域包括ケアシステム[★]」の構築が必要とされている。この「地域包括ケアシステム」においては、フォーマル・インフォーマルの枠組みを超えて、公的機関や住民、民間企業、福祉施設などが一体となったネットワーク構築により、地域に住むすべての住民が安心して暮らせるシステム構築が目指されている。住民や民間企業などを取り込んだシステム構築を実現するためには、ソーシャルワーカーはそれぞれの地域がどのような文化、構造、機能、暗黙のルールをもっているのかを理解したうえで、ネットワーク構築をする必要がある。このような、それぞれの地域の文化、構造、機能、暗黙のルールを把握するための手法として、エスノグラフィーは有効な分析手法であるといえる。ソーシャルワーカーがエスノグラフィーの手法を用いて、その地域に入り込む、その地域の人々と深い交流をもつ、その地域の行事などに積極的に参加する、さまざまな会合に出席するなどを通してその地域を分析し、

その地域の文化、構造、機能、暗黙のルールを理解していく過程は、まさに有用な地域アセスメントであるといえるだろう。

また、多くの福祉施設の現場では日々の試行錯誤のなかで、多くの有用な実践が行われている。このような有用な実践を可視化して、ほかの多くの実践現場にも取り入れることを可能にすることは、ソーシャルワーク全体においても有益である。このような福祉施設における有用な実践を可視化する手法としても、エスノグラフィーは適している。調査者が有用な実践を行う福祉施設の現場に入り込み、クライエントに対してどのような支援が行われているのか、職員間の連携はどのように行っているのか、その支援においてソーシャルワーカーはどのような視点をもっているのか、さらにはその支援が実施できる背景として施設全体の理念や人間関係はどのようになっているのかなど、福祉施設の構造や機能を明らかにすることで、有用な実践の可視化が可能となる。

4 ▶ TEM（複線径路・等至性モデル）

1 TEM とは何か

TEM（複線径路・等至性モデル）とは、trajectory equifinality model の頭文字をとったものである。質的研究における一つの方法であり、非可逆的時間（irreversible time）の流れに注目した分析法である。つまり、時間の流れは後戻りすることはなく、戻らない時間のなかで、人がどのように生きてきたのかを知ろうとする枠組みである。

TEM はヴァルシナー（Valsiner, J.）による等至性（equifinality）という概念を発達心理学等に取り入れたことから始まる。等至性とは、人はそれぞれまったく異なる「ライフ」を生きてきたとしても、等しく到達するポイントがあるという考え方である。そして、この等至性を前提として、人間の発達や、「ライフ」の多様性・複雑性を非可逆的時間の流れのなかで捉えようとする質的な分析方法である。

社会福祉実践では、クライエントのさまざまな「ライフ（life）」に関与する。「ライフ」とは、生命、人生、生涯、生活、生き方など実に多

---

i 最新の考え方では、TEM も含めた TEA（trajectory equifinality approach：複線径路・等至性アプローチ）が提唱されている。TEA は複線径路・等至性モデル（TEM）、歴史的構造化ご招待（HSI）、発生の三層モデル（TLMG）を統合・統括する考え方であるとされる。

図5-5 TEM における図解化

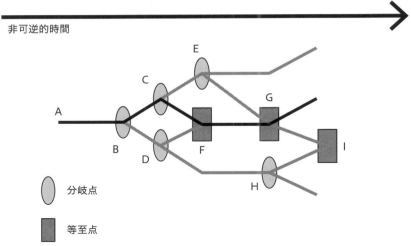

非可逆的時間

分岐点

等至点

出典：サトウタツヤ・安田裕子・木戸彩恵・髙田沙織・J. ヴァルシナー「複線径路・等至性モデル——
人生径路の多様性を描く質的心理学の新しい方法論を目指して」『質的心理学研究』第５号，p.
259, 2006.

様な理解が可能である。また、社会福祉実践の対象となる多様な人々と
出会い、その人の「ライフ」を理解しようとするとき、私たちはどのよ
うな枠組みを使って理解しようとするだろうか。多様な質的な分析方法
があるなかで、非可逆的な時間の流れに注目することが、クライエント
のよりよき理解につながると考えたとき TEM が選択される。

2 等至点、分岐点、非可逆的時間、必須通過点

　TEM においては、分析しようとする出来事が時間的な流れのなかで
いかに変容しているのかをみるときに図解化を行う。**図 5-5** は、時間
的な流れを示したものである。

　等至点（equifinality point：EFP）とは、収束点である。たとえば、
○○のような結果となった、体験となった、結論に至ったなどの、ある
出来事の収束を示すものである。後述する事例においては（子ども虐待
に伴う危機介入という時間の流れのなかの）「一時保護の解除」に等至
点が設定されている。

　分岐点（bifurcation point：BFP）とは、分岐するポイントとして
記される。等至点に至るまでに、いくつもの選択的可能性が分岐点とし
て示される。「一時保護の解除」という等至点に至るまでの時間軸のな
かで岐路に立たされ、選択的可能性が生じた分岐ポイントである。

　非可逆的時間（irreversible time）とは、時間の持続を示す概念で
ある。時間は後戻りせず、一方向に流れていくことを示している。

必須通過点（obligatory passage point：OPP）とは、多くの人が、「論理的・制度的・慣習的・結果的に」通過するポイントのことである。

3 TEM のプロセス

TEM においては、対象とするデータを得ようとするとき歴史的構造化サンプリング（historically structured sampling：HSS）という考え方に基づいて行われる。これは「人の経験は、歴史的・文化的・社会的な文脈に埋め込まれ構成されているという認識のもと、同じ経験をした人を選ぶ[4]」という考え方が背景にある。対象とする人、データの同一性を設けることで、そこにある多様性と共通性をみることを可能にする。

TEM では、サンプリング対象の人数によって「1人の話を分析すれば深みが出る、4人の話を分析すれば多様性が見える、そして、9人の話を分析すれば径路の類型ができるということが経験的に言える[5]」とされている。

TEM のプロセスは、必ずしも統一されているものではないが、次に紹介するプロセスがおおよその作業プロセスとなる[6]。

❶インタビュー対象の設定

調査（研究）テーマに基づき、同一性のある体験をしている人たちを対象として設定する。また、探索するテーマに応じた調査対象の人数を決める。

❷インタビュー

インタビューにおける配慮は、ほかの質的分析と同様に、**半構造化面接**で行われる配慮と同様である。ただし、TEM では時間の流れのなかに出来事等を配置していくことを考えるため、❶出来事が起きた時間と場所、❷何かを選択するようなときはあったのか、❸ほかの選択肢はあり得たか、❹そのときにその選択を妨害する力はあったか、❺逆に、それを促進する力があったかなどを、特に念頭に置いてインタビューすることが求められる（TEM ではインタビューデータ以外のフィールドワークの成果物も調査データとなっていく）。

★**半構造化面接**
p.145 参照。

❸トランスクリプトの作成

これも、ほかの質的分析と同様に、録音されたデータを逐語録として文章化していく。逐語録を作ると、録音データにある調査対象者が語る臨場感は薄れてしまうが、逐語録にメモしたり、音声データと重ねて振り返ることで、データが何を言おうとしているか、そのストーリーに耳を傾けていく。

Active Learning
TEM の研究をデータベースで探して読んでみましょう。

第5章 質的調査の方法

　切片化とは、得られたデータをある一定のまとまりに分割していくことである。切片化しないで分析に進む方法もあるが、この後の分析プロセスを考えると、データの時間軸における配置を考える際、切片化されたデータのほうがまとめやすい。どのくらいに分割するかは、分析にもよるが、切片化による脱ストーリーが行われ、空間配置によって新たなストーリーを構成していくことを考えると、ある程度の意味のまとまり、体験のまとまりを残した切片化が有効である。

❺それぞれの人の経験を時間順に並べていく

　切片化されたデータは、膨大にあるかもしれない。まとめ方はさまざまな方法が考えられるが、時間的な経過を意識しながら対象とされる人ごとに KJ 法の表札づくり[★]のようにまとめていくことが有効な場合がある。ある程度のまとまりに収められないと、図解化は難しい。また、まとめるという作業を通じてそれぞれの人の体験が概念（コンセプト）として表出されることになっていく。

❻同じような経験を同じ列に並べ、ラベルを考える

　調査協力者が経験した順番に左から右にデータを並べていく。このとき、調査協力者の人数分を上から下に並べていく。並べられた出来事が同じ事象であると考えたときは、縦の列をそろえていく。そして、その列に並べられたラベルにタイトルをつけていく。KJ 法でいえば、表札づくりに当たり、「土のにおいの残る」タイトルづくりが求められる。

❼等至点を探っていく

　等至点は TEM を行う場合の重要な分析のポイントになっていく。等至点がみえてくると、そこに至るまでの分岐点、複線径路が描けてくるのである。等至点がいつ浮上してくるかは、必ずしもはっきりしない。インタビューのトランスクリプトをまとめていくときや、切片化の作業、まとめの作業、図解化のなかで浮上してくるかもしれない。等至点を確定させるまでは、仮の等至点を暫定的に扱い、柔軟に図解化を進めるのがよい。

❽分岐点を考える

　分岐点とは、調査協力者がある場面において、A に進むのか、B に進むのか岐路に立たされたポイントをいう。人生の岐路のようなものである。分岐点にはその決断を下すための二つの力が作用する。等至点に近づくように働く力は、社会的ガイド（social guidance：SG）という。等至点から遠ざけるように働く力を社会的方向づけ（social

★ KJ 法の表札づくり
KJ 法は文化人類学者である川喜田二郎が提案した質的統合の方法。特に「混沌をして語らしめる」といわれるように、データが異質であることを前提にして、多くのデータのその関係性、つながりについて検討を進め、新たな発想を創出することを目的とする。表札づくりはそれぞれのカードが何を訴えようとしているのか耳を傾け、「土のにおいの残る」タイトルをつける概念化のプロセスをいう。

direction：SD）という。

　分岐点が調査協力者に共通する分岐点であれば、必須通過点とすることができる。

❾両極化した等至点

　両極化した等至点とは、等至点とは逆の現象をいう。後述する TEM 図（**図 5-6**）では、等至点が「子どもの安全の保障」であり、両極化した等至点は「虐待の再発」である。

❿事象をつなぐ線を引き、両極化した等至点への線を引く

　非可逆的時間を表す矢印を描く。非可逆的時間に配置されたラベルにはさまざまな矢印を配置することができる。実際にその径路をたどった調査協力者がいる場合は、実線で矢印を描く。データのなかにはいなかったが、実際にはいる可能性がある場合には点線で描く。また、ラベルにはなかったが、経験としてあり得る体験を想定する場合は点線の枠で囲ったラベルを追加する。

⓫個々人の変遷が十分追えるかを確認する

　完成された TEM 図が、多様な人間のライフを説明しているか、その全体をみていく。不足する矢印、カードはないかをみていく。ある程度、図解化ができれば、調査協力者にみてもらい、感想を述べてもらうことも参考になる。

⓬文章化する

　TEM 図を説明するために文章化する。KJ 法における叙述化のプロセスが参考になる。

⓭考察する

　TEM 図が、私たちに何を伝えようとするのか考察する。一人の分析であればその人の歴史を深く考察できる。4 人のデータからの分析ではライフの多様性を描くことができる。多くの人の分析からは径路の類型化が可能となるかもしれない。

4 TEM の実際

　TEM による実際の分析を紹介する。事例は、子ども虐待の発生に伴い児童相談所が職権により一時保護（児童福祉法第 33 条）をした際の保護者の態度について、児童相談所の職員 3 名にインタビューを行い、児童相談所の支援プロセスを分析したものである。まとめられた TEM 図は**図 5-6** である。**表 5-1** は、図解化の概念を説明している。

　図 5-6 を概観すると、まず時間の流れは「虐待通告」から始まる。

図5-6　TEM図

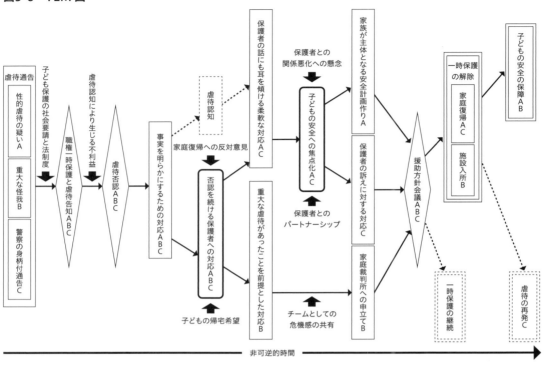

表5-1　TEM図、図解化の概念

TEM の概念	意味	本研究における位置づけ	
等至点	多様な経験の径路がいったん収束するポイント	・一時保護の解除	▭
両極化した等至点	等至点とは逆の現象	・一時保護の継続	⊡
必須通過点	ある地点に移動するために必ず（通常ほとんどの人が）通るべきポイント	・職権一時保護と虐待告知 ・虐待否認 ・援助方針会議	◇
分岐点	径路が発生・分岐するポイント	・否認を続ける保護者への対応 ・子どもの安全への焦点化	▢
社会的方向づけ	等至点から遠ざける力：阻害、抑制的な要因、阻害する環境要因や文化・社会的圧力	・子ども保護の社会要請と法制度 ・虐待認知により生じる不利益 ・家庭復帰への反対意見 ・保護者との関係悪化への懸念	⬇
社会的助勢	等至点へと近づける力：援助的な力、人からの支えや社会的な支援や制度、行動を後押しする認識や認知	・子どもの帰宅希望 ・保護者とのパートナーシップ ・チームとしての危機感の共有	⬆
セカンド等至点	当事者にとって意味のある等至点	・子どもの安全の保障	▭
セカンド等至点の両極化した等至点	セカンド等至点とは逆の現象	・虐待の再発	⊡

必須通過点として「職権一時保護」と「虐待否認」があり、児童相談所による「事実を明らかにするための対応」が行われる。これに対して矢印は「虐待認知」と「否認を続ける保護者」に分かれる。そして、「否認を続ける保護者」を分岐点として「保護者の話にも耳を傾ける柔軟な対応」と「重大な虐待があったことを前提とした対応」に矢印が進む。「保護者の話にも耳を傾ける柔軟な対応」は「子どもの安全への焦点化」という分岐点に進み「家族が主体となる安全計画作り」と「保護者の訴えに対する対応」に分岐する。

「援助方針会議」という必須通過点を経て、「一時保護の解除」という等至点に至る。両極化した等至点は「一時保護の継続」である。さらに、「一時保護の解除」は「子どもの安全の保障」というセカンド等至点とセカンド等至点の両極化した等至点「虐待の再発」がある。

この分析を通じて、児童相談所は一時保護の解除後の子どもの安全の保障を目指して介入し、虐待を認めない保護者に対しては、虐待を認めさせることにこだわるのではなく、保護者の話に柔軟に耳を傾け、子どもの安全に焦点化することが示唆され、保護者とのパートナーシップ形成、家族主体の子どもの安全作りに取り組むことが大切であることを千賀は言及している[7]。

子ども虐待対応を非可逆的な時間の流れのなかでみること、そして、TEM の手続きを思考の枠組みに活用することで、支援者として何を大切にすべきなのかを、分析は示している。

5　グラウンデッドセオリーアプローチ

■1 グラウンデッドセオリーアプローチの概要

❶グラウンデッドセオリーアプローチとは

グラウンデッドセオリーアプローチ（grounded theory approach：GTA）は、現場のデータに密着して（= grounded）分析を進め、その現場における現象がどのような相互作用のなかで生まれているのかという「理論」（= theory）の生成を目指す質的調査の分析手法（= approach）の一つである。また、グラウンデッドセオリーという用語は「基礎を捉えた理論」「根拠のある理論」などと訳され、社会全体に広く適用できる一般理論であるグランド・セオリー（grand theory）と対比された、特定の領域・環境での適用が可能となる領域

限定理論のことを指している。

　このGTAは、1960年代に社会学者のグレーザー（Glaser, B.）とストラウス（Strauss, A.）によって開発された。彼らは病院でフィールドワークを実施し、そのデータをもとに入院中の末期がん患者および家族と医療関係者の相互作用について質的な分析を行い、病院における末期がん患者と医療関係者の相互行為の変容過程を理論化した（*Awareness of dying*（邦題『死のアウェアネス理論と看護』））。この際、グレーザーとストラウスが用いた分析方法がGTAの原点であるといわれる。

　その後、グレーザーとストラウスは1967年に『データ対話型理論の発見』を刊行し、詳細なGTAの手法について説明を行った。しかしこれ以降、グレーザーとストラウスは別々にGTAの発展を目指すこととなり、さらにその後多くの研究者によってGTAは修正が行われていった。このことにより、主たる視点は共通しているものの、詳細な部分で異なる分析手法をもった形で分派し、GTAは発展していくこととなる。現在においては、グレーザーが構築したクラシックGTA、ストラウスがのちにコービン（Cobin, J.）とともに構築したストラウス・コービン版GTA（SC-GTA）、チャマーズ（Charmaz, K.）が社会構成主義の立場からGTAを再編した社会構成主義的GTA、日本において木下を中心に修正された修正版GTA（M-GTA）などが主に存在している。

　このような発展を遂げたGTAは、現在では社会学の分野にとどまらず、特に看護学や心理学、社会福祉学などのヒューマンサービス領域における分析手法として世界的に広く普及・定着している。

❷グラウンデッドセオリーアプローチの特徴

　前述のとおり、手法の異なるGTAが存在しているが、すべてのGTAに共通した特徴としては、以下の3点が挙げられる。

　1点目は、「データに密着した分析からオリジナルな領域限定理論を生成する」という点である。GTAは社会全体に広く適用されるグランド・セオリーを現場の状況に当てはめながら検証するのではなく、現場からオリジナルな理論を生成することを目的としている。そのため、現場でのインタビューや観察などで得られたデータを詳細に分析し、そこから帰納法的に概念を叩き上げながら、その概念を中心として領域や特性を分析することで、現場において「わかる」「使える」領域限定理論を生成する分析手法である。GTAは発見的、説明的な分析手法であり、調査者は常に「データにおいて実際に何が起こっているのか？」「この

データは何を理解させるものだろうか？」「このインシデントはどんなことを指し示そうとしているのか？」という点を意識しながらデータと向きあう姿勢が求められる。

2点目は、「**継続的比較分析法の採用**」である。この継続的比較分析法についての詳細は後述するが、継続的比較分析法が採用された背景にはグレーザーとストラウスの出自が深く関係している。グレーザーは理論生成を伝統としているコロンビア大学で、統計に代表されるような数学的公式は質的に文章化することができるという発想をもつ質的数学について学び、さらに量的調査において採用されていた、データを継続的に比較することで生成される核概念（core category）や、抽出されたコード同士がどのように相互に関係しているか概念化する理論的コーディング（theoretical coding）についても学んでいる。一方で、ストラウスは、人は社会的相互作用のなかで生じる物事の意味を解釈し自分にふさわしいと思う役割を担って行動すると考える、ブルーマー（Blumer, H.）のシンボリック相互作用論の流れを汲むシカゴ学派の社会学者であった。この二人が共同で調査および分析をするにあたって、質的データからシステマティックに人々の相互作用に関する理論を生成することを目的に、量的調査を応用する形で核概念の生成や理論的コーディングの採用など継続的比較分析法を採用することとなったのである。

3点目は、「理論的感受性の必要性」である。GTAはデータを既成の概念に当てはめるのではなく、データによって新しい概念を指し示させることを目指す。そのため、調査者に求められるのは、「データにおいて実際に何が起こっているのか？」という問いから、新しい概念を創造するクリエイティブな思考である。ここで調査者に必要となるのが「理論的感受性（theoretical sensitivity）」である。「理論的感受性」とは、洞察する能力、データに意味を与える能力、理解力、適切なものとそうではないものを峻別する能力などである。このような「理論的感受性」は調査者がデータと向きあい、データから生じた考えと深く向きあい、さらなる問いを立て、さらに必要なデータを得ていく過程において、徐々に高まっていくものである。この「理論的感受性」を高めるツールとして使用されるのが「理論的メモ（theoretical memo）」である。これは分析の過程において、調査者のなかで浮かび上がってくるデータについて説明するためのアイデアや仮説、図、表を書き留めるメモである。分析のなかで生じる理論的メモを積み上げていくことで、クリエイティブにデータから新しい概念を浮上させることが可能になるのである。

2 グラウンデッドセオリーアプローチの方法

　各派の GTA によって詳細な部分で方法が異なる点があるため、ここではクラシック GTA を例に GTA の具体的な方法を述べる。

❶調査対象を設定する

　まず、調査者は自らが関心をもち、人と人との相互作用やそのプロセスを明らかにしたい調査対象を決定する。

　量的調査などにおいては、調査対象が決定された場合、その領域における先行研究などを確認しながら、調査対象に対する仮説を立てていくこととなる。しかし、GTA では現場からオリジナルな理論を生成することを目的としているため、調査対象を設定する段階において先入観を極力排除することが必要となる。そのため、調査者はこの段階においては詳細な先行研究は実施せず、「その領域において何が起こっているのか」という程度の理解にとどめておく。既存の理論からの理解ではなく、丁寧なデータ収集を行いながら現場の理解に努めようとする姿勢が調査者に求められる。

❷データ収集を行う

　次に、調査者は調査対象領域にて実際のデータを収集していくこととなる。GTA においては調査対象領域で得られるものはすべてデータとみなし、人々に対するインタビュー記録や、参与観察において調査者が記載するフィールドノーツなどを多角的に収集していくこととなる。場合によっては、画像や映像データ、統計データ、文書などもデータとなり得る。

　また、GTA におけるサンプリングは、理論的サンプリング（theoretical sampling）と呼ばれる。この理論的サンプリングでは、データ収集と分析を同時並行的に行いながら、理論生成のために必要な次のデータを選択し、その必要なデータの収集を行うというサンプリング手法をとる。つまり、さまざまなデータを収集していく過程で、早い段階から分析を開始し、分析のプロセスから次のデータ収集の方向性を決定していくということになる。便宜上本稿では❷データ収集と❸データ分析の項目で分けて記述をしているが、実際はこの❷と❸に関しては同時進行で実施され、さらに何度も繰り返しながららせん状に展開していくということである。

❸データ分析を行う

収集されたデータについて、調査者は継続的比較分析法（constant comparative method）で分析を行っていく。この分析のなかで調査者はデータに対するアイデアを書き留めた「理論的メモ」を作成しながら分析を進めていくこととなる。

まず、収集されたデータをコーディング（coding）する段階から始める。この初期段階のコーディングは「オープン・コーディング（open coding）」と呼ばれる。収集したデータをもとにテクスト（文字化したもの）などを作成し、そのテクストを丁寧に読み込む。そして、データと向きあうなかでインシデント（incident）を抽出し、そのインシデントに対して説明できる名前（コード）をつけていく。このコードについては「動名詞形」であることが推奨される。

次に、抽出したインシデント同士の比較を実施し、この比較のなかで同じような意味合いをもつインシデントが発見された場合、その類似したインシデントの集合体としてコンセプト（concept）を生成する。さらに、インシデントと生成されたコンセプト、さらにはコンセプトとコンセプトの比較を継続していきながら、さらに上位のコンセプトを生成していく過程を繰り返す。そして、このオープン・コーディングを実施するなかで、繰り返し表出し、かつどのインシデントにも関連する核概念（core variable）を浮上させる。

核概念が浮上した段階で、「選択的コーディング（selective coding）」を実施する。選択的コーディングでは、浮上した核概念をもとに、すべてのデータをコーディングからインシデント同士の比較、コンセプトとインシデントの比較、コンセプト同士の比較を再度実施することで、さらに核概念を軸としたデータの分析を深めていく。

理論的サンプリング→コード化→分析を繰り返すなかで、核概念に基づく選択的コーディングを継続し、核概念をより確固たる概念として練り上げていく。核概念が十分に練り上げられた段階で、この核概念を中心にその調査対象の領域やコード、コンセプトなどを理論的にコード化することを試みる。これが「理論的コーディング（theoretical coding）」である。この理論的コーディングにおいては、調査対象の領域でコード同士がどのように相互的に関連しているのかを全体的に概念化する。

これらのデータ分析の一連の過程において、調査者は常にデータやインシデントに立ち返りながら、データやインシデントから飛躍したコー

ドやコンセプトになっていないか、無理に核概念を浮上させていないかなどの「きちんとデータに密着できているか」という視点が大事になってくる。抽象化の飛躍や無理な抽出が行われている場合は、データが不足していると考えるべきであり、理論的サンプリングを継続的に行いながらデータ収集に戻ることが必要である。この意味においても、GTAでは❷と❸がらせん状に展開していくのである。

❹関連する文献の検討を行う

　核概念が確固たるものになった時点で、調査者はその核概念に関する先行研究を実施する。データから浮かび上がった核概念がこれまでの研究で言及されているか、言及されているのであればどのような形で言及されているのか、調査者が生成した核概念に関連するのかなどを確認しながら、さらに核概念を練り上げていく材料とする。

❺アウトラインを執筆する

　調査者は❶〜❹を経たうえで、分析のなかで作成した「理論的メモ」の分類を実施する。この段階では「理論的メモ」はコードやコンセプト、核概念に関するアイデアが豊富に蓄えられているはずであり、分類を行うことで、調査対象領域の相互作用やそのプロセスを説明するための核概念を軸としたアウトラインが作成される。このアウトラインをもとに、核概念やコンセプト、コードの説明をしていくことで、調査対象領域の相互作用やそのプロセスを説明するオリジナルな領域限定理論が完成することとなる。

■3 ソーシャルワークにおける
　　グラウンデッドセオリーアプローチ

　ソーシャルワークでは、ソーシャルワーカーが何らかの生活課題を抱えたクライエントの「人間：環境：時間：空間の交互作用」に介入を行い、クライエントとともに生活課題の解決を図りながら、クライエントのよりよい生活を目指していく。この支援対象となるクライエントの生活においては、多様な主体（家族、友人、学校、職場、地域、支援機関、制度、法律、社会など）との相互作用が複雑に交差しており（交互作用）、この交互作用のなかでクライエントの生活課題も構成されている。また、この多様な主体のなかには、ソーシャルワーカーも含まれることとなる。

　そのため、ソーシャルワークにおいては、一人ひとりのクライエントがどのような交互作用のなかで生活をしているのか、ソーシャルワー

カーはクライエントの生活に対してどのように新たに作用するべきなのか、ソーシャルワーカーとクライエントの相互作用はどのように変容していくことでクライエントのよりよい生活に近づくのかなどの、ソーシャルワーカーとクライエントを取り巻く交互作用の理解が必要となる。このようなソーシャルワーカーとクライエントを取り巻く交互作用を明らかにしようとする際に、GTA は有効な手段となり得る。

ソーシャルワークが支援対象とする領域は社会の多様化とともに拡大してきている。たとえば 8050 問題[★]に代表されるような中高年のひきこもりの問題などは比較的新しく認識された生活課題である。このような新たに認識された生活課題を抱えるクライエントに対しては、闇雲にアプローチをするのではなく、そのクライエントがどのような生活世界で生活をしており、他者とどのような相互作用をしているのか（してきたのか）などを理解して、関係性構築の糸口とすることが有効である。中高年のひきこもりを経験し、現在は支援を受けながら社会との接点をもっているクライエント数名に対してインタビュー調査を実施し、社会との接点がなかった頃の生活も含めて、これまでの人生について自由に語ってもらう。その語りのデータをもとに継続的比較分析法を実施することで、中高年のひきこもりの生活世界がどのようなもので、その生活世界のなかでどのような交互作用が生じていたのかを、領域限定ではあるが理論的に体系化することが可能となる。このような中高年のひきこもりに関しての領域限定理論が生成されることで、ソーシャルワーカーは中高年のひきこもりという生活課題を抱えるクライエントへのアセスメントやプランニングを検討する際に、クライエントを取り巻く交互作用を理解したうえで検討することが可能となるのである。

また、これまですでにソーシャルワーク実践の積み重ねがある領域においても、GTA を実施することでよりよい実践についての理論化を行うことが可能である。「ソーシャルワークの実践現場で何が起きているか」を明らかにすることで、ソーシャルワーカーが積み上げてきた「実践知」を明示することができるのである。

たとえばホームレス[★]問題は 2008（平成 20）年のリーマンショック、さらには同年の年越し派遣村の開設などにより一気に社会問題化し、その後、ホームレスの自立の支援等に関する特別措置法や生活困窮者自立支援法の制定により、現在に至るまで支援団体や NPO、行政機関などにおいてホームレス支援が多く展開されるようになっている。ホームレスはそれまで支援を拒否する支援困難な対象として捉えられてきたが、

★ 8050 問題
80 代の高齢者である親と 50 代でひきこもりの子どもの世帯に関する問題。それまで親子で社会から孤立してはいるものの表面化していなかった課題が、親が高齢になり介護などが必要となった段階で表面化する。2010（平成 22）年頃より日本において社会問題となっている。

第 **5** 章
質的調査の方法

★ホームレス
狭義には、さまざまな理由により定まった住居をもたず、公園・路上を生活の場とする人々を指す。広義には、ネットカフェ難民や DV のため自宅を離れなければならない人など、安定した居住環境を喪失した人々も含める。

支援団体やNPO、行政機関などの支援の積み重ねにより、ホームレスに対する有効な支援方法についての多くの「実践知」が生まれてきている。この「実践知」を明らかにするために、ホームレス経験がありソーシャルワーカーの支援を受けてホームレスを脱却したクライエントにインタビュー調査を実施し、これまでの人生や支援を受けた経過、現在に至るまでの生活などを自由に語ってもらう。この語りのデータをもとに継続的比較分析法を実施し、支援のプロセスについて分析を行う。さらに、理論的サンプリングをするなかで、実際にホームレスの支援を行うソーシャルワーカーへのインタビュー調査も実施し、ホームレス支援のプロセスやソーシャルワーカーとクライエントの相互作用についても分析を深めていく。そして、ソーシャルワーカーのホームレスへの支援についての核概念を浮かび上がらせ、ホームレス支援におけるソーシャルワーカーの「実践知」に関する領域限定理論を生成することが可能となるのである。

6 アクション・リサーチ

1 アクション・リサーチの概要

アクション・リサーチ（action research）は、1940年代に集団力学理論の創始者であるレヴィン（Lewin, K.）が、少数民族集団の生活課題の変容を目的に、現地住民と協力して循環的に実施した調査研究から始まったとされる。「実践（action）」と「研究（research）」を一体的に展開していくアクション・リサーチは、実証的な分野である教育学や心理学、看護学、開発学などの分野において広く普及している。

アクション・リサーチでは、現場での課題に対する解決方法を練りながら、現場にいる人々との協働関係のもとで解決方法を実践していく。さらに、課題の解決の分析を行い、必要に応じて解決方法を変更しながら、状況改善や社会変革を目指すことを目的としている。そのため、アクション・リサーチは、広義ではほかの質的調査で明らかになった仮説などを実践に還元するという「仮説検証型」調査であり、調査方法というよりも調査の形態を意味するものである。

このアクション・リサーチは、手法により四つのタイプに分類される。一つ目は研究者が社会状況における介入効果を明らかにするための「実験型」、二つ目は類似した組織の研究データを蓄積することで組織の一

般的な原則を発展させる「組織型」、三つ目は専門職が自分たちの領域において問題改善をするために測定しアクションを提案する「専門型」、四つ目が問題解決のアクションに当事者が主体者として加わり計画を実行していく「参加型・エンパワー型」である。

　このようなアクション・リサーチは、社会変革を目指した解決志向的で批判的・内省的な視点をもち、また当事者性を軸とした実践的・協働的な分析手法という特徴をもっている。

2 アクション・リサーチの方法

　アクション・リサーチでは、「計画（planning）」「実践（action）」「観察（observation）」「振り返り（reflection）」のプロセスが循環的・らせん的に繰り返される。

　まず「計画」においては、対象となる現場において改善する必要がある課題を明確化することから始める。また、予備調査として実際に現場で何が起きているのか把握するための実態調査や先行研究を行う。その予備調査の結果をもとに、課題解決に向けた仮説を生成し、具体的な解決方法を明確化する。「実践」においては、生成した仮説や解決方法を現場において実践をしていく。その際、現場で何が起きているのかを観察しながら、仮説について検証していく。「観察」では、現場での効果について観察をしていく。この際、フィールドノーツやインタビュー調査、アンケート調査など、できるだけ多角的なデータを収集することが望まれる。そして、「振り返り」においては、多角的なデータについて分析し、仮説による実践が課題解決につながっているのかという評価を行う。解決につながっていない場合は、仮説や解決方法の修正を行い、あらためて「計画」を立て直し、再度「実践」するという循環的プロセスを継続する。

3 ソーシャルワークにおけるアクション・リサーチ

　ソーシャルワークは実践科学であり、「理論」と「実践」の循環が必須である。つまり、優れた実践理論も、ソーシャルワーク実践の場において適用できなければ意味を成さない。この点において、アクション・リサーチはほかの分析手法によって生成されたさまざまな実践モデルの仮説をソーシャルワークの現場で検証することが可能であり、その検証のなかでさらに実践モデルを精緻なものにしていくことによって、現場で使える理論を生成していくことが可能となる。

また、ソーシャルワークの大きな目的の一つに、「社会変革」と「人々のエンパワメントと解放」が挙げられ[ii]、ソーシャルワークの実際の支援対象には社会的排除により自己肯定感が低下した人々も多く含まれる。社会的包摂に向けた社会変革やクライエントのエンパワメントを実現する手法として、ソーシャルワーカーとの協働関係のなかでクライエントが主体となった「参加型・エンパワー型」のアクション・リサーチが有効であり、ソーシャルワークの理念に近いアクション・リサーチは、今後ソーシャルワーク分野において、さらなる発展が望まれる。

◇引用文献
1）野口裕二「研究方法としてのナラティヴ・アプローチ」『日本保健医療行動科学会年報』第20巻，pp.1-2, 2005.
2）結城俊哉「社会福祉実践における『ナラティブ（語り）研究』の可能性の検討——臨床研究における質的研究の方法論として」『立教大学コミュニティ福祉学部紀要』第17号，pp.74-75, 2015.
3）Riessman, C., *Narrative Method for the Human Science*, Sage Publishing, 2008.（大久保功子・宮坂道夫監訳『人間科学のためのナラティヴ研究法』クオリティケア，2014.）
4）荒川歩・安田裕子・サトウタツヤ「実践報告 複線径路・等至性モデルの TEM 図の描き方の一

ii　国際ソーシャルワーク連盟が、2014 年に「ソーシャルワークは、社会変革と社会開発、社会的結束、および人々のエンパワメントと解放を促進する、実践に基づいた専門職であり学問である」と定義づけている。

例」『立命館人間科学研究』第25号，p.97, 2012.
5）同上，p.98
6）同上，pp.99-105
7）千賀則史「虐待を認めないケースに対する児童相談所の援助プロセスに関する質的研究──
TEA（複線径路等至性）アプローチを用いて」『子ども家庭福祉学』第16号，pp.57-67, 2016.

◇**参考文献**
・Creswell, J.W. & Poth, C.N., *Qualitative Inquiry and Research Design*. 4th ed., Sage Publishing, 2018.
・Yin, R.K., *Case Study Research*, Sage Publishing, 1994.（近藤公彦訳『ケース・スタディの方法』千倉書房，1996.）
・岡本民夫・平塚良子編著『新しいソーシャルワークの展開』ミネルヴァ書房，2010.
・山本智佳央・楢原真也・徳永祥子・平田修三編著『ライフストーリーワーク入門──社会的養護への導入・展開がわかる実践ガイド』明石書店，2015.
・Flick,U., *An Introduction to Qualitative Research*, 2nd ed., Sage Publishing, 1995.（小田博志ほか訳『質的研究入門』春秋社，2002.）
・McNamee,S. & Gergen,K.J. eds., *Therapy as social construction*, Sage Publishing, 1992.（野口裕二・野村直樹訳『ナラティブ・セラピー社会構成主義の実践』金剛出版，1997.）
・野口裕二『物語としてのケア』医学書院，2002.
・野口裕二「臨床研究におけるナラティブ・アプローチ」『看護研究』第36巻第 5 号，2003.
・野口裕二『ナラティブの臨床社会学』勁草書房，2005.
・Angrosino, M., *Doing Ethnographic and Observational Research*, Sage Publishing, 2007.（柴山真琴訳『質的研究のためのエスノグラフィーと観察』新曜社，2016.）
・小田博司『エスノグラフィー入門』春秋社，2010.
・荒川歩・安田裕子・サトウタツヤ「実践報告 複線径路・等至性モデルの TEM 図の描き方の一例」『立命館人間科学研究』第25号，2012.
・安田裕子・サトウタツヤ編著『TEM でわかる人生の径路──質的研究の新展開』誠信書房，2012.
・サトウタツヤ編著『TEM ではじめる質的研究──時間とプロセスを扱う研究を目指して』誠信書房，2009.
・Glaser, B.G., & Strauss, A.L., *The discovery of grounded theory*, Aldine de Gruyter, 1967.（後藤隆・大出春江・水野節夫訳『データ対話型理論の発見──調査からいかに理論をうみだすか』新曜社，1996.）
・志村健一「グラウンデッド・セオリー［1］」『ソーシャルワーク研究』第34巻第 3 号，2008.
・志村健一「グラウンデッド・セオリー［2］」『ソーシャルワーク研究』第34巻第 4 号，2008.
・Shaw, I. & Gould, N., *Qualitative Research in Social Work*, Sage Publishing, 2001.
・Kiefer, C.W., *Doing Health Anthropology：Research Methods for Community Assessment and Change*, Springer Publishing Company, 2006.（木下康仁訳『文化と看護のアクションリサーチ』医学書院，2010.）
・武田丈「ソーシャルワークとアクションリサーチ［1］」『ソーシャルワーク研究』第37巻第 1 号，2011.
・矢守克也『アクションリサーチ──実践する人間科学』新曜社，2010.

●**おすすめ**
・新保祐光『退院支援のソーシャルワーク』相川書房，2014.
・野口裕二『物語としてのケア』医学書院，2002.
・久保紘章・副田あけみ編著『ソーシャルワークの実践モデル──心理社会的アプローチからナラティブまで』川島書店，2005.
・坪田光平『外国人非集住地域のエスニック・コミュニティと多文化教育実践──フィリピン系ニューカマー親子のエスノグラフィー』東北大学出版会，2018.
・高橋絵里香『ひとりで暮らす，ひとりを支える──フィンランド高齢者ケアのエスノグラフィー』青土社，2019.
・安田裕子・滑田明暢・福田茉莉・サトウタツヤ『TEA 理論編──複線径路等至性アプローチの基礎を学ぶ』新曜社，2015.
・安田裕子・滑田明暢・福田茉莉・サトウタツヤ『TEA 実践編──複線径路等至性アプローチを活用する』新曜社，2015.
・Glaser, B.G., & Strauss, A.L., *Awareness of dying*, Aldine de Gruyter, 1965.（木下康仁訳『死のアウェアネス理論と看護──死の認識と終末期ケア』医学書院，1988.）
・鈴木浩之『子ども虐待対応における保護者との協働関係の構築──家族と支援者へのインタビューから学ぶ実践モデル』明石書店，2019.
・JST 社会技術研究開発センター編『高齢社会のアクションリサーチ──新たなコミュニティ創りを目指して』東京大学出版会，2015.

第5章 質的調査の方法

第6章

ソーシャルワークに
おける評価

　ソーシャルワーカーは内省することで成長するといわれ
る。ソーシャルワーク実践では、ソーシャルワーカーは自
らが支援ツールとなる。ソーシャルワーカーとして成長す
るためには客観的にかかわりを振り返らなければならない。
　また、ソーシャルワークは専門職としてのアカウンタビ
リティを求められる。場当たり的な実践、経験則に頼った
実践は、クライエントからはもちろん、社会からの承認を
得ることもできない。展開したソーシャルワーク実践を適
切に評価し、それを公表することでアカウンタビリティが
果たせるとすれば、その評価の質が問われる。本章では
ソーシャルワーク実践の評価の意義を理解し、社会福祉調
査の知識と技術をソーシャルワークの評価に適用させて実
施する方法について学ぶ。

ソーシャルワークにおける 評価の意義

1 ミクロ・メゾ・マクロレベルにおける 実践の評価

　ソーシャルワーカーは振り返る専門職と呼ばれることがある。ソーシャルワーク実践においては、自らが問題解決、支援のツールでもあり、ソーシャルワークにおける振り返りは、実践を振り返り、また自らを省みることである。本章では、実践の振り返りを評価という視座から概説する。

　ソーシャルワーク専門職のグローバル定義（IFSW, 2014年）では、ソーシャルワークの目的は「社会変革と社会開発、社会的結束、および人々のエンパワメントと解放を促進する」ことにあるとされた。評価が目的の達成を確認するものであるなら、究極的にはこのソーシャルワークの目的の達成を評価することが必要になる。すなわち、ソーシャルワークの評価において、ソーシャルワーク専門職のグローバル定義に記された目的を評価の視座に据えることが求められる。

　ソーシャルワークは伝統的に人と環境、そして人と環境の相互接触面にかかわってきた。それは実践の連続性を示すものであり、ある個人の問題解決のために環境にかかわる必要性を示唆している。このようなソーシャルワークの特徴は、その実践がミクロからマクロレベルまでの連続性にあることを表しており、ミクロ、メゾ、マクロといった明確な切り分けは難しい実践でもある。それでもソーシャルワーク実践の展開が、全体を俯瞰しつつ、あるレベルに焦点化して実践するなら、その焦点化された実践を評価しなければ、ソーシャルワークは発展しない。ソーシャルワークの評価には、そういった視座が含まれている。

1 ミクロレベルにおける実践の評価

　ソーシャルワークのミクロレベルにおける実践は、個人や家族、あるいは集団を対象とし、また、その実践基盤となる組織が含まれる。人は、生まれてから死ぬまで、互いに依存しながら生活を送っている。伝統的にはその基盤が家族にあり、生活の維持、子育て、介護等は家族が担ってきた。しかし、社会の変化に伴う家族の変化が、家族の脆弱性となり、伝統的な家族内の相互依存が困難となる場合、社会福祉サービスが必要となる。子育てや介護に関するニーズは、この代表的なケースである。仕事を続けながら障害のある子どもを育てなければならない、あるいは高齢の夫婦のみの世帯における介護ニーズなどは、ミクロレベルでの実践となる。

　たとえば、子育てのニーズといっても、一括りにはできないところにソーシャルワークの特徴がある。親が働く必要がある際に、保育園を利用すればすべての問題が解決するのであろうか。個別性を重要視するソーシャルワークは、保育が必要な子どもの状況、子どもを育てる親の多様性を踏まえた実践を展開する。次のようなケースを考えてみたい。

事例

> 　Ａさんはブラジルから家族とともに日本に移り住んだ女性である。夫も日系ブラジル人で、自動車関連の工場に勤めている。Ａさん夫婦には小学生の子ども 2 人と 4 歳の子どもがいる。子どもたちにお金がかかるのでＡさんも働かなければ生活も厳しいが、4 歳の子ども（Ｂ君）に障害があり、どうしてよいかわからない状態であった。

　Ａさん家族が毎週日曜日に通う教会の神父がコミュニティ・ソーシャルワーカー*に相談し、サービスにつながったケースである。

　Ａさんのニーズは生活のために働きたいこと、そのためにはＢ君を預ける場所が必要なこと、そしてＢ君が安心して日中を過ごせることである。このケースですでに明らかなように、母親のニーズと子どものニーズがあり、ミクロレベルにおける実践であっても一人のみを対象として完結するものではない。両方のニーズを同時に考えながら支援を展開する必要があり、Ａさんが働くためのハローワークとの連携、Ｂ君が日中通える場所として障害児通所支援の利用を考えて提案した。

　Ｂ君が障害児通所支援を利用するためには、市役所を通じた手続きが必要なのはもちろんのこと、Ｂ君が楽しく通えそうな施設か、Ａさんが

★コミュニティ・ソーシャルワーカー
社会福祉協議会等に勤務し、担当する地域のさまざまな相談に応じ、地域住民を組織化しながら問題解決にかかわる。地域福祉コーディネーターとも呼ばれる。

施設のサービスを理解して、職員との信頼関係を作り、B君を預けることの不安が生じないかなども考慮して施設見学なども勧めた。このケースでは地域に適切な施設があり、障害児相談支援事業者によるサービス等利用計画（障害児支援利用計画）の作成、市役所での支給決定が順調に進み、施設での個別支援計画につながった。同時に、Aさんはハローワークの外国人雇用サービスコーナーでポルトガル語通訳の人を介して、B君の施設利用時間と合わせたパートの仕事がみつかり、働き始めることができた。

　ケースを読む限り、「ニーズが満たされている」と判断できそうだが、それで評価を終わらせてよいのだろうか。このケースは、すでに3名のソーシャルワーカーがかかわっている。まずは、最初にAさん家族に関する相談を受けたコミュニティ・ソーシャルワーカー、そしてサービス利用のための障害児相談支援事業所のソーシャルワーカー、さらに実際にB君を支援する施設のソーシャルワーカーである。

　コミュニティ・ソーシャルワーカーは、B君の個別支援計画の評価、サービス等利用計画（障害児支援利用計画）の評価を踏まえて、B君の生活状況を評価し、さらにAさんが安心して仕事ができているかといった評価を含めて、総合的にこのケースの評価をしなければならない。

　障害の特性にもよるが、このような障害児支援施設では社会性の育成などを目標としてグループワークが提供される。ソーシャルワーカーがグループワークを提供する際には、プログラムを立案して実施するため、そのプログラムが「どう機能したのか」という評価をしなければならない。

ミクロレベルにおける評価には、ほかにどのようなものがあるか考えてみましょう。

　さらにこのケースでは、B君の支援を担当している施設の評価を考えなければならない。施設は、提供する福祉サービスの質を担保するために、自らの実践を評価し、また第三者機関により評価を受ける仕組みがある。このような施設の評価を考えると、評価の焦点がミクロからメゾレベルの実践、その評価へ移動していく。

■2 メゾレベルにおける実践の評価

　実践者の立ち位置によって変化するため、ソーシャルワーク実践のメゾレベルがどこからどこまでなのかを確定することは困難である。本章では、上記のようなソーシャルワーク施設や機関、地域を対象とした実践をメゾレベルとして概説する。

❶社会福祉施設の評価

　先の事例における B 君の支援を提供した障害児の通所施設や、高齢者の入所型施設である特別養護老人ホーム、また社会的養護関係施設等は、その提供するサービスが「どう機能したのか」を振り返らなければならない。自らを評価することに加えて、施設については、1997（平成９）年に当時の厚生省で検討が始まった社会福祉基礎構造改革において、第三者による評価が位置づけられた。「社会福祉基礎構造改革について（中間まとめ）」（1998（平成10）年６月）では、以下のように述べられた。

> 　サービス内容の評価は、サービス提供者が自らの問題点を具体的に把握し、改善を図るための重要な手段となる。こうした評価は、利用者の意見も採り入れた形で客観的に行われることが重要であり、このため、専門的な第三者評価機関において行われることを推進する必要がある。

　現在、社会福祉法第 78 条で、「社会福祉事業の経営者は、自らその提供する福祉サービスの質の評価を行うことその他の措置を講ずることにより、常に福祉サービスを受ける者の立場に立って良質かつ適切な福祉サービスを提供するよう努めなければならない」とされている。そして、「国は、社会福祉事業の経営者が行う福祉サービスの質の向上のための措置を援助するために、福祉サービスの質の公正かつ適切な評価の実施に資するための措置を講ずるよう努めなければならない」と定められている。

　このように、施設における評価は、自らの振り返りに加えて第三者による評価を受け、サービス利用者へその結果が公表されるようになっている。たとえば東京都における福祉サービス第三者評価は、東京に存在するNPOや民間シンクタンクなどの多様な主体を、第三者評価システムに参加するように進め、評価機関としての外形基準を定めて認証している。そして、共通項目による評価を実施し、その結果はインターネットの「とうきょう福祉ナビゲーション」[1]で公表されている。

❷地域を対象とした実践の評価

　事例のAさんのケースでは、居住する地域に障害児の通所施設があり、B君の日中活動の場が確保できた。Aさん家族のようなケースが増えた場合や、B君の将来のことを考えたとき、関連する資源が地域にどれくらい必要なのだろうか。また、そのような地域資源は十分に活用され、機能を果たしているのだろうか。各自治体は、それぞれの地域特性

や対象者のニーズに合わせて、障害者計画や子ども・子育て支援事業計画を立案し、当該地域の状況に合わせたサービス提供のシステムを構築している。

B君が利用したような障害児の通所施設は、児童福祉法に基づいた施設となっているが、各自治体では障害者計画に障害児のサービス等も含まれている。たとえば都市部のM区では、向こう3年間の障害者施策の考え方と取り組みを示した「M区障害者計画」を策定し、そのなかには障害のある子どもの健やかな成長にかかわる療育相談の充実や、発達に関する情報の普及啓発資源、相談支援の充実と関係機関の連携の強化が含まれる。

このような地域全体にかかわる計画を策定するためには、当該地域に居住している人たちの生活実態や希望調査が必要となる。M区では、調査が3年ごとに行われ、計画策定の基礎情報となり、またこの調査が、実施された3年計画の評価となっている。市区町村における障害者計画のような福祉計画は、計画の評価を行うとともに必要がある場合は計画内容の変更を行う。それは継続的な **PDCAサイクル**[★]の実施であり、これが福祉計画の進行管理となる。

各市区町村では、対象別に障害者計画、子ども・子育て支援事業計画、高齢者・介護保険事業計画などがあり、それぞれPDCAサイクルを実施して計画の評価と必要に応じた変更が成される。これらの対象別の各計画は当該市区町村でまったく別々に実施されているのだろうか。現在の地域の状況を鑑みると、8050問題や、保育と介護のニーズを抱えた家庭への支援等、複合的なニーズがあり、それに対応する計画や制度が必要となっている。そして、複合的なニーズに対応するマクロレベルの計画や制度は、マクロレベルにおける実践の評価につながっている。

■3 マクロレベルにおける実践の評価

社会福祉法等によって、それぞれの地域においては地域共生社会の実現に向けた、地域生活課題に対応する包括的な支援体制の整備が進められている。各自治体はそれぞれの地域特性を踏まえた地域福祉計画を策定し、地域の福祉力を高め、連携を促進するために取り組んでいる。

『地域共生社会の実現に向けた地域福祉計画の策定・改定ガイドブック』によれば、「地域共生社会の実現に向けては、地域の力を強め、その持続可能性を高めていくことが必要であり、地域福祉(支援)計画の策定・改定においても、福祉の領域を超えた地域全体が直面する課題を

★ PDCAサイクル
事業やプログラムの実施にあたり、計画(planning)、実施(do)、チェック(check)、行動(act)のステージを回していくこと。

あらためて共有し、地方創生の取組と地域福祉を推進する取組を結びつけながら、地域づくりやそのための仕組づくりなどをすすめる視点が重要[2)]」としている。地域福祉計画は、各対象別の福祉計画で共通して取り組むべき事項が含まれ、メゾレベルで紹介した各計画の上位計画となる。そのため、各対象別の目標等を参照しながら、共通目標となる事項の検討や設定が必要となる。

メゾレベルで紹介したような PDCA サイクルによる進行管理は、この地域福祉計画においても必須であり、計画の評価は次のアクションに結びつけることができる。そのためには、各分野の担当者や実践者、コミュニティ・ソーシャルワーカー、民生委員や NPO の代表者などによる多角的な評価が必要になる。計画策定段階で、誰が何をどのように評価するのか、その評価をどのように次期の計画に反映させるのか等を組み込んでおくべきである。

地域福祉計画に含まれる事業が市区町村の制度に反映されると、その制度の評価は市区町村の行政評価とも関連する。行政評価においては、指標の量的な評価、コスト評価、SWOT 分析★のような質的評価などの多面的な項目により評価が実施される。

第 **6** 章 ソーシャルワークにおける評価

★ **SWOT 分析**
グループや組織の評価にあたり、その強み（strengths）、弱み（weaknesses）、機会（opportunities）、脅威（threats）の四つの分野の要因を分析すること。

2 | 根拠に基づく実践（EBP）と ナラティヴに基づく実践（NBP）

1 根拠に基づく実践（EBP）

根拠に基づく実践（evidence based practice：EBP）は、「エビデンス・ベースト・メディスン（evidence based medicine：EBM）」から各分野に波及した。「エビデンス・ベースト・ナーシング（evidence based nursing：EBN）」「エビデンス・ベースト・ソーシャルワーク（evidence based social work：EBSW）」等の総称が「エビデンス・ベースト・プラクティス」である。「エビデンス・ベースト」の潮流は 2005（平成 17）年前後から日本のソーシャルワーク界でも取り上げられるようになった。

EBSW は、クライエント、クライエント・システムに対して、よりよいソーシャルワーク実践を提供するための方針決定の行動様式である。そして、「サービスの選択と適用について、統合的、協働的過程を重要視する実践の有効性を示すエビデンスを意識的、そして体系的に特定、分析、評価、統合するもの[3)]」である。EBSW は、ソーシャルワー

Active Learning
メゾ・マクロレベルにおける評価には、ほかにどのようなものがあるか考えてみましょう。

ク実践のアプローチの一つではなく、どのような実践、支援、介入を、どのようにクライエントに届けるのか、そしてその結果はいかなるものだったのかを判断するプロセスであり枠組みであるといえる。

ところで、エビデンスとは何か。ソーシャルワーカーが実践を展開する際にアセスメントを実施し、クライエントのニーズを把握する。エビデンスは、このニーズを充足することやクライエントのエンパワメントに最も効果的な支援方法は何か、どうアプローチするのか、という状況で、ソーシャルワーカーがその選択、決断をするための根拠である。この根拠を経験則や勘に頼るのではなく、調査や研究でその有効性が明らかになった科学的な根拠を実践に適用するものであり、第3章で解説したような調査と実践の結びつきを示唆している。

EBPの一連のプロセスは四つのステージからなる。第一ステージは、クライエント、クライエント・システムをめぐる問題を明確化することである。ソーシャルワークのアセスメントは、問題を抱えた人のみを対象とせず、その人の置かれた状況を含めたアセスメントを実施する。それにより、クライエントとクライエント・システムの問題が明確化される。

第二ステージでは、アセスメントで明確化された問題にどのようにアプローチすればよいのか、その根拠を探る。その際に、根拠を経験や勘に頼るのではなく、同じような問題や状況に対して、どのような支援がなされ、どのような結果になったのかをインターネット上のデータベースから検索し、得られた文献を分析する。世界的には社会科学の分野において、キャンベル共同計画★が、系統的レビューを行いエビデンスの産出と普及を行っている。

第三ステージでは、検討された支援方法を根拠として実践を展開する。どのようなアプローチでどのくらいの支援を展開するのか、アセスメントで得られた情報と第二ステージで得られた根拠をすり合わせて、よりよいソーシャルワークの介入、実施を展開する。

第四ステージでは、ソーシャルワークの介入、実施の結果を評価する。第二ステージで得られた先行する実践がどのように評価されたのか等も踏まえて、クライエントとクライエント・システムの変化や実践の効果を評価し、一連のプロセスが完了する。

このように、EBPはエビデンスに基づく実践を積み重ね、その継続は近代科学が求め続けている再現性の保持や、担保という科学認識論的な文脈にも合致している。経験則や勘、権威主義の実践ではなく、EBP

★キャンベル共同計画
キャンベル共同計画は非営利団体で、エビデンスベースの社会政策を推進するため系統的レビューや出版を行っている。取り扱っている分野は、経営学、犯罪学、教育学、国際開発、社会福祉などである。

はその時点で、よりよいソーシャルワークを提供する意識を具現化する実践であり、専門職としての意思決定、説明責任にも貢献する。

2 ナラティヴに基づく実践（NBP）

第5章で紹介したように「ナラティヴは通常、『語り』または『物語』と訳され、『語る』という行為と『語られたもの』という行為の産物の両方を同時に含意する用語[4]」であり、対象者の語りと、語られた内容が含まれる。ナラティヴの特徴として「複数の出来事が時間軸上に並べられている[5]」ことがあり、ナラティヴアプローチは「『ナラティヴ（語り、物語り）』という視点から現象に接近するひとつの方法[6]」であり、「『ナラティヴ（語り、物語り）』という形式を手がかりにして何らかの現実に接近していく方法[7]」である。

クライエントに寄り添うことを特徴とするソーシャルワークは、伝統的にクライエントの語りを重要視してきた。クライエントの語りに寄り添うことは、各クライエントの問題を個別化し、語りによってソーシャルワーカーはクライエントの置かれた状況を理解する。アセスメントやインタビューにおいて、クライエントがどのように自分自身、そして自分自身が置かれた現実を語るのか、これまでの生活や生活問題をクライエントはどのように語るのかは、ソーシャルワーカーが傾聴する項目である。このようなクライエントのナラティヴ（語り、物語り）は、調査に用いることも実践に用いることもでき、それらを総称したものがナラティヴアプローチである。

ナラティヴに基づく実践（NBP）も、エビデンス・ベースト・メディスン（EBM）と同様に医療におけるナラティヴ・ベースト・メディスン（NBM）から波及した。グリーンハル（Greenhalgh, T.）は、NBMについて、「臨床の知の、他のものでは変えがたい、症例に基づいた（すなわち物語りに基づいた）特性とは、まさに、自分の前にあるその問題を前後関係の文脈の中でとらえ、個人的なものとして扱うことである[8]」としている。そして「臨床における医師と患者の出会いのなかで、主観性の必要性を取り除くことなく、経験的な根拠（エビデンス）を妥当に適用するためには、物語り（ナラティヴ）に基づいた世界の大地にしっかりと根を下ろすことが必要である[9]」と述べている。

NBPはスピーチ・セラピーや情報科学分野で適用され、ヘルスケア、社会的ケアに波及したが、NBPという表現や実践の準拠枠はEBPのように確立することにはならなかった。ソーシャルワーク実践におけるナ

ラティヴアプローチは、クライエントから発せられるさまざまな形の語りに価値を見出し、クライエントの理解を促進するための重要な手段であり、よりよいソーシャルワークを提供するための意思決定、知識基盤の形成、クライエントからの信頼を得ることにも役立つ。

EBPの一連のプロセスに評価が含まれているように、ナラティヴアプローチによる実践も評価が求められる。クライエントの語りを基盤とした実践は、当該クライエントに固有のものとなる。そして、実践の結果についても、本人がどう語るか、ソーシャルワーカーとともに評価する。

3　アカウンタビリティ

アカウンタビリティ(accountability)は一般に説明責任と訳される。行政、企業、団体などがそれぞれの機能を果たすなかで、対象となる人たちはもちろん、ステークホルダー(利害関係者)や社会一般に対して、自分たちが何をやっているのか、制度運用、事業内容について説明できなければならない。アカウンタビリティは組織だけではなく、専門職もその機能を果たし、実践を展開するなかで説明責任を果たすことが求められる。

ソーシャルワーカーは、クライエントと関係者、所属する組織・団体、地域等に対して説明責任を果たし、また社会福祉のサービスが公的資金で賄われていれば、納税者に対しても説明責任を果たす。このように、ソーシャルワーカーが重層的なアカウンタビリティを担う際に、評価はその手段となり、アカウンタビリティを示す資料を提供する。

前述したEBPとNBPは対立するものではなく、双方の特徴を活かし、問題に応じて選択される。アカウンタビリティを果たすためには、評価の段階だけではなく、アセスメントの段階から、なぜそのようなアセスメントを実施するのか、なぜその人たちから話を聞くのかなど、実践を説明できるように意識しておく必要がある。

第3章で紹介したように、ソーシャルワークのプロセスにおいて調査の知識と技術が役立つ。ソーシャルワークはプロセスを重要視する実践を展開しつつ、意図的にクライエントにかかわる。意図的なかかわりとは、その結果を想定したかかわりであり、ソーシャルワーカーは常に、アセスメントで得られた情報をもとに、「こうなるだろう」という結果

を予測してかかわりを計画し、実践を展開する。この意識を言語化することもアカウンタビリティを果たすことにつながる。

　先に述べたようにソーシャルワークの実践はミクロからマクロレベルにかかわり、その実践を一括りにした評価は困難である。それぞれのレベルでの、焦点化された実践を評価し、その評価を公表することで、アカウンタビリティを果たすことができる。繰り返しになるが、ソーシャルワーク実践においては、アセスメントの段階から問題に適した実践を選択し、実践を展開する。そして、当該実践に適した評価方法を選択し、その評価結果については、評価を知りたいという人たちにわかりやすく提示する。それがアカウンタビリティにつながり、その継続が専門職としての社会的認識を高める。

Active Learning

評価のほかにアカウンタビリティを高める方法について考えてみましょう。

第 **6** 章 ソーシャルワークにおける評価

◇引用文献
1）公益財団法人東京都福祉保健財団「東京都福祉サービス第三者評価」 http://www.fukunavi.or.jp/fukunavi/hyoka/hyokatop.htm
2）全国社会福祉協議会『地域共生社会の実現に向けた地域福祉計画の策定・改定ガイドブック』p.13, 2019.
3）Cournoyer, B.R., *The evidence-based social work : Skills book*, Allyn and Bacon, p.4, 2004.
4）野口裕二『ナラティヴ・アプローチ』勁草書房, p.1, 2009.
5）同上, p.2
6）同上, p.5
7）同上, p.8
8）Greenhalgh, T. & Hurwitz, B., *Narrative based medicine : Dialogue and discourse in clinical practice*, BMJ Books, 1998.（斉藤清二・山本和利・岸本寛史監訳『ナラティヴ・ベイスト・メディスン——臨床における物語りと対話』金剛出版, p.21, 2001.
9）同上

◇参考文献
・志村健一「ソーシャルワークにおける『エビデンス』と実践への適用」日本社会福祉学会編『対論 社会福祉学 5 ソーシャルワークの理論』中央法規出版, pp.88-123, 2012.
・全国社会福祉協議会『地域共生社会の実現に向けた地域福祉計画の策定・改定ガイドブック』2019.
・Campbell Collaboration https://www.campbellcollaboration.org/

ソーシャルワークにおける評価対象

1 評価の対象

　ソーシャルワークにおける評価は、福祉サービスの安全性やその有効性について利用者や社会に対して説明責任（アカウンタビリティ）を果たすとともに、よりよい実践やプログラムを提供するために不可欠であり、ソーシャルワーカーや社会福祉機関にとって非常に重要なものである。では、ソーシャルワークにおける評価では、何を評価したらいいのであろうか。ここでは、実践、プログラム、政策、構造の四つに分けて説明する。

1 実践

　ソーシャルワーカーは、何らかの福祉的な課題を抱える個人、家族、グループ、あるいはコミュニティに対して専門的な介入を提供する。このソーシャルワーカー個人のソーシャルワーク実践のなかで提供した介入の効果、およびその効果によるサービス利用者のクオリティ・オブ・ライフ（quality of life：QOL＊）に変化がみられたかどうかを確認していくことは、ソーシャルワークの説明責任の観点から非常に重要である。たとえば、「夫の死を受け入れようとしているAさんに対して提供しているグリーフケア＊はどれくらい効果的か」や「私が提供しているグリーフケアを受けているAさんはどのような経験をしているか」といったことを確認していくのである。実践のなかで自分の介入を継続的に評価することで、自分が提供している実践がうまくいっているかを確認し、その介入を継続するか、あるいは異なった介入に切り替えるかの判断を行うとともに、利用者に対しても実践の効果を提示することが可能となる。

　また、ケース終結後に、そのケースにおける介入の効果を確認するこ

★QOL
「生活の質」を表す概念であり、人間が生きるうえでの満足度を表す指標の一つである。身体的な健康だけでなく、精神的、社会的、経済的、すべてを含めた生活の質を意味する。

★グリーフケア
グリーフとは深い悲しみを意味する。親族や家族、友人など親しい人との死別を体験し、悲嘆の日々を過ごしている人に寄り添って世話することで、その深い悲しみから立ち直れるように支援するのがグリーフケアである。

とも重要である。利用者はもちろん、同僚、機関運営者、資金提供者といった利害関係者に、自分の実践の有効性を提示することは、ソーシャルワーカーの説明責任である。

いずれにしろ実践評価では、ソーシャルワーカー個人の介入の効果を確認するものであり、通常1人の利用者、あるいは一つの家族、グループ、コミュニティを対象に評価を行う。その手法としては、記述的または説明的、質的または量的などさまざまなものを用いることができる。しかし、実践へフィードバックする場合には、実践のなかで継続して実施でき、低予算で即時的な情報提供が可能な手法を用いることが望ましい。

2 プログラム

実践評価がソーシャルワーカー個人の介入の効果を確認するのに対して、プログラム評価はソーシャルワーカー個人の実践ではなく、プログラム全体としての有効性を評価するものである。たとえば、「プログラムXは、DVのサバイバーたちへの支援および保護としてどれくらい有効か」や「プログラムXのサービスを受けている人たちはどのような体験をしているか」といった問いに答えるものである。プログラム評価は、以下の五つの目的のために実施される。

❶改善・発展のための評価

一つ目は、既存のプログラムをより効果的なものに改善・発展させていくことを目的に行う評価であり、そのプログラムが利用者たちの症状や状況を改善したかなど、ミクロレベルでの効果を確認するものである。実践評価における継続的な評価と同様に、短期間でより具体的な情報を得られる手法、つまり形式に捉われず、すぐに役立つ情報の収集が必要となる。なぜなら、もしプログラムが意図せず利用者たちに悪影響を及ぼすような副次的影響がある場合には、すぐに何らかの対応をとる必要があるからである。

こうしたプログラムを提供するなかで、継続的にその効果を確認する評価は、プロセス評価または形成的（フォーマティブ）評価と呼ばれる。評価者は、プログラム実施中に、ソーシャルワーカーなどのプログラム実践者やその利用者、プログラムの立案者や運営者、資金提供者などに対してプログラムのニーズ、施行方法、効果や効率性などの情報提供を行う。これにより、プログラムの改善や開発を行っていくのである。

❷説明責任のための評価

プログラム評価は、投入された資金や資源がそのプログラムの効果としてどのように現れたかを、利害関係者に説明するために行われることもある。たとえば、多くの税金が投入される大規模な公的な福祉プログラムは、実際にどれくらいの効果があったのかを社会に対して提示して、説明責任を果たす必要がある。

この評価は**総括的評価**あるいは**サマティブ評価**と呼ばれ、プログラムの効果が定量的な指標で示される。したがって、この評価は科学的基準に沿った形で行われ、信頼できるものでなければいけない。なぜなら、この評価の結果をもとに、プログラム施行に関する規定の見直し、利用者への配慮、新たに必要となってくる資源の確保など、プログラムの継続の方向性が議論されるからである。

❸知識習得のための評価

プログラム評価は、そのプログラムが実施されている現場や状況についてより深く理解するためにも行われる。つまり、単にプログラムによって問題が軽減したという事実だけを確認するのではなく、その背後にある「特定の介入によって問題が軽減した」という仮説の検証を行うことによって、効果が得られる仕組みについての理論構築が可能となるのである。

たとえば、園児が望ましい行動をとった直後に保育士がすぐ褒めることによって、望ましい行動が増えたかどうかを確認するプログラム評価であれば、学習理論における「正の強化[★]」に基づく仮説を検証することになり、学習理論に基づく保育が有効であるという知識が蓄積されていくのである。

❹価値判断および意思決定のための評価

プログラム評価は、その結果をもとに何らかの政策的決定を下すために行われることもある。この場合、プログラムの実施に際して設定された目標を達成したか、うまくいっているかを確認して、このプログラムを継続するべきか、中止すべきかの判断を下すのである。こうした目的のためにプログラム評価を実施する場合には、**実験計画法**などの科学的な手法でそのプログラムの効果を確認したうえで、政策に関する慎重な判断を行う必要がある。

❺広報のための評価

ここまで紹介した四つの評価と異なり、単にそのプログラムをアピールしたり、広報するために行われるプログラム評価もある。特にビジネ

★正の強化
学習理論のなかのオペラント条件づけの一つ。「部屋の片づけをしたら母親に褒められたので繰り返し行うようになった」のように、行動の結果として好ましい事象が提示されることでその行動が増加するのが正の強化。

スの一環として提供される大規模なプログラムの場合、その準備と実施には多額の資金が投入されることがあり、そのために経済的により円滑なプログラム運営を行っていくための広報活動が必要となってくる。広報活動は資金提供者に対してもよいアピールになるし、プログラムの継続・拡張にもつながっていくが、広報のための評価は政治的な要素が大きく、ソーシャルワーカーがかかわるべきではない。

3 政策

　ソーシャルワークの領域では、実践や福祉プログラムだけでなく、その根底にある組織、地方自治体、あるいは政府の社会福祉に関連する政策の公平性や効果を評価することも重要である。たとえば、「子育て支援、障害者の自立支援、高齢者の生きがいサポートといったプログラムを含むA市の地域福祉計画は地域住民の生活満足度を高めたか」や「地域住民はその地域福祉計画のなかのサービスをどれくらい利用し、どのような体験をしているか」といった問いに答えるものである。

　対象となっている課題に対する政策立案計画の有無、政策策定段階における意思決定や政治的プロセス、政策が確定するまでの動向など、政策の「過程（プロセス）」に焦点を当てることもあれば、策定プロセスの「結果」に焦点を当てる場合もある。さらに、政策選択の結果によって生じる成果が評価されることもある。この場合、政策の実行が効果的かどうか、政策によってどんな「影響（インパクト）」があったかを分析する必要がある。

4 構造

　ここまで説明してきた実践、プログラム、政策は、特定の福祉的な課題やニーズに対する介入を評価するものであった。ソーシャルワークの現場では、こうした実践、プログラム、政策自体ではなく、それらが必要となる背景の福祉的な課題やニーズの構造を評価することも不可欠である。なぜなら、課題やニーズの構造を評価しなければ、適切な実践、プログラム、政策を提供・立案することは不可能だからである。つまり、どのような人たちがどのようなニーズや課題に直面しているのかを明らかにしたり、それぞれの課題やニーズの程度や状況を確認したり、課題やニーズが生まれる背景を探索したりすることで、必要な実践、プログラム、政策を確立していくのである。

　ソーシャルワークは伝統的に状況のなかの人に着目してきた。また、

クライエント・システムというクライエントの理解を大事にする。状況、クライエント・システムを理解するためには、その構造を把握しておく必要がある。アセスメント時における評価、支援プロセスにおける評価、そして終結時の評価において、構造の評価という視座も忘れてはならない。

2 ▷ 評価の種類

　ソーシャルワークにおける評価では、どの段階で評価を行うかによって、評価の種類が異なってくる。ここでは、ニーズ評価、過程（プロセス）評価、結果（アウトカム）評価、影響（インパクト）評価、費用対効果評価に分けて、評価の種類を説明していく。

■1 ニーズ評価

　実践、プログラム、政策に関して最初に必要となるのが、福祉的な課題やニーズの構造を評価するニーズ評価である。ニーズ評価を行わなければ、どのように実践を提供したらよいのか、どのようなプログラムを提供したらよいのか、どのような政策を立案したらよいのかがわからないからである。

　ソーシャルワーカー個人の実践におけるニーズ評価は、個別のケースにおけるアセスメントということになるであろう。利用者自身の情報、その人が抱える問題状況、その人の置かれている環境などについての情報を収集してアセスメントし、支援の方針を決定していくことになる。

　これに対して、プログラムや政策の場合であれば、社会的な課題が存在するのかどうか、存在するのであればその内容、程度、範囲などを明らかにし、実施可能で、有効で、適切な対処方法を提案することを目的にニーズ調査を実施する必要がある。たとえば、既存の社会サービスに関する課題に直面するところからニーズ調査が必要となることもあるだろうし、必要なサービスが存在しないという認識からニーズ調査を実施することもあるであろう。市民が生活上の不便さを感じたり、政治的あるいは経済的状況の変化、地域（人口や地域開発）の状況変化などからも、ニーズ評価の必要性が生まれてくる。たとえば、子ども家庭支援センターであれば、地域の子育て教室への参加者数が減ってきたという状況に対して、プログラム内容が時代遅れ、あるいはそもそも地域のニー

ズとマッチしていないではないかという判断のためにニーズ調査を行う
かもしれない。

　ニーズ評価の最初のステップは、特定の場所（組織、近隣地域、コミュ
ニティなど）における社会問題（たとえば、薬物依存、差別、ひきこも
りなど）の分析を行うことである。ただし、ニーズ評価は問題の程度の
把握だけでなく、その問題に対してどのような対策が必要かまでを明ら
かにする必要がある。

　したがって、ニーズ評価では以下の四つの事柄を明らかにする必要が
ある。

❶　属性：問題を抱えている地域あるいは人たちの属性（特性）。

❷　経緯：そのニーズは時間とともに変化したか。それに対するサービ
　　スはどのように提供されてきたか。過去5年間でその地域の状況は
　　どのように変化したか。これまでどのような解決法が有効だったか。
　　など。

❸　要望：既存のサービスは対象者のニーズにマッチしているか。既存
　　のサービスが十分に対応できていないものは何か。対象となる人たち
　　はどんなサービスを要求しているか。それは提供可能か。

❹　強味：コミュニティが有する強み、機会、社会的資源にはどんなも
　　のがあるか。

　ニーズ調査を実施しないで、うわさ、個別のケースにおけるニーズ、
推測だけでは、新しいプログラムのための資金を獲得するのは不可能で
ある。なぜなら、政府、自治体、財団といった助成団体は、科学的な方
法によるニーズ評価によって明らかになる、そのプログラムの必要性を
示す客観的なデータの提示を求めることが多いからである。ここでは、
一部の人がその社会問題をどのように体験しているかの深い理解ではな
く、そのようなニーズがどれくらいの人にあるのかが大事なので、量的
な手法が用いられることが多い。ただし、ニーズ評価の初期の段階で、
質的な手法によって特定の集団のニーズを評価するための重要な示唆や
新しい方向性を明らかにすることもある。たとえば、最初に施設で生活
する障害者の要望に関する質的な個別インタビューを通して、施設では
ない代替的な住環境の必要性を明らかにしたうえで、より多くの障害者
を対象に地域のグループホームのニーズに関する大規模な質問紙調査を
実施するといったような場合である。

第6章
ソーシャルワークにおける評価

2 過程（プロセス）評価

　過程（プロセス）評価は、形成的評価とも呼ばれ、ソーシャルワーカーの個別の実践の、あるいはプログラムや政策の、計画、開発、実施を評価するものである。個別のケースにおける利用者に対するサービス提供の過程、あるいは実際の福祉プログラムや政策の利用者や市民に対するサービス提供の過程（たとえば、その内容、頻度、期間など）を明らかにする。

　その焦点は利用者に対してどのようにサービスが提供されているか、あるいはどのように福祉プログラムが毎日運営されているかに当てられる。言い換えると、ここでの中心的な関心はサービス提供の方法であり、その結果や成果は二次的なものとなる。つまり、プログラムのサービスがどのように利用者に提供され、それらのサービス提供のためにどのような運営管理がなされているかということに関心が向けられる。

　過程評価では、2種類の過程を評価する必要がある。一つは「サービス利用領域」に関するもので、もう一つは「プログラム組織の領域」に関するものである。「サービス利用領域」に対する過程評価は、対象となる人たちはそのサービスをどれくらい利用しているか、ソーシャルワーカーや機関は何を提供しているか（たとえば介入や支援業務、プログラムの内容）、それは対象者に届いているかといったことを評価する。

　一方、「プログラム組織の領域」とは、プログラムにおける利用者へのサービス提供システムを維持するために必要な組織的な活動（たとえば、スーパービジョン、サポートスタッフ、緊急時に必要な資金、評価活動）であり、計画と実際に行われていることの比較を行い、サービス提供や支援機能がプログラムの計画とどれくらい一致しているかを評価するものである。

　いずれにしろ、過程評価には、コミュニケーションの流れ、意思決定の手順、スタッフの仕事量、ケース記録の管理、プログラム支援、スタッフの研修、ソーシャルワーカーと利用者の間の活動といった変数について測定し、観察することが含まれる。言い換えると、利用者のためになるプログラムの提供にかかわるすべての活動が、過程評価の対象となる。

　したがって、過程評価では**表6-1**の六つを明らかにする必要がある。

3 結果（アウトカム）評価

　過程評価とは対照的に、総括的評価とも呼ばれる結果（アウトカム）評価は、ソーシャルワークの実践、プログラム、政策の目標や目的がど

表6-1　過程評価で明らかにすべき6事項

❶プログラムの提供体制	提供組織の構造、意思伝達の流れ、意思決定の手順、職員雇用の採用基準など。
❷プログラム支援	ソーシャルワーカーが仕事をするうえで、どんな支援があるか。スタッフへの研修やスーパービジョンに倫理綱領の原則が含まれているか。
❸利用者へのサービス提供	ソーシャルワーカーの活動の質はどうか。ソーシャルワーカーはどのような支援を提供しているか。その頻度はどうか。
❹意思決定	実践の意思決定はどのようになされているか。ソーシャルワーカーの活動や意思決定がどのように記録に残されているか。
❺プログラムの精度	計画どおりにプログラムは実施されているか。されていないのであれば、どこが異なるのか。
❻コンプライアンス	プログラムは、資金提供機関、認証団体、あるいは政府の定める基準を満たしているか。実際のサービス提供や支援機能は、プログラムの計画とどれくらい一致しているか。

第6章 ソーシャルワークにおける評価

れくらい達成できたかという「結果」を評価するものである。ここでいう結果とは、実践、プログラム、あるいは政策によって、その対象となっている人たちや対象物に起こる変化（効果）の状態である。たとえば、施設の高齢者を対象にしたレクリエーションのグループワーク後の高齢者の生活満足度は結果の指標である。つまり、結果とは実践、プログラム、あるいは政策そのものの特性ではなく、対象である人や社会状況に関する特性である。

　したがって、結果評価とは、ソーシャルワークの実践、プログラム、政策のサービス提供後に、利用者が経験する変化の方向およびその程度（量）を測定するものである。つまり、支援の終結後、あるいはその後のフォローアップの段階で、利用者に関する変化の程度や内容を明らかにするのである。

　具体的には、結果評価では以下の三つを明らかにする必要がある。

❶　精度：実践、プログラム、政策は計画どおりに利用者に変化を起こしているか。どの程度、目標を達成しているか。事前に設定した目標の最低基準をクリアしたか。

❷　効果：利用者はよくなっているか。

❸　満足度：利害関係者は実践、プログラム、あるいは政策のサービスに満足しているか。

4 影響（インパクト）評価

　成果に基づく評価の一つである影響（インパクト）評価は、その実践、プログラム、あるいは政策がない場合よりもあった場合のほうが効果があったか、あるいはほかの実践、プログラム、あるいは政策と比較してより効果があったかどうかを評価するものである。この影響評価は結果評価と分けて説明される場合もあるが、結果評価に含まれることもある。

　政策に対する影響評価の場合、まずは政策形成の段階で試験的プログラムの影響評価を行い、そのインパクトが確認されれば限られた地域でプログラムが開始され、それらの地域でもインパクトが確認されれば、政府の政策として全国的に実施されることとなる。また、既存のプログラムにおいても効果を高めることを目的にしたり、目標の変更に伴ってプログラムの一部を修正した場合に、その影響を評価するために実施されることもある。また、影響評価を定期的に行うことで、継続的にその実践、プログラム、あるいは政策の有効性の確認を行うことができる。

　影響評価は、目的とした効果をその実践、プログラム、あるいは政策が実際に生み出したかを確認するものなので、これを行うためには無作為化フィールド試験法のような厳格な評価方法が必要だが、時間や金銭、協力といった実践上の配慮、対象者の人権の保護といった観点から、使用できる評価方法や方法が限定されることも多い。

　影響評価では以下の三つを明らかにする必要がある。

❶　比較：同じような実践、プログラム、あるいは政策を利用している人たちよりもよくなっているか。効果がどれくらい持続しているか。

❷　効果の差異：利用した人たちのなかに効果の差があるか。どのような人たちに対してより効果的だったか。

❸　因果関係：利用している人がよくなった要因が実践、プログラム、あるいは政策であるという証拠があるか。

5 費用対効果評価

　財政に関する説明責任を果たすための費用対効果評価は、特定の人たちに対してサービスを提供することにかかる費用についての評価である。ほかのプログラムと比較して、利用者に望ましい成果を起こすのに費用を低く抑えることができたときに「費用効率が高い」ということができる。たとえば、仮釈放のほうが刑務所での拘留よりも費用効率が高い。なぜなら、24時間の監視も、刑務所という施設も不要だからである。仮釈放が再犯行動を防ぐことができたなら、さらにその評価は高くなる。

　費用対効果評価のみでも費用についての情報やデータを得ることができるが、それがどのように実施され（過程評価）、どのような変化を利用者にもたらしたか（結果評価）、ほかのプログラムより効果的だったのか（影響評価）などの結果と合わせることで非常に有益な情報を得られるのである。

　費用対効果評価では以下の三つを明らかにする必要がある。

❶　ユニット費用：利用者1人当たりにかかる費用の平均額はいくらか。各サービス（たとえば、インテーク、アセスメント、介入、フォローアップ）にかかる費用の平均額はそれぞれいくらか。

❷　費用配分：費用のどれくらいの割合が、利用者への直接的なサービス、組織運営費、プログラム開発にそれぞれ使用されているか。資金不足によってどんなサービスが提供できていないか。

❸　費用削減・費用回収：効果を損なわずに費用を削減する方法はないか。たとえば、個人ごとではなく複数の人たちに対して同時にサービスを提供できないか。費用回収ができる方策はないか。

Active Learning

1～5の評価対象について、なぜそれらの評価が必要なのか考えてみましょう。

第6章　ソーシャルワークにおける評価

◇参考文献
・Gilbert, N., & Terrell, P., *Dimensions of social welfare policy* 7*th* ed., Allyn & Bacon, 2010.
・Ginsberg, L. H., *Social work evaluation：Principles and methods*, Allyn & Bacon, 2001.
・Grant, D., 'Clinical social work', Mizrahi, T.M. & Davis, L.E. eds., *Encyclopedia of social work*, NASW Press, pp.317-326, 2008.
・Grinnell Jr., R. M., Unrau, Y. A. & Gabor, P., 'Program evaluation', Mizrahi, T.M. & Davis, L.E. eds., *Encyclopedia of social work*, NASW Press, pp.429-434, 2008.
・Marlow, C.R. & Boone, S., *Research methods for generalist social work* 4*th* ed., Brooks/Cole, 2005.
・P.H. ロッシ・M.W. リプセイ・H.E. フリーマン『プログラム評価の理論と方法——システマティックな対人サービス・政策評価の実践ガイド』日本評論社，2005.
・Vandiver, V.L., 'Macro social work practice', Mizrahi, T.M. & Davis, L.E. eds., *Encyclopedia of social work*, NASW Press, pp.139-144, 2008.
・安田節之・渡辺直登『プログラム評価研究の方法』新曜社，2008.
・Yegidis, B.L., Weinbach, R.W. & Morrison-Rodriguez, B., *Research methods for social workers* 3*rd* ed., Allyn and Bacon, 1999.

● おすすめ
・平山尚・武田丈・藤井美和『ソーシャルワーク実践の評価方法——シングル・システム・デザインによる理論と技術』中央法規出版，2002.
・P.H. ロッシ・M.W. リプセイ・H.E. フリーマン『プログラム評価の理論と方法——システマティックな対人サービス・政策評価の実践ガイド』日本評論社，2005.
・安田節之・渡辺直登『プログラム評価研究の方法』新曜社，2008.

ソーシャルワークにおける評価方法

● 評価方法の選び方について理解する
● 質的な評価方法について理解する
● 量的な評価方法について理解する

1 評価方法の選び方

　ソーシャルワークにおける評価方法の選択は、評価の対象となる実践、プログラム、政策がどの段階にあるかを基準に考えることが重要である。今後のサービス提供のための計画段階にあるのか、すでに小規模にサービスを提供し始めているが今後大規模に普及させようと計画している段階か、すでにプログラムは安定して提供されている段階かといったことを考慮する。

　プログラムや政策が現在どの段階にあるかは、そのプログラムが何年前から開始されたかという提供期間の長さだけで判断するのではない。現在のプログラムにおいてスタッフがどのように活動しており、何に時間をかけているか、プログラムの予算の優先順位は何に置かれているか、そのためにどのようなデータ（記録）が収集されているかなどを総合的に判断することが重要である。

　近年、ソーシャルワークにおいて説明責任の重要性が増してきたことに伴って、さまざまな評価の手法やデザインが開発されるようになってきた。プログラムや政策の初期の段階で必要となるニーズ評価では、質的、量的の両方の手法が用いられることが多い。たとえば、「この地域ではエイズ感染予防のプログラムは必要だと思いますか」といったオープンエンドの質問を、多様な背景のグループの人たちに、1対1のインタビュー、またはフォーカス・グループ・インタビュー[★]で尋ねることもあるであろう。あるいは、こうした設問を載せた質問紙調査を行うこともある。質問紙調査では、プログラムや政策の必要性の程度を明らかにするために、対象者あるいはソーシャルワーカーに対して行われる。

　ニーズ評価に必要なデータは、国勢調査、官公庁や自治体の実施する

★フォーカス・グループ・インタビュー
ある目的に対する情報を収集するために集められた少人数の集団（グループ）に対して、調査者の進行に沿って行う座談会形式のデータ収集法であり、参加者たちが自由に発言できることで新しい発見が可能となる。

調査など既存の調査の2次データを活用できる場合も少なくない。たとえば、特定の地域でのプログラムや政策の必要性を明らかにする際に、その地域の年齢別の人口データから、高齢者向けのプログラムの必要性、就学前の子どもの数のデータから保育プログラムの必要性を判断するのである。

　過程評価では、評価者はその実践、プログラム、あるいは政策がどのように提供され始め、どのような修正が必要かを判断するため、記述的なデータ（個人の観察による）を収集することが多い。記述的なデザインは、たとえば「そのプログラムの対象となる人たちが、きちんとサービスを利用しているか」といった質問に答えるために用いられることもある。こうした場合には、利用者、対象者、スタッフに対する詳細な個人インタビューを行い、その内容分析を実施するかもしれない。

　実践やプログラム、政策の効果あるいは成果を評価する場合は、評価者はプログラムがどれくらい成功したかを明確に示す指標を提示してくれる評価方法を使用するであろう。そこでは、従属変数（プログラムの成功の指標）の操作的定義、その測定のための適切な尺度の開発または選択、評価方法に基づくデータ収集、結果の分析および解釈、リポートの作成が必要となってくる。

　影響評価では、実験計画法や疑似実験計画法が用いられる。そこでは、プログラムの成功を評価するために、プログラムの提供前のプリテストと提供後のポストテストの段階での従属変数の測定が実行されることが多い。結果評価でも影響評価でも、信憑性を高めるために客観性が重要視されるため、質的よりも量的な手法が用いられることが多い。そこでは、予測される結果についての明確な理解と、それを測定するための適切な測定尺度の選定が非常に重要となってくる。特に評価が結果に基づいて行われるのであれば、厳格な尺度（標準化された尺度や指標）が用いられるべきである。しかし、オリジナルの尺度が必要な場合は、高い**妥当性**と**信頼性**をもつ尺度を開発していく必要がある。

2　具体的な評価方法

1　質的な評価方法

　評価で用いられる具体的な手法は、観察や測定によって得られたデータをグラフや頻度、その他の統計で表す量的手法が多いが、数量的でな

い変数や特性に着目する質的な手法を用いた評価方法もある。

　ニーズ調査や過程評価で用いられることの多い質的な手法では、量的データの収集よりも、プログラムを理解すること、あるいは観察を通した行動パターンの把握が強調され、行動の直接的な観察やインタビューによって情報が収集される。たとえば、過程評価のケーススタディでは、評価者が時間をかけてプログラム内の動きを観察し、スタッフ、利用者、地域の住民などに対するインタビューなどを通して、プログラムのなかで何がどのように行われたかを確認していく。質的手法による結果評価では、上記の情報に加え、サービスに関連する統計やプログラムの記録なども含めて、実践、プログラム、あるいは政策によって対象者や対象物にどのような結果がもたらされたかを観察やインタビューから明らかにしていく。

　ただし、ケーススタディのような質的手法によって導き出された結論は普遍的なものだとは言い難く、解釈には注意が必要である。なぜならデータを収集した調査対象の数が少なく、母集団を代表しているとはいえないからである。したがって、あるケーススタディにおいて特定の調査対象から発見された評価結果が、ほかの対象者にも当てはまるという保証はない。

　しかし、質的な手法の特徴は、後述の量的な手法では不可能な、人間の行動や現象の背後にある感情や思考に対する深い洞察が可能な点にある。たとえば、ソーシャルワークの実践やプログラムを提供するなかで、利用者がどのように感じ、どのように反応するのか、どうしてそのような反応や行動をとるのかといった質問や疑問に答えることが可能である。また、地域のさまざまな人たちを観察したり、インタビューしたりするなかから、特定の人たちのニーズが明らかになると同時に、どうしてそのようなニーズが存在するのか、どのような支援やプログラムを望んでいるのかが理解できるのである。

　なお、より詳細な質的調査の方法については第5章を参照されたい。

▌2 質問紙調査法

　ニーズ調査や結果調査では、質的な手法とともに、量的な手法である質問紙調査法が用いられることが多い。たとえば、「介護保険制度の利用者のうち、どれくらいの人がサービスに満足しているのか」「LGBTQ＋の若者の多くが直面する課題とはどのようなものか」などを大規模に調べる際に有効である。

★ LGBTQ＋
性的少数者の総称であり、Lはレズビアン、Gはゲイ、Bはバイセクシュアル、Tはトランスジェンダー、Qはクィアやクエスチョニングの頭文字であり、それ以外の多様なセクシュアリティも含めるという意味で＋。

　質問紙調査では、まず、「誰についての情報が知りたいのか」ということを決定しなければいけない。そのうえで、悉皆調査と標本調査のどちらを実施するのか、また標本調査の場合にはどのようなサンプリング方法を用いるのかを決定する。

　対象からデータを収集するのに用いられる質問紙（質問票）はその評価に必要なデータ（情報）を収集するための質問項目を適切に配列するとともに、回答者が誤解せず、回答しやすいものとなるよう注意深く作成する必要がある。

　質問紙を用いてのデータ収集方法は、その評価にかけられる費用、時間、労力などの実行可能性、評価の目的や対象者、高い回収率、調査者の影響が少ないといった信頼性の高いデータ収集の可能性などのバランスをとりながら選択する必要がある。決定した方法に基づいてデータ収集を行う際には、研究の目的やプライバシーの保護の方法、必要な情報を依頼状の形にまとめて理解してもらったうえで、参加の意志を確認し、同意を得た人からのみデータを収集する。

　収集された膨大な量のデータは、そのままの形では非常に理解が困難なので、データ分析によってデータをより理解しやすい形に変換する。そうすることで、地域のニーズを見極めたり、プログラムや政策の結果などを判断したりすることが可能となる。

　なお、より詳細な質問紙を用いた調査法については、第4章を参照されたい。

3 実験計画法

　結果評価、特に影響評価で活用されるのが、実験計画法である。たとえば、「ロールプレイを活用した違法薬物濫用予防プログラムに参加した児童たちは、そうでない児童たちよりも成人後の違法薬物の使用率は低くなるか」や「高齢者施設で新しく開始するレクリエーションを中心としたグループワークは、既存のプログラムと比較して入所者のQOLを高めるのにより効果があったか」といったことを確認する際に活用される。実験計画法にはいくつかの種類があるが、因果関係の確立に最も優れるのが集団比較に基づくランダム化比較試験である。ここでは、後者の影響評価を例に、ランダム化比較試験を用いた影響評価の進め方を説明する。

❶実験計画法の準備

　質問紙調査と同じように、実験計画法でも実施前に変数の定義、調査

対象やデータ収集方法の決定が必要である。このランダム化比較試験の独立変数（原因となる変数）は「新しいグループワークへの参加の有無」であり、たとえば「3か月間、毎週月曜日と金曜日の午後2時から4時まで施設の集会所で行われるカラオケを中心とした交流会への参加の有無」と定義される。これに対して結果となる従属変数の「QOL」は「障害や疾患をもちながら生活している現状を不安なく受容し、高い志気をもっている状態」であり、主観的QOL尺度の回答スコアを用いて測定すると決める。このように、実験計画法でも尺度や質問紙によってデータが収集されることもあるが、観察法が用いられることもある。たとえば、「一日の間に何人と会話をするか」を観察することによって、QOLの程度についてのデータを収集するのである。

❷無作為割当

ランダム化比較試験では、調査対象者をグループワークに参加する実験群と、参加しない統制群の二つのグループに分けて、この2グループを比較することによってプログラムの効果を確認する。ランダム化比較試験では、このグループへの振り分けを無作為割当で行う。無作為割当とは、裏と表が出る確率が半々のコインを投げて表が出たら実験群、裏が出たら統制群といったように、各研究対象者が所属するグループを無作為に決める方法である。この方法では、すべての研究対象者は統制群あるいは実験群に割り当てられる可能性が等しく、結果的に両群に割り当てられた調査対象者の特性が最も同質となる確率が高くなる。高齢者施設での影響評価の例では、入所者のなかの参加希望者100人を無作為割当によって新しいグループワークに参加する50人（実験群）と、参加しない50人（統制群）に割り当てるのである。

❸実験の進め方

無作為割当によってグループ分けが行われたら、まず両グループの研究対象者のQOLを主観的QOL尺度によって測定する。その後、実験群に割り当てられた入所者は、3か月間、月曜日と金曜日にはカラオケを中心とした交流会に参加し、統制群の入所者は参加しないで今までどおりの生活を送る。3か月後、再び両グループの調査対象者に主観的QOL尺度に回答してもらう。そして、各グループの介入前後でQOLの平均値の差を計算し、この3か月間で各グループのQOLがどれくらい高まったかを確認する。実験群のQOLが高まった程度が、統制群よりも大きく、統計学的に有意であれば、グループワークの効果が確認できたことになる。

❹疑似実験計画法

　ここまで説明してきた方法に基づいて影響評価を行えば、介入やプログラムの効果や影響の確認が可能である。しかし、こうした無作為割当を用いるランダム化比較試験はソーシャルワークの現場では、倫理的な理由により実行が困難な場合が少なくない。たとえば、無作為割当を実行しようとすれば、レクリエーション・プログラムに参加を希望する入所者を不参加の統制群に割り当てなければいけない。こうした場合には、無作為割当でなく、プログラムに参加を希望する入所者を実験群に、希望しない入所者を統制群に分けて行う擬似実験計画法を用いることとなる。

　しかし、疑似実験計画法の場合、無作為割当を用いないので両群が同質かどうかは保証されない。したがって、3か月後に2グループ間のQOLに統計的な有意差があったとしても、それがレクリエーション・プログラムへの参加によるものなのか、もともとのグループの特性（たとえば、もともとプログラムに参加希望の人たちは社交性が高い）によるものなのかを見極めることが難しいので、結果の解釈には注意が必要である。

4 シングル・システム・デザイン

　ソーシャルワークのプログラムの結果や影響の評価に有効なランダム化比較試験は、同じ問題を抱える複数の調査対象が必要であった。たとえば、先に挙げた例では高齢者施設の入所者100人に対して評価を実施した。これに対してシングル・システム・デザインは、研究対象が1ケース（1人）からでも実行が可能な評価方法である。したがって、現場での実用性が高いうえ、個別のケースにおいてすぐに実践に役立つ情報の入手が可能で、過程評価としても活用できるという特徴をもつ。

❶シングル・システム・デザインの進め方

　ランダム化比較試験では介入の前後に1回ずつ従属変数の測定を行ったのに対し、シングル・システム・デザインでは介入前後に何度も繰り返し測定する。たとえば、高齢の母親の介護負担を抱える娘からの相談ケースにおいて、レスパイトケア*活用による介護負担軽減を目指した実践評価を実施する場合であれば、実際に介入を始める前のインテー

---

i　統制群と実験群の差が偶然得られる確率を計算し、この確率が十分に低ければ統計学的に有意であると表現する。統計学的に有意であれば、偶然ではなく、介入によって差が生じたと結論づけることが可能となる。

★レスパイトケア
レスパイトとは「休息」や「息抜き」を意味し、レスパイトケアとは在宅介護の要介護の人が、福祉サービスなどを利用している間、介護者が一時的に介護から解放され、休息をとれるようにする支援のこと。

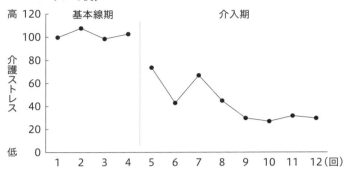

図6-1　基本線期と介入期における介護ストレスの変化（ABデザインの例）

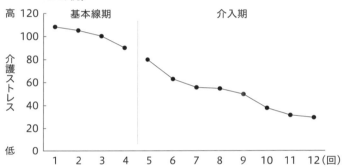

図6-2　傾向が強く効果がはっきりと確認できない例（ABデザインの例）

ク期間（約2週間）に、介護負担を介護ストレス尺度によって3日おきに測定する。この期間を基本線（ベースライン）期と呼ぶ。そして、レスパイトケアを開始後の介入（インターベンション）期間にも、同じように3日おきに介護ストレスを測定し続ける。これを図示したものが**図6-1**である。

　ランダム化比較試験では介入プログラムに参加する実験群と参加しない統制群を比較することによって実践やプログラムの効果を確認したが、シングル・システム・デザインでは介入を開始していない基本線期と開始後の介入期を比較することによって実践の効果を確認する。したがって、**図6-1**のように基本線期と比較して、介入期の介護ストレスが明らかに低くなっていればレスパイトケアの効果が確認できたことになる。

　シングル・システム・デザインのデータ分析は、介入前後の従属変数の平均値を*t*検定によって比較する方法や、より複雑な統計手法を用いて分析する方法もある。しかし、一般的には**図6-1**のように収集した

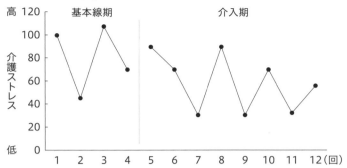

図6-3　変動が大きく効果がはっきりと確認できない例（ABデザインの例）

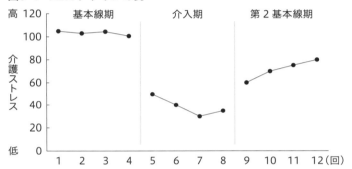

図6-4　ABAデザインの例

データを図示し、介入前後での従属変数の水準の変化を視覚的に判断する方法がよく用いられる。視覚的に判断する際には、介入前後のデータの水準だけでなく、傾向や変動性に注意することも重要である。いくら、介入前後の水準に差があったとしても、**図6-2**や**図6-3**のように基本線期の傾向が強かったり、変動性が大きい場合には、介入の効果が確認されたと結論づけるのは困難である。

❷シングル・システム・デザインの種類

　ここまで紹介してきたシングル・システム・デザインは、基本線期（A）の後に介入期（B）がある**ABデザイン**である。ABデザインは最も単純なデザインで、実践場面での実用性が高い反面、因果関係の確立には問題がある。**図6-1**のように介入前後の水準にある程度の差が確認されても、それが本当に介入による変化かどうかの判断には注意が必要である。なぜなら、介入期の開始時期に介護を担当する娘に新しい仕事が見つかったり、近隣に友人家族が引っ越してきたりといった出来事が偶然起こるかもしれない。もしそうであれば、介入期に介護ストレスが軽減したのはレスパイトケアの利用の影響ではなく、こうした出来事の影

図6-5 ABAB デザインの例

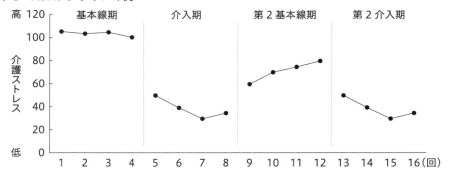

図6-6 多層ベースライン・デザインの例

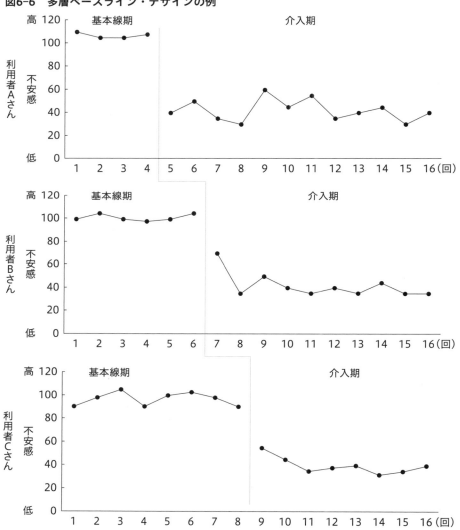

響である可能性を否定できない。

そこで因果関係を示すのにより説得力があるデザインとして、**ABAデザイン**や**ABABデザイン**などがある。ABAデザインは、**図6-4**が示すように基本線期、介入期の後に介入を中断して、再び基本線期と同じ状態に戻す方法である。2度目の基本線期に再び介護ストレスが悪化すれば、2度も偶然が重なる可能性は非常に小さいので、レスパイトケアの利用によって介護ストレスが軽減したと強く主張できる。ただし、ABAデザインは再び介護ストレスが悪化した状態でリサーチが終了してしまう問題があるので、再度介入期を加えたABABデザインのほうを活用することが多い（**図6-5**）。

また、利用者の複数の問題に対して同一の介入方法を用いる場合や、同じような問題を抱えるケースを複数担当している場合には、**多層ベースライン・デザイン**を用いることも可能である。多層ベースライン・デザインは、**図6-6**のようにケースによって（あるいは問題によって）介入の時期をずらすことによって、介入の効果を確認する方法である。一つひとつのケースにおいてはABデザインと同じであるが、介入の時期をずらすことによって、偶然によって変化が起こる可能性を排除しようというものである。

◇**参考文献**
・Ginsberg, L.H., *Social work evaluation : Principles and methods*, Allyn & Bacon, 2001.
・Mark, R., *Research made simple : A handbook for social workers*, Sage Publishing, 1996.
・芝野松次郎「ケースワークの効果測定 —— 臨床で必要な調査法」武田建・荒川義子編著『臨床ケースワーク』川島書店, pp.162-188, 1986.

●**おすすめ**
・岩田正美・小林良二・中谷陽明・稲葉昭英編『社会福祉研究方法』有斐閣, 2006.
・平山尚・武田丈・呉栽喜・藤井美和・李政元『ソーシャルワーカーのための社会福祉調査法』ミネルヴァ書房, 2003.

索引

わ〜ん

最新 **社会福祉士養成講座**
精神保健福祉士養成講座

編集

一般社団法人 日本ソーシャルワーク教育学校連盟 （略称：ソ教連）

統括編集委員 （五十音順）

中谷 陽明 （なかたに・ようめい）
ソ教連常務理事、桜美林大学大学院教授

松本 すみ子 （まつもと・すみこ）
ソ教連常務理事、東京国際大学人間社会学部教授

「社会福祉調査の基礎」編集委員・執筆者

編集委員 （五十音順）

潮谷 有二 （しおたに・ゆうじ）
日本社会事業大学社会福祉学部教授

志村 健一 （しむら・けんいち）
東洋大学社会学部教授

竹本 与志人 （たけもと・よしひと）
岡山県立大学保健福祉学部教授

執筆者および執筆分担 （五十音順）

神部 智司 （かんべ・さとし）････････････････････････第4章第3節・第4節
大阪大谷大学人間社会学部教授

久保田 純 （くぼた・じゅん）･･････････第5章第2節・第4節・第5節1・3・5・6
日本大学文理学部助教

潮谷 有二 （しおたに・ゆうじ）･･････････････････････････第1章、第2章
日本社会事業大学社会福祉学部教授

志村 健一 （しむら・けんいち）･･････････第3章、第5章第1節、第6章第1節
東洋大学社会学部教授

杉山 京 （すぎやま・けい）･････････････････････････････第4章第5節
日本福祉大学福祉経営学部助教

鈴木 浩之 （すずき・ひろゆき）･･････････････第5章第3節・第5節2・4
立正大学社会福祉学部准教授

武田 丈 (たけだ・じょう) ⋯⋯⋯⋯⋯⋯⋯⋯⋯⋯⋯⋯⋯⋯⋯⋯⋯⋯⋯⋯⋯第 6 章第 2 節・第 3 節
関西学院大学人間福祉学部教授

竹本 与志人 (たけもと・よしひと) ⋯⋯⋯⋯⋯⋯⋯⋯⋯⋯⋯⋯⋯⋯第 4 章第 1 節・第 2 節
岡山県立大学保健福祉学部教授

最新　社会福祉士養成講座
　　　精神保健福祉士養成講座

5　社会福祉調査の基礎

| 2021年2月1日 | 初　版　発　行 |
| 2024年2月1日 | 初版第3刷発行 |

編　集　一般社団法人日本ソーシャルワーク教育学校連盟
発行者　荘村明彦
発行所　中央法規出版株式会社
　　　　〒110-0016　東京都台東区台東3-29-1　中央法規ビル
　　　　TEL 03（6387）3196
　　　　https://www.chuohoki.co.jp/

印刷・製本　株式会社太洋社
本文デザイン　株式会社デジカル
装　　幀　株式会社デジカル
装　　画　酒井ヒロミツ